应用统计学——基于SPSS
（微课版）

相广萍◎编　著

北京理工大学出版社
BEIJING INSTITUTE OF TECHNOLOGY PRESS

内 容 简 介

本书针对应用型人才培养的要求编写，系统地介绍了应用统计学的相关基础知识及基本技能，包括统计学与数据、数据图表展示、描述性统计分析、参数估计、假设检验、类别变量分析、方差分析、一元线性回归分析、多元线性回归分析和时间序列预测。本书在介绍统计学相关原理及理论知识的同时，更注重对学生实践操作能力的培养。微课视频覆盖全书各个章节，其具体数量是根据各章的内容及难易程度不同而设置的，可以动态讲解操作方法，方便读者自学。

本书可作为普通高等院校经济管理类专业的本科生，其他文科专业和部分理、工、林、医药专业的本科生的教材，也可供实际工作者或各领域的管理人员，以及对统计学知识感兴趣的其他读者阅读参考。

版权专有　侵权必究

图书在版编目（CIP）数据

应用统计学：基于 SPSS：微课版/相广萍编著
. --北京：北京理工大学出版社，2023.6
ISBN 978-7-5763-2486-0

Ⅰ. ①应⋯ Ⅱ. ①相⋯ Ⅲ. ①应用统计学–高等学校
–教材 Ⅳ. ①C8

中国国家版本馆 CIP 数据核字（2023）第 106770 号

出版发行／北京理工大学出版社有限责任公司
社　　　址／北京市海淀区中关村南大街 5 号
邮　　　编／100081
电　　　话／（010）68914775（总编室）
　　　　　　（010）82562903（教材售后服务热线）
　　　　　　（010）68944723（其他图书服务热线）
网　　　址／http：//www.bitpress.com.cn
经　　　销／全国各地新华书店
印　　　刷／唐山富达印务有限公司
开　　　本／787 毫米×1092 毫米　1/16
印　　　张／16.5　　　　　　　　　　　　　　责任编辑／封　雪
字　　　数／387 千字　　　　　　　　　　　　文案编辑／毛慧佳
版　　　次／2023 年 6 月第 1 版　2023 年 6 月第 1 次印刷　　责任校对／刘亚男
定　　　价／89.00 元　　　　　　　　　　　　责任印制／李志强

本书是统计学基础教材，编写目的是让学生掌握使用统计软件处理和分析数据的方法。

党的二十大报告指出："育人的根本在于立德。全面贯彻党的教育方针，落实立德树人根本任务……加快建设高质量教育体系，发展素质教育……培养造就大批德才兼备的高素质人才。"本书正是植入了立德树人的思想，融入了市场调查与预测的知识、技能、素质目标。

全书共分为 10 章。第 1 章为统计学与数据，内容包括统计学及其应用、数据及其来源和统计软件的应用。第 2 章为数据图表展示，内容包括类别数据的图表展示、数值数据的图表展示和科学使用图表。第 3 章为描述性统计分析，内容包括描述水平的统计量、描述差异的统计量、描述分布形状的统计量和数据的综合描述。第 4 章为参数估计，内容包括参数估计中的基本知识、参数估计的原理、总体均值的区间估计、总体比例的区间估计、总体方差的区间估计和样本量的确定。第 5 章为假设检验，内容包括假设检验的步骤、总体均值的检验、总体比例的检验和总体方差的检验。第 6 章为类别变量分析，内容包括单个类别变量的拟合优度检验、两个类别变量的独立性检验和两个类别变量的相关性度量。第 7 章为方差分析，内容包括方差分析的基本原理、单因子方差分析、双因子方差分析、方差分析的假定及其检验。第 8 章为一元线性回归分析，内容包括变量间关系的度量、一元线性回归模型的估计和检验、预测和用残差检验模型的假定。第 9 章为多元线性回归分析，内容包括多元线性回归模型、拟合优度和显著性检验、多重共线性、利用回归方程进行预测和哑变量回归。第 10 章为时间序列预测，内容包括时间序列的成分和预测方法、平稳序列的预测、趋势预测、多成分序列的预测。

在本书的编写过程中，编者充分借鉴了其他专家的观点，在保证理论知识够用的前提下，提高了实操内容所占的比例，旨在训练学生的分析应用能力。为了帮助学生更好地掌握统计学的基本理论与方法，本书在内容编排和组织上主要有以下几个特点。

•结合应用型高校的特点，注重统计方法应用。每章以思考的形式引导内容，关于方法的介绍，完全回避数学推导，并把烦琐的计算交给软件来完成。

•提出知识、能力、素质等各方面目标，引导学生有针对性地学习。各章首先列出知识目标、能力目标、素质目标，方便教师在教学过程中或学生在自学过程中关注并实现目标。

· 本书内容较为完整，且根据难易程度将部分相对较难的章节标注了"＊"，读者可以根据自身的需要选择学习相关内容。

· 增设微课视频。针对较难理解的知识或难掌握的技能，均有录制动态操作视频，便于学生课后自学。

· 全书引用近5年真实数据案例，每个知识点均有案例分析。案例数量多，且突出连贯性的特点。

· 突出实操性特点。全书各章节、各知识点都是先讲原理后进行实操，全部采用SPSS软件进行计算与分析。操作完整，步骤详细。

· 练习多而且全面。各章均设置练习题，覆盖每章各知识点，使学生能够通过练习发现不足之处，从而更好地掌握相关知识。

在本书的编写过程中，编者得到了许多专家、学者及领导的指导和支持，在此表示诚挚的感谢！同时，编者还参考了大量国内外同类教材和专家、学者的研究成果，在此谨向各位作者致谢！

由于编者水平有限，书中难免存在不妥之处，恳请广大读者批评指正。

相广萍

2023 年 2 月

目录

第1章 统计学与数据

人们在日常学习和生活中，经常会接触各类数据，如气候数据、人口数据、存贷款数据、CPI（消费者物价指数）数据、股票交易数据、某品牌计算机的销售量等。这些数据如果不加以分析，将仅仅是数据，给人们提供的信息十分有限。那么，如何分析这些数据？用什么方法分析？这就是统计学要解决的问题。

如果有了数据不去分析，那么数据就没有太大价值。这就涉及两个问题：一个是到哪里去找所需要的数据；另一个是用什么方法分析这些数据。本章首先介绍统计学及其应用，然后介绍数据及其来源，最后介绍几种统计软件。

1.1　统计学及其应用

1.1.1　统计学的含义

统计学（Statistics）是通过搜索、整理、分析、描述数据等手段，以达到推断所测对象的本质，甚至预测对象未来的一门综合性科学。统计学用到了大量的数学及其他学科的专业知识，其应用范围几乎覆盖了社会科学和自然科学的各个领域。

收集数据就是获得所需要的数据。处理数据是对所获得的数据进行加工和处理，包括数据的计算机录入、筛选、分类和汇总等，以符合进一步分析的需要。数据分析是利用统计方法对数据进行分析。数据分析所用的方法大体上可分为描述统计（Descriptive Statistics）和推断统计（Inferential Statistics）两大类。

描述统计主要利用图表形式对数据进行汇总和展示，计算一些简单的统计量（诸如比例、比率、平均数、标准差等）并进行分析。

推断统计主要是根据样本信息来推断总体的特征，内容包括参数估计和假设检验两大类。参数估计是利用样本信息推断所关心的总体特征，假设检验则是利用样本信息判断对总体的某个假设是否成立。例如，从一批灯泡中随机抽取少数几个灯泡作为样本，测出它们的使用寿命，然后根据样本灯泡的平均使用寿命估算这批灯泡的平均使用寿命，或者检验这批灯泡的使用寿命是否等于某个假定值，这就是推断统计要解决的问题。

概括地讲，统计学是一门关于数据的科学，它研究的是来自各领域的数据，提供的是一套通用于所有学科领域的获取数据、分析数据并从数据中得出结论的原则和方法。这些方法是通用于所有学科领域的，而不是为某个特定的问题领域而构造的。统计方法不是一成不变的，使用者在特定的情况下必须根据所掌握的专门知识做出选择，而且如果有需要，还会进行必要的修正。

在人类社会进入大数据时代的今天，数据分析越来越受到人们的重视，统计学在各领域也发挥着越来越大的作用。

1.1.2　统计学的起源

统计学的英文 Statistics 源于现代拉丁文 Statisticum Collegium（国会）、意大利文 Statista（国民或政治家）和德文 Statistik，最早是由戈特弗里德·阿亨瓦尔（Gottfried Achenwall）于1749 年使用的，代表对国家的资料进行分析的学问，也就是"研究国家的科学"。19 世纪，统计学在广泛的数据和资料中探究其意义，并且由约翰·辛克莱（John Sinclair）引进到英语世界。

统计学是一门很古老的科学，一般认为其学理研究始于古希腊时代，迄今已有两千多年的历史。它起源于研究社会经济问题，在两千多年的发展过程中，统计学至少经历了"城邦政情""政治算数""统计分析科学"三个发展阶段。所谓"数理统计"并非独立于统计学的新学科，确切地说，它是代表统计学在第三个发展阶段所形成的所有收集和分析数据的新方法的一个综合性名词。概率论是数理统计方法的理论基础，但是它不属于统计学的范畴，而属于数学的范畴。

1.1.3　统计学的理论统一的重大意义

统计学家王见定教授指出：社会统计学描述的是变量，数理统计学描述的是随机变量，而变量和随机变量是两个既有区别又有联系，且在一定条件下可以相互转化的数学概念。

王见定教授的这一论述在数学上就是一个巨大的发现，我们知道"变量"的概念是 17 世纪由著名数学家笛卡儿首先提出的，而"随机变量"的概念是 20 世纪 30 年代以后由苏联学者首先提出的，2 个概念的提出时间相差 3 个世纪。王见定教授首次提出变量和随机变量两者的联系、区别以及相互的转化。我们知道，变量的提出造就了一系列的函数论、方程论、微积分等重大数学学科的产生和发展，而随机变量的提出则奠定了概率论和数理统计等学科的理论基础和促进了它们的蓬勃发展。可见，变量、随机变量概念的提出意义何等重大，因此可以把王见定教授在世界上首次提出的变量、随机变量的联系、区别和相互转化的意义称为"巨大"，也就不为过了。下面，我们回到"社会统计学与数理统计学的统一"理论中来。

王见定所著《统计学》的封面如图 1-1 所示。

图 1-1　王见定所著《统计学》的封面

王见定教授准确地界定了社会统计学与数理统计学各自研究的范围，以及在一定条件下可以相互转化的关系，这是对统计学的最大贡献。它结束了近400年来几十种甚至上百种五花八门种类的统计学的混战局面，使它们回归正确的轨道。

由于变量不断出现且永远存在，社会统计学不仅不会消亡，反而会发展壮大。当然，数理统计学也会由于随机变量的不断出现而发展壮大。但是，对随机变量的研究一般来说比对变量的研究复杂得多，而且直到今天，数理统计的研究尚处在较低的水平，且使用起来比较复杂；再从长远的研究来看，对随机变量的研究最终会逐步转化为对变量的研究，这与我们通常将复杂问题研究转化为若干简单问题研究的道理是一样的。既然社会统计学描述的是变量，而变量描述的范围是极其广泛的，社会统计学就绝非某些数理统计学者所云：只做简单的加、减、乘、除。

从理论上讲，社会统计学应该覆盖除数理统计学之外的绝大多数数学学科的运作。因此，统计学家王见定教授提出的"社会统计学与数理统计学统一"理论从根本上纠正了统计学界长期存在的那些低估了社会统计学的错误学说，并从理论上和应用方面论证方面社会统计学的广阔前景。

1.1.4　统计学的应用

可以说，统计是适用于所有学科领域的通用数据分析方法，是一种通用的数据分析语言。有数据的地方就需要使用统计方法。

1. 统计学的应用领域

统计学广泛应用于各学科领域，为它们的发展做出了重要贡献。这里，我们不想列举统计学的应用领域，只想通过几个简单的例子说明统计学的应用。

例1-1　用统计识别作者。1787—1788年，三位作者亚历山大·汉密尔顿（Alexander Hamilton）、约翰·杰伊（John Jay）和詹姆斯·麦迪逊（James Madison）为了让纽约人认可宪法，匿名发表了著名的85篇论文。这些论文中的大多数作者已经得到确认，但是，其中12篇论文的作者身份引起了争议。相关人员对这些论文不同单词的频数进行统计分析得出的结论是，詹姆斯·麦迪逊是原创作者的说法占主导地位，而且几乎可以肯定这种说法是正确的。

例1-2　用简单的描述统计量得到一个重要发现。费希尔（R. A. Fisher）在其1952年发表的一篇文章中举了一个例子，说明如何由基本的描述统计量知识引出一个重要的发现。20世纪初，哥本哈根卡尔堡实验室的施密特（J. Schmidt）发现，从不同地区捕获的同种鱼类的脊椎骨和鳃线的数量有很大不同，甚至在同一海湾内的不同地点捕获的同种鱼类也出现了这样的现象。然而，鳗鱼脊椎骨的数量变化不大。施密特经过对各种几乎分离的海域里捕获的鳗鱼样本的计算，发现了几乎一样的均值和标准偏差值。由此，施密特推断所有不同海域内的鳗鱼是在海洋中某公共场所繁殖的。后来，名为"戴纳"（Dana）的科学考察船在一次远征中发现了这个场所。

例1-3　挑战者号航天飞机失事预测。1986年1月28日清晨，载有7名航天员的挑战者号进入发射状态。发射几分钟后，航天飞机发生爆炸，机上的航天员全部遇难。在失事前，该航天飞机成功发射24次。将航天飞机送入太空的两个固体燃料推进器由6个O型项圈密封，在几次飞行过程中，曾发生过O型项圈因腐蚀或气体泄漏事故而损坏的事件。这类事故是否与气温有关系呢？本次发射时的气温为−0.56 ℃。表1–1中列出是挑战者号航天飞机23次飞行中O型项圈因腐蚀或气体泄漏事故损坏的个数(因变量y)及发射时火箭连接处的温度(自变量x)数据。

表1–1　挑战者号航天飞机23次飞行中损坏的O型项圈个数和发射时的温度

飞行频数	O型项圈的损坏个数	温度/℃	飞行频数	O型项圈的损坏个数	温度/℃
1	2	11.7	13	1	21.1
2	1	13.9	14	1	21.1
3	1	14.4	15	0	22.2
4	1	17.2	16	0	22.8
5	0	18.9	17	0	23.9
6	0	19.4	18	2	23.9
7	0	19.4	19	0	24.4
8	0	19.4	20	0	25.6
9	0	20.0	21	0	26.1
10	0	20.6	22	0	27.2
11	0	21.1	23	0	24.4
12	0	21.1	—	—	—

2. 统计的误用与滥用

大约在一个世纪以前，政治家本杰明·迪斯雷利(Benjamin Disraeli)曾提出了一个著名的论断："谎言有三种，即谎言、糟透的谎言和统计。"统计常常被人们有意或无意地滥用，如错误的统计定义、错误的图表展示、不合理的样本、数据的篡改或造假等。这些滥用有些是常识性的，有些是技术性的，有些则是故意为之的。作为从数据中寻找事实的统计，却被有些人变成了歪曲事实的工具。你也许常常看到这样的产品质检报告：某产品的抽样合格率是90%。乍看上去还可以，但如果实际只抽查了10件产品，其中有9件合格，这样的合格率能说明什么问题呢？在路上随便采访几个人，他们的看法能代表大多数人的观点吗？"调查结果表明……"调查了多少人？是随机调查的吗？样本是怎样选取的？这看上去是在用事实说话，实际上只是统计陷阱。

在管理领域，统计也往往被作为两个极端使用。一个极端是复杂问题简单化。一些不懂或不太懂统计的人认为统计没什么用，他们因为不懂统计而看不起统计，走入这一极端的人，其决策依据就是自己大脑中一些杂乱无章的信息组合出的某种直觉。如果他们的决策是正确的，他们会更加自信，更加觉得不用统计也挺好的；如果他们的决策出了问题，则会找出一大堆理由推脱，如市场难测、环境突变、竞争激烈、需求疲软、价格下跌、管理不善、成本上升、出口下降等。另一个极端是把简单问题复杂化，特别是在管理领域。例如，一些管理者把本来可以用简单方法证明管理的科学，建立一个别人看不懂的模型，编一大堆程序，输出一大堆数字和符号。由此，他们得出用统计语言陈述的结论，提出一些似是而非的建议。这样的分析往往既脱离了管理问题，对实际决策也未必有用。在管理中，这两个极端都是不可取的。管理决策中不用统计几乎不可想象，但把简单问题复杂化对管理决策也未必有用。从统计的实际应用来看，简单的方法不一定没用，复杂的方法也不一定有用。统计应该被恰当地应用到它能起作用的地方。因此，既不能把统计神秘化，也不能歪曲统计，把它作为掩盖事实的陷阱。

曲解统计是一种常见现象。在有些人看来，使用统计就是寻找支持，即他们的心中可能早已有了某种结论，或者说他们希望看到符合自己需要的某种结论，便会去找一些数据来支持他们的结论。如果数据分析的结果与他们预期的结论一致，他们就会声称自己是用科学方法得出的结论；如果与预期不一致，他们要么篡改数据，要么对统计结果弃而不用。这恰恰背离了数据分析的本质。数据分析的真正目的是从数据中找出结论，从数据中寻找启发，而不是寻找支持。真正的数据分析事先是没有结论的，通过对数据的分析才得出结论。

1.2 数据及其来源

1.2.1 变量与数据

观察某企业的利润，这个月与上个月不同；观察某股票的收盘价，今天与昨天不同；观察学生的成绩，一名学生和另一名学生不同；投掷一枚骰子观察其出现的点数，这次投掷的结果和下一次也不同。这里的"企业利润""股票收盘价""成绩""投掷一枚骰子出现的点数"等就是变量（Variable）。简言之，变量是描述所观察对象某种特征的概念，其特点是从一次观察到下一次观察可能会出现不同的结果。变量的观测结果就是数据（Data）。

根据观测结果的特征，变量可以分为类别变量和数值变量两大类。

类别变量（Categorical Variable）是取值为事物属性或类别以及区间值的变量，也称为定性变量（Qualitative Variable）。例如观察人的籍贯、公司所属的行业、客户对服务满意度的评价，得到的结果就不是数字，而是事物的属性。又如观测籍贯的结果是"广东""广西"等，公司所属的行业为"制造业""零售业""餐饮业"等，客户对服务满意度的评价为"很满意""满意""一般""不满意""很不满意"。人的籍贯、公司所属的行业、客户对服务满意度的评价等，其结果就不是数值，而是事物的属性或类别。此外，将学生的成绩分为60分以下、60~69分、70~79分、80~89分、90分以上5个档次，这里"成绩档次"的取值也不是普通的数值，而是数值区间，实际上是将数值转化成了类别。人的籍贯、公司所属的行业、客户对服务满意度的评价、成绩的档次都是类别变量。类别变量的观测结果称为类别数据（Categorical Data）或定性数据。类别变量根据取值是否有序通常分为无序类别变量和有序类别变量两种。无序类别变量也称为名义（Nominal）值类别变量，其取值不可以排序。例如"公司所属的行业"这一变量的取值为"制造业""零售业""餐饮业"等，这些取值之间不存在顺序关系。又如"商品的产地"这一变量的取值为"甲""乙""丙""丁"，这些取值之间也不存在顺序关系。有序类别变量也称为顺序（Ordinal）值类别变量，其取值之间可以排序。例如"对服务满意度的评价"这一变量的取值为"很满意""满意""一般""不满意""很不满意",这5个值之间是有序的。

数值变量(Metric Variable)是取值为数字的变量,也称定量变量(Quantitative Variable)。例如"企业利润""股票收盘价""成绩""投掷一颗骰子出现的点数"等变量的取值可以用数字来表示,都属于数值变量。数值变量的观察结果称为数值型数据(Metric Data)或定量数据。

数值变量根据其取值的不同,可以分为离散变量(Discrete Variable)和连续变量(Continuous Variable)。离散变量是只能取有限个值的变量,而且其取值可以一一列举,如"公司数量""一个小区的居民户数""房屋楼层"等。连续变量是可以在一个或多个区间中取任何值的变量,它的取值是连续不断的,不能一一列举,如"年龄""身高""价格"等。当离散变量的取值很多时,也可以将其当作连续变量来处理。

由于数据是变量的观测结果,因此数据的基本分类与变量分类相同。此外,数据也可以从其他角度进行分类。例如,按照数据的收集方法可将数据分为观测数据(Observational Data)和试验数据(Experimental Data)。观测数据是通过调查或观测收集到的数据,这类数据是在没有对事物进行人为控制的条件下得到的。有关社会经济现象的数据几乎都是观测数据。试验数据则是在试验中控制试验对象收集到的数据,如对一种新药疗效的试验数据,对一种新的农作物品种的试验数据。自然科学领域的大多数数据是试验数据。按照描述的现象与时间的关系,可以将数据分为截面数据(Cross-sectional Data)和时间序列数据(Time series Data)。截面数据是在相同或近似相同的时间点上收集的数据,这类数据通常是在不同的空间获得的,用于描述现象在某一时刻的变化情况,如2018年我国各地区的GDP数据。时间序列数据是在不同时间收集到的数据,这类数据是按时间顺序收集的,用于描述现象随时间变化而变化的状况,如2001—2018年我国的GDP数据。

1.2.2 数据来源

从使用者的角度看,数据主要来源于两种渠道:一种是他人调查或试验,属于间接来源;另一种是直接的调查和试验,属于直接来源。

1. 数据的间接来源

对大多数使用者来说,亲自进行调查或试验往往不现实。而他人调查或试验的数据对使用者来说就是二手数据。

二手数据主要是公开出版或公开报道的数据,这类数据主要来自研究机构、国家和地方的统计部门、其他管理部门、专业的调查机构,广泛分布在报刊、图书、广播、电视传媒中。现在,随着计算机网络技术的发展,也可以在网络上获取所需的各种数据。例如,各种金融产品的交易数据、国家统计局官方网站上的各种宏观经济数据等。利用二手数据对使用者来说既经济又方便,但使用时应注意统计数据的含义、计算口径和计算方法,以避免误用或滥用。同时,在引用二手数据时,一定要注明来源,以尊重他人的劳动成果。

2. 数据的直接来源

数据的直接来源主要是调查、互联网或试验。例如,统计部门调查取得的数据,其他部门或机构为特定目的调查的数据，利用互联网收集的各类产品交易、生产和经营活动等产生的大数据。试验是取得自然科学数据的直接来源。

当已有的数据不能满足需要时，可以亲自去调查或试验。例如，你想了解全校学生的消费状况，可以从中抽出一个由 300 人组成的样本，通过对样本的调查获得数据。这里"全校学生的消费状况"是你所关心的总体（Population），它是包含所研究的全部个体（数据）的集合。所抽取的 300 人就是一个样本（Sample），它是从总体中抽取的一部分元素的集合。构成样本的元素的数目称为样本量（Sample Size），抽取 300 人组成一个样本，这样，样本量就是 300。

怎样获得一个样本呢？要在全校学生中抽取 300 人组成一个样本，如果全校学生每名学生被抽中与否完全是随机的，而且每名学生被抽中的概率是已知的，这样的抽样方法称为概率抽样（Probability Sampling）。概率抽样方法有简单随机抽样、分层抽样、系统抽样、整群抽样等。

简单随机抽样（Simple Random Sampling）是从含有 N 个元素的总体中，抽取 n 个元素组成一个样本，使总体中每个元素都有相同的机会（概率）被抽中。采用简单随机抽样时，如果抽取一个个体记录下数据后，再把这个个体放回原来的总体中参加下一次抽选，称为有放回抽样（Sampling with Replacement）；如果抽中的个体不再放回，再从剩下的个体中抽取第二个元素，直到抽取完 n 个个体。这样的抽样方法称为无放回抽样（Sampling without Replacement）。当总体数量很大时，无放回抽样可以视为有放回抽样。由简单随机抽样得到的样本称为简单随机样本（Simple Random Sample）。简单随机抽样是其他抽样方法的基础，多数统计推断也都是以简单随机样本为基础的。

分层抽样（Stratified Sampling）也称分类抽样，它是在抽样之前先将总体的元素划分为若干层（类），然后从各层（类）中抽取一定数量的元素组成一个样本。例如，要研究学生的生活费支出，可先将学生按地区进行分类，然后从各地区中抽取一定数量的学生组成一个样本。分层抽样的优点是可以使样本分布在各层，从而使样本在总体中的分布比较均匀，降低抽样误差。

系统抽样（Systematic Sampling）也称等距抽样，它是先将总体各元素按某种顺序排列，并按某种规则确定一个随机起点，然后每隔一定的间隔抽取一个元素，直至抽取 n 个元素组成一个样本。例如，要从全校学生中抽取一个样本，可以找到全校学生的花名册，按花名册中的学生顺序，用随机数找到一个随机起点，然后依次抽取，得到一个样本。

整群抽样（Cluster Sampling）是先将总体划分成若干群，然后以群为抽样单元从中抽取部分群组成一个样本，再对抽中的每个群中包含的所有元素进行观察。例如，可以把每一名学生宿舍看作一个群，在全校学生宿舍中抽取一定数量的宿舍，然后对抽中的宿舍中的每一名学生都进行调查。整群抽样的误差相对要大一些。

任何一种抽样方法都不是十全十美的，都存在不足之处。无论采用哪种概率抽样方法，都要结合具体的研究目的，务必使抽样误差最小。

在实际应用中，抽取一个简单随机样本的过程可以由 SPSS 来完成。下面举一个例子来说明用 SPSS 抽取随机样本的过程。

1-01 随机抽样

例 1-4　表 1-2 是 50 家家电上市公司的股票代码和公司名称，采用简单随机抽样方法随机抽取 10 家上市公司组成一个样本。

表 1-2　50 家家电上市公司的股票代码和公司名称

序号	股票代码	公司名称	序号	股票代码	公司名称
1	600869	远东股份	26	002783	凯龙股份
2	300210	森远股份	27	300342	天银机电
3	002959	小熊电器	28	603685	晨丰科技
4	002543	万和电气	29	002032	苏泊尔
5	000801	四川九洲	30	002429	兆驰股份
6	000100	TCL 集团	31	002677	浙江美大
7	002860	星帅尔	32	002616	长青集团
8	002759	天际股份	33	002668	奥马电器
9	300475	聚隆科技	34	600839	四川长虹
10	002403	爱仕达	35	002614	奥佳华
11	000521	美菱电器	36	603726	朗迪集团
12	600336	澳柯玛	37	002723	金莱特
13	002705	新宝股份	38	002916	深南电路
14	002050	三花智控	39	600060	海信电器
15	002508	老板电器	40	002242	九阳股份
16	600643	爱建集团	41	300272	开能健康
17	600716	凤凰股份	42	600690	青岛海尔
18	002681	奋达科技	43	603677	奇精机械
19	603331	百达精工	44	600983	惠而浦
20	002420	毅昌股份	45	300615	欣天科技
21	603868	飞科电器	46	603121	华培动力
22	000921	海信科龙	47	002519	银河电子
23	000333	美的集团	48	600539	狮头股份
24	603366	日出东方	49	002260	德奥通航
25	600854	春兰股份	50	002001	新和成

解：下面的文本框中给出了用 SPSS 抽取随机样本的操作步骤。

第 1 步：选择【数据】→【选择个案】，弹出【选择个案】对话框。

第 2 步：在【选择】选项组中选中【随机个案样本】单选按钮，单击【样本】按钮，弹出图 1-2 所示的对话框。

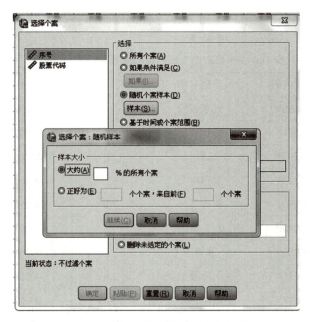

图1-2　【选择个案：随机样本】对话框

第3步：在【样本大小】选项组的【大约】后输入要抽取的个案百分比，如要抽取全部记录20%的样本，则输入20，再单击【继续】按钮返回主对话框如图1-3所示。

图1-3　随机个案样本操作1

若要抽取指定样本量的一个随机样本，则在【样本大小】选项组的【正好为】后输入指定的样本量，在【来自前】后输入指定从前若干个记录中抽取，如要在50家上市公司里面抽取10家，则在【正好为】后输入10，然后在【来自前】后输入50，再单击【继续】按钮返回主对话框，如图1-4所示。

图1-4　随机个案样本操作2

从 50 家上市公司中抽取 10 家公司的结果(显示一部分)如图 1-5 所示。

	序号	股票代码	公司名称
1	1	600869	远东股份
2	2	300210	森远股份
3	3	002959	小熊电器
4	4	002543	万和电气
5	5	000801	四川九洲
6	6	000100	TCL集团
7	7	002860	星帅尔
8	8	002759	天际股份
9	9	300475	聚隆科技
10	10	002403	爱仕达
11	11	000521	美菱电器
12	12	600336	澳柯玛
13	13	002705	新宝股份
14	14	002050	三花智控
15	15	002508	老板电器
16	16	600643	爱建集团
17	17	600716	凤凰股份
18	18	002681	奋达科技
19	19	603331	百达精工
20	20	002420	毅昌股份
21	21	603868	飞科电器
22	22	000921	海信科龙
23	23	000333	美的集团
24	24	603366	日出东方

图 1-5　从 50 家上市公司中抽取 10 家公司的结果(显示一部分)

图 1-5 标号栏中画有斜杠"/"的表示未被选中,系统会自动产生一个名为"filter_ $ "的筛选指示变量,被选中的记录取值为 1,未被选中的记录取值为 0。

图 1-6 给出了指定抽取 10 家上市公司的一个随机样本的结果。

序号	股票代码	公司名称
1	600869	远东股份
5	000801	四川九洲
9	300475	聚隆科技
10	002403	爱仕达
11	000521	美菱电器
12	600336	澳柯玛
20	002420	毅昌股份
29	002032	苏泊尔
32	002616	长青集团
43	603677	奇精机械

图 1-6　指定抽取 10 家上市公司的一个随机样本的结果

1.3 统计软件的应用

随着大数据时代的来临，实际统计分析中的数据量都非常大，而且有些统计方法计算起来也十分复杂。可以想象，若不用计算机处理数据，则很难在实际中应用统计。

在前计算机时代，计算问题使统计的应用受到了极大限制，很多人因计算问题对统计学望而却步。然而，在计算机的使用十分普及的今天，尤其是统计软件的使用，不仅促进了统计科学的发展，而且使统计学的学习发生了革命性变化，人们对统计方法的学习和应用也容易了许多。对多数学习统计的人来说，可以用更多的时间来理解统计方法的思想和原理，而不必过多地纠缠计算问题，只要把那些虽然繁杂但属于简单劳动的计算交给计算机就可以了。

大多数统计方法可利用现成的软件来实现。对多数人而言，只要理解了统计方法的思想、原理及其适用条件，就很容易利用统计软件分析数据。本书中的例题计算全部由SPSS软件计算完成，附录中给出了SPSS中常用的概率函数。下面再介绍几种常用的统计软件，供读者参考。

1. SAS

SAS(Statistical Analysis System，统计分析系统)具有十分完备的数据访问、数据管理、数据分析功能。另外，SAS还具有强大的数据分析能力，一直是业界比较著名的应用软件，在数据处理方法和统计分析领域被誉为国际上的标准软件和最具权威的优秀统计软件包。SAS中提供的主要分析功能包括统计分析、经济计量分析、时间序列分析、决策分析、财务分析和全面质量管理工具等。SAS是一个具有模块组合式结构的软件系统，共有30多个功能模块，使用时需要编写程序，适合统计专业人员使用，对于非统计专业人员来说较难。目前，SAS对Windows和UNIX都提供了支持。

2. R

R是基于R语言的一款优秀统计软件。R语言是一种优秀的统计计算语言，是贝尔实验室开发的S语言(S语言是由AT&T贝尔实验室开发的一种用来进行数据探索、统计分析、作图的解释型语言)的一种实现。其最早由奥克兰大学的罗伯特·金特尔曼(Robert Gentleman)和罗斯·伊哈卡(Ross Ihaka)等人开发。R语言具有许多优点，如与多数统计软件相比，R语言是免费的，且更新速度快，可以包含很多最新方法的实现方案；可以提供丰富的数据分析技术，功能强大；绘图功能强大，可以根据需求画出图形，从而实现可视化。

3. EViews

EViews(Econometrics Views)通常称为计量经济学软件包。计量经济学研究的核心是设计模型、收集资料、估计模型、检验模型、运用模型进行预测、求解模型和运用模型。使用EViews软件包可以对时间序列数据和非时间序列数据进行分析，建立序列(变量)间的统计关系式，并用该关系式进行预测、模拟等。虽然EViews是由经济学家开发的，并且

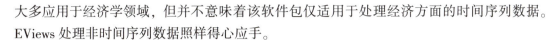

大多应用于经济学领域，但并不意味着该软件包仅适用于处理经济方面的时间序列数据。EViews 处理非时间序列数据照样得心应手。

4. Excel

Excel 是微软公司推出的 Office 系列产品之一，是一款功能强大的电子表格设计软件。其特点是在表格的管理和统计图的制作方面功能强大，容易操作。Excel 虽然不是一款统计软件，但提供了常用的统计函数和数据分析工具(其中包含一些基本的统计方法)，可供非专业人士做简单的数据分析。

1.1　一家研究机构从证券从业者中随机抽取 500 人作为样本进行调查，其中 70% 的人回答他们的月收入超过 20 000 元，90% 的人回答他们的消费支付方式是信用卡。

(1)这一研究的总体是什么？样本是什么？样本量是多少？

(2)"月收入"是无序类别变量、有序类别变量还是数值变量？

(3)"消费支付方式"是无序类别变量、有序类别变量还是数值变量？

1.2　一项调查表明，居住在同一个小区内的消费者每月在网上购物的平均花费是 800 元，他们选择在网上购物的主要原因是"价格便宜"。

(1)这一研究的总体是什么？

(2)"消费者在网上购物的主要原因"是无序类别变量、有序类别变量还是数值变量？

1.3　指出下列变量分别属于哪一类型。

(1)人的籍贯。

(2)获奖名次。

(3)商品的品牌。

(4)汽车年销售量。

(5)居民存款余额。

(6)家庭人口数。

1.4　某大学的经济管理学院为了解毕业生的就业倾向，分别在国际贸易专业抽取 50 人，在市场营销专业抽取 30 人，在企业管理专业抽取 20 人，在电子商务专业抽取 40 人进行调查。

(1)这种抽样方式是分层抽样、系统抽样还是整群抽样？

(2)样本量是多少？

1.5　从你所在的班级抽取 10 名学生组成一个随机样本。

1.6　表 1-3 是广东省 21 个城市的名称。

表1-3　广东省21个城市的名称

序号	城市	序号	城市
1	广州	12	汕尾
2	深圳	13	江门
3	惠州	14	珠海
4	湛江	15	河源
5	中山	16	韶关
6	佛山	17	梅州
7	肇庆	18	揭阳
8	云浮	19	潮州
9	清远	20	茂名
10	东莞	21	阳江
11	汕头		

（1）随机抽取约20%的城市作为样本。

（2）随机抽取5个城市作为样本。

数据图表展示

知识目标

- 理解用类别数据制作图表的方法及步骤；
- 理解用数值数据制作图表的方法及步骤。

能力目标

- 掌握类别数据简单频数分布和交叉汇总方法；
- 利用 SPSS 将类别数据绘制成条形图和饼图；
- 掌握用数值数据进行频数分布的方法；
- 掌握用数值数据绘制图形的方法。

素质目标

- 制作图表时，要发扬精益求精的工匠精神；
- 通过选择图表，提高学生的辨识能力。

想 一 想

表 2-1 所示的数据是 2016 年 8 月 5—21 日在巴西里约热内卢举办的第 31 届奥运会上获得金牌数排名前 10 位的国家奖牌数的分布状况。

表 2-1　第 31 届奥运会上获得金牌数排名前 10 位的国家奖牌数的分布状况

排名	国家	金牌	银牌	铜牌	总数
1	美国	46	37	38	121
2	英国	27	23	17	67
3	中国	26	18	26	70

续表

排名	国家	金牌	银牌	铜牌	总数
4	俄罗斯	19	18	19	56
5	德国	17	10	15	42
6	日本	12	8	21	41
7	法国	10	18	14	42
8	韩国	9	3	9	21
9	意大利	8	12	8	28
10	澳大利亚	8	11	10	29

　　显然，用这样一张表格表示奖牌的分布要比用文字叙述更清晰。如果用某种图形来表示这些数据，则会更加直观。根据这些数据，你认为可以选择哪些图形来展示这10个国家获得奖牌的情况？你选择使用这些图形的理由是什么？学会本章的图表展示技术，这些问题就会迎刃而解。

　　当一堆数据摆在我们面前时，无论要做何种分析，都是先从描述性分析开始的。例如，为企业所有员工的工资画出直方图并观察其分布状况，计算出每位员工的平均工资等。通过描述可以发现数据的一些基本特征，为进一步分析提供思路。数据的描述性分析包括用图表展示数据和用统计量描述数据等内容。

2.1　类别数据的图表展示

2.1.1　用表格观察类别数据

　　频数分布表（Frequency Distribution Table）是观察数据特征的有效手段之一。频数分布（Frequency Distribution）是变量的取值及其相应的频数形成的分布。将变量的各个取值及其相应频数用表格的形式展示出来就是频数分布表。由于类别数据本身就是对事物的一种分类，因此，只要先把所有的类别都列出来，然后计算出每一类别的频数，就可以生成一张频数分布表。频数分布表中落在某一特定类别的数据个数称为频数（Frequency）。根

2-01 用表格观察类别数据

据观察变量的多少，可以生成简单频数分布表、二维列联表和多维列联表等。下面着重介绍简单频数分布表、二维列联表。

1. 简单频数分布表

　　当只涉及一个类别变量时，这个变量的各类别（取值）可以放在频数分布表中"行"的位置，也可以放在"列"的位置，将该变量的各类别及其相应的频数列出来就是一个简单频

数分布表，也称为一维列联表。用频数分布表可以观察不同类型数据的分布特征。例如，通过不同品牌产品销售量的分布，可以了解其市场占有率；通过观察一所大学不同学院学生人数的分布情况，可以了解该大学的学生构成；通过社会中不同收入阶层的人数分布，可以了解收入的分布状况；等等。下面通过一个例子说明简单频数分布表的生成过程。

例 2-1　为研究高校学生月支出与月网上购物支出情况，某机构在某高校随机调查了40 名学生。表 2-2 所示是 40 个被访学生的调查数据。分别制作被访学生性别和家庭所在地的简单频数分布表，观察不同性别、家庭所在地的学生分布状况，并进行描述性分析。

表 2-2　40 个被访学生的调查数据　　　　　　　　　　　单位：元

性别	家庭所在地	月支出	月网上购物支出	性别	家庭所在地	月支出	月网上购物支出
男	中小城市	3 680	1 047	男	大城市	4 500	1 039
女	乡镇地区	3 000	1 010	女	大城市	3 000	1 116
男	中小城市	2 052	1 018	女	大城市	4 000	988
女	乡镇地区	2 500	907	女	中小城市	2 500	1 028
男	中小城市	3 200	990	男	中小城市	3 300	950
男	乡镇地区	2 800	1 053	女	大城市	5 000	909
男	大城市	4 200	969	女	中小城市	2 500	983
女	中小城市	2 000	982	男	中小城市	2 800	961
女	大城市	2 089	1 012	女	乡镇地区	1 800	980
男	中小城市	2 086	1 050	女	大城市	5 000	978
男	大城市	1 932	1 012	女	大城市	4 000	1 103
女	乡镇地区	3 300	1 027	女	乡镇地区	2 500	1 021
男	乡镇地区	3 000	1 002	男	大城市	4 400	955
男	大城市	4 800	987	女	中小城市	3 300	1 044
女	乡镇地区	4 000	1 011	男	中小城市	2 000	1 050
男	乡镇地区	3 650	962	男	乡镇地区	2 800	961
男	乡镇地区	4 500	977	男	中小城市	2 500	940
男	中小城市	4 800	985	男	大城市	3 000	946
男	大城市	5 000	1 002	男	中小城市	4 400	1 091
女	中小城市	2 000	983	女	大城市	3 300	1 009

解：这里涉及两个类别变量，即被访学生的性别和家庭所在地。可给每个变量生成一个简单频数分布表，分别观察 40 个被访学生的性别和家庭所在地的分布状况，具体操作步骤如下。

第 1 步：选择【分析】→【描述统计】→【频率】。

第 2 步：将要生成频数分布表的变量移入【变量】列表框，单击【确定】按钮。下面以性别为例介绍，如图 2-1 所示(注：若需要绘制图形，则单击【图表】按钮，可以绘制出条形图、饼图等）。

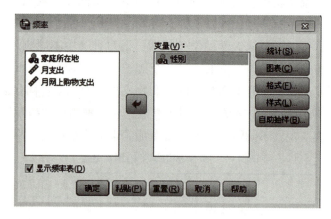

图 2-1 【频率】对话框

表 2-3 和表 2-4 分别是反映被访学生性别和家庭所在地的频数分布表。

表 2-3　被访学生性别的频数分布表

		频数/次	百分比/%	有效百分比/%	累积百分比/%
有效	男	21	52.5	52.5	52.5
	女	19	47.5	47.5	100.0
	总计	40	100.0	100.0	—

表 2-4　被访学生家庭所在地的频数分布表

		频数/次	百分比/%	有效百分比/%	累积百分比/%
有效	大城市	14	35.0	35.0	35.0
	乡镇地区	11	27.5	27.5	62.5
	中小城市	15	37.5	37.5	100.0
	总计	40	100.0	100.0	—

表 2-3 和表 2-4 中的结果显示，在所调查的 40 个被访学生中，男性为 21 人，女性为 19 人。从家庭所在地看，来自中小城市的被访学生人数最多，为 15 人；来自大城市的人数次之，为 14 人；来自乡镇地区的人数最少，为 11 人。

2. 二维列联表

涉及两个类别变量时，通常将一个变量的各类别放在"行"的位置，另一个变量的各类别放在"列"的位置（行和列可以互换），由两个类别变量交叉分类形成的频数分布表称为列联表（Contingency Table），也称为交叉表（Cross Table）。例如，对于例 2-1 的被访学生性别和家庭所在地两个变量，可以将家庭所在地放在"行"的位置，将性别放在"列"的位置，制作一个二维列联表。具体操作步骤如下。

第 1 步：选择【分析】→【描述统计】→【交叉表】。

第 2 步：将一个类别变量移入【行】列表框，将另一个类别变量移入【列】列表框（行和列可以互换），单击【确定】按钮，如图 2-2 所示（注：若需要对列联表进行描述性分析，单击【单元格】按钮，在【百分比】下选中需要计算的百分比，如【行】【列】【总计】等；若需要绘制图形，则单击【显示复式条形图】按钮）。

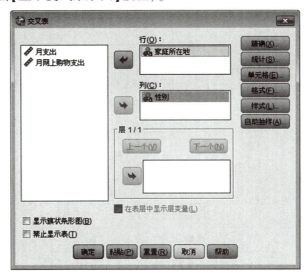

图 2-2 【交叉表】对话框

表 2-5 所示是反映被访学生性别和家庭所在地的二维列联表。

表 2-5 被访学生性别和家庭所在地的二维列联表

项目		性别		总计
		男	女	
家庭所在地	大城市	7	7	14
	乡镇地区	5	6	11
	中小城市	9	6	15
总计		21	19	40

表 2-5 的结果显示，将性别与家族所在地结合分析，在所调查的 40 个被访学生中，男性略比女性多，主要是由于中小城市男性学生人数为 9 人、女性学生为 6 人，而乡镇地区男性比女性学生人数少 1 人，大城市中男女人数相同，均为 7 人。

此外，对应类别数据的频数分布表还可以使用比例、百分比、比率等统计量进行描述。如果是有序类别数据，还可以计算累积百分比进行分析。

比例也称为构成比，它是一个样本（或总体）中各类别的频数与全部频数之比，通常用于反映样本（或总体）的构成或结构。将比例乘以 100 得到的数值称为百分比，用%表示。比率是样本（或总体）中不同类别频数之间的比值，反映的是各类别之间的比较关系。由于比率不是部分与整体之间的对比关系，比值可能大于 1。累积百分比则是将各有序类别的百分比逐级累加的结果。

例如，根据表 2-5 中的数据计算出的男性学生和女性学生家庭所在地构成的百分比如表 2-6 所示。

表 2-6   被访学生性别和家庭所在地构成的百分比

| 项目 | | | 性别 | | 总计 |
			男	女	
家庭所在地	大城市	计数	7	7	14
		占家庭所在地的百分比	50.0%	50.0%	100.0%
		占性别的百分比	33.3%	36.8%	35.0%
		占总计的百分比	17.5%	17.5%	35.0%
	乡镇地区	计数	5	6	11
		占家庭所在地的百分比	45.5%	54.5%	100.0%
		占性别的百分比	23.8%	31.6%	27.5%
		占总计的百分比	12.5%	15.0%	27.5%
	中小城市	计数	9	6	15
		占家庭所在地的百分比	60.0%	40.0%	100.0%
		占性别的百分比	42.9%	31.6%	37.5%
		占总计的百分比	22.5%	15.0%	37.5%
总计		计数	21	19	40
		占家庭所在地的百分比	52.5%	47.5%	100.0%
		占性别的百分比	100.0%	100.0%	100.0%
		占总计的百分比	52.5%	47.5%	100.0%

表 2-6 的结果显示，在所调查的 40 个被访学生中，中小城市的人数最多，占 37.5%；乡镇地区的人数最少，占 27.5%。从性别看，男性学生中，中小城市人数最多，占 42.9%；女性学生中，大城市人数最多，占 36.8%。在男性被访学生中，乡镇地区人数都是最少的。在女性被访学生中，乡镇地区人数也较少。

2.1.2   用图形展示类别数据

除可以用频数分布表展示类别数据的频数分布之外，还可以用图形来展示。一幅合适的图形往往胜过冗长的文字表述。适用于类别数据的图形主要有条形图、饼图等。

1. 条形图

条形图（Bar Chart）是用宽度相同的条形来表示各类别频数的图形，用于观察不同类别频数的多少或分布状况。绘制时，各类别可以放在横轴，也可以放在纵轴，将各类别放在横轴绘制的条形图也称柱形图（Column Chart）。根据绘制变量的多少，条形图可分为简单条形图和复式条形图等不同形式。

简单条形图是根据一个类别变量绘制的，用以描述该变量各类别频数分布状况。类别可以放在横轴，也可以放在纵轴。图 2-3 给出了例 2-1 中被访学生性别和家庭所在地的条形图。

图 2-3 中的两幅图也可以绘制在同一幅图里，从而形成复式条形图，便于比较。图

2-4 展示的是例 2-1 中被访学生性别和家庭所在地的两种不同形式的复式条形图。

图 2-3　例 2-1 中被访学生性别和家庭所在地的条形图

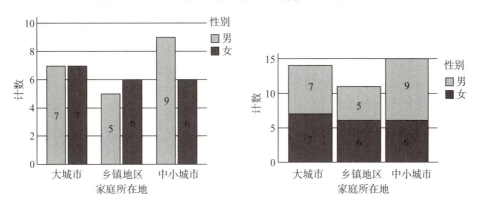

图 2-4　例 2-1 中被访学生性别和家庭所在地的两种不同形式的复式条形图

2. 饼图

条形图主要用于展示各类别频数绝对值的多少，要想观察各类别频数占所有类别频数的百分比，则需要绘制饼图（Pie Chart）。饼图是用圆形及圆内扇形来表示一个样本（或总体）中各类别的频数占总频数比例大小的图形，对于研究结构性问题十分有用。

例如，根据表 2-2 中的数据可以绘制多个饼图，从而反映不同性别被访学生人数的构成，或者不同家庭所在地被访学生人数的构成。图 2-5 就是反映不同性别被访学生人数构成和不同家庭所在地被访学生人数构成的饼图。

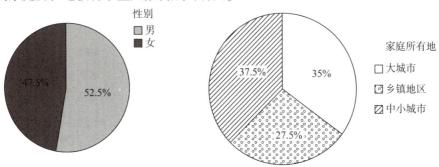

图 2-5　被访学生性别和家庭所在地的饼图

2.2 数值数据的图表展示

数值数据可以转化为类别数据，这一过程称为类别化。数值数据经过类别化处理后，前面介绍的图示方法都适用。此外，数值数据还有一些特定的图示方法，但它们并不适用于类别数据。

2.2.1 用表格观察数值数据

生成数值数据的频数分布表时，主要采用的是组距式分组的方法。具体来说，就是将原始数据分成不同的组别，例如，将一个班学生的考试成绩分成 60 分以下、60~69 分、70~79 分、80~89 分、90~100 分等区间，然后统计出各组别的数据频数，便可生成频数分布表。

数据分组是组距式分组的关键，它是先将数据按照一定的间距划分成若干区间，然后统计出每个区间的频数，生成频数分布表。下面结合具体例子说明数值数据频数分布表的生成过程。

2-02 用表格观察数值数据

例 2-2 为了了解某社交电商平台销售情况，抽取 150 天的销售额数据（表 2-7），生成一张频数分布表观察销售额的分布特征。

表 2-7 某社交电商平台 150 天的销售额数据 单位：千元

199	373	226	242	412	363	493	287	524	506
144	390	495	245	235	498	409	395	519	526
234	430	330	226	390	471	596	458	550	533
231	466	225	260	264	556	514	393	282	480
237	299	306	249	341	348	515	496	306	443
117	518	234	367	281	289	513	534	504	441
518	270	272	235	182	649	663	539	501	369
255	288	355	426	179	464	542	429	450	560
316	452	131	311	176	429	320	555	533	457
466	214	408	396	372	411	471	569	446	610
201	374	189	282	540	407	431	440	399	335
230	247	267	245	513	468	471	539	474	377
137	277	312	183	461	513	397	498	473	538
408	240	380	153	320	472	483	527	399	380
381	415	300	194	527	473	523	543	708	407

解： 数据分组的步骤大致如下。

第 1 步：确定组数。组数的多少与数据本身的特点及数据的多少有关。一般而言，一组数据所分的组数大致等于样本量的平方根。设组数为 K，则 $K \approx \sqrt{n}$。当然，这只是一个大概数，具体的组数可根据需要做适当调整。本例中共有 150 个数据，组数 $K \approx \sqrt{150} \approx$ 12.25，考虑到 12 组太多，这里分为 10 组（注：组数可以依据具体情况确定，宜多不宜少）。

第 2 步：确定各组的组距。组距可根据全部数据的最大值和最小值及所分的组数来确定，即组距＝（最大值－最小值）÷组数。对于本例中的数据，最大值为 708，最小值为 117，则组距＝（708－117）÷10＝59.1。为便于计算，组距宜取便于理解的整数，一般取 5 或 10 的倍数，因此组距可取 60。

第 3 步：确定各组界限。组距式分组有开口式分组和闭口式分组两种。开口式分组，即在所分各组里，有的组是“……以上”或“……以下”的形式。闭口式分组，即所分的各组均有两个界限，每组的最小值称为下限，每组的最大值称为上限。分组时，通常将每组的上限与下一组的下限重叠，防止遗漏数据，而且第一组的下限值应低于最小数值，最后一组的上限值应高于最大数值。因此，本例的第一组的下限值确定为 115，而最后一组设置为开口组。

第 4 步：统计出各组的频数即为频数分布表。由于在分组时，相邻组的组限重叠，从而会导致数据重复计算。因此，在统计各组频数时，恰好等于某一组上限的变量值一般不算在本组内，而是计算在下一组，即一个组的数值 x 满足 $a \leqslant x < b$，这便是上限不在内原则。

下面给出了两种利用 SPSS 生成数值数据频数分布表的方法。

方法 1：使用【重新编码为不同变量】命令生成频数分布表。

第 1 步：选择【转换】→【重新编码为不同变量】。

第 2 步：将要分组的变量移入【数字变量→输出变量】列表框。在【输出变量】→【名称】里输入输出变量的名称，如“分组区间”，【标签】中输入具体内容，如“销售额”，单击【变化量】按钮，如图 2-6 所示。

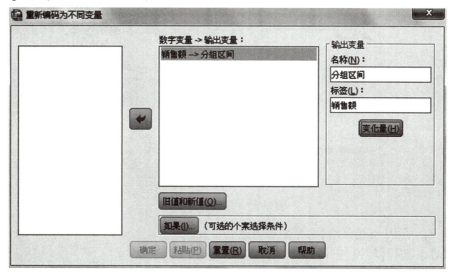

图 2-6　【重新编码为不同变量】对话框

第 3 步：单击【旧值和新值】按钮，在弹出的对话框中，在【旧值】选项组下选中【范围】单选按钮，并输入分组区间的下限值和上限值（注：系统在计数时每组包含下限值和上限值，即 $a \leqslant x \leqslant b$），如 110~169（注：如果数据中带有小数，可以输入 110~169.99，以此类推）；勾选【输出变量是字符串】复选框；在【新值】选项组的【值】后输入分组的区间，如

110~170(注：本例销售额是连续变量，各分组区间形式上应连续，不能间断，如果是离散变量，也可以输入110~169这样的区间)，单击【添加】按钮，如图2-7所示。接下来重复本步骤，直至将所有分组区间增加完毕，然后单击【继续】按钮，此时"分组区间"变量便会保存在SPSS的"数据视图"窗口中。

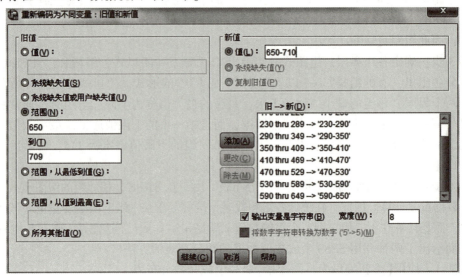

图2-7　旧值和新值操作

第4步：选择【分析】→【描述统计】→【频率】，将"分组区间"变量移入【变量】列表框，单击【确定】按钮，如图2-8所示。

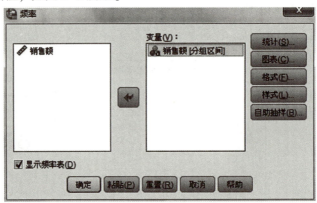

图2-8　【频率】对话框

方法2：使用【可视分箱】命令生成频数分布表。

第1步：选择【转换】→【可视分箱】。

第2步：将变量移入【要分箱的变量】列表框，单击【继续】按钮，弹出如图2-9所示的【可视分箱】对话框。

第3步：在【分箱化变量】文本框中输入分箱后要保存的变量名称，如"所属组别"，单击【生成分割点】按钮，弹出如图2-10所示的【生成分割点】对话框。在【等宽区间】选项组的【第一个分割点位置】文本框中输入第一组的上限值，如"170"(注意：隐含为【排除】，计数时每组不包含上限值，即 $a \leq x < b$；如果输入上限值为169，则应该在【上端点】下选择

【包括】）；在【分割点数】文本框中后输入要分的组数，如"10"；在【宽度】文本框中输入分组的组距，如"60"。单击【应用】按钮，返回主对话框，然后单击【生成标签】按钮，再单击【确定】按钮(此时"所属组别"变量会保存在 SPSS 的"数据视图"窗口中)。

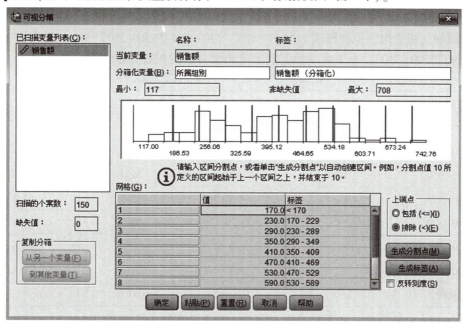

图 2-9 【可视分箱】对话框

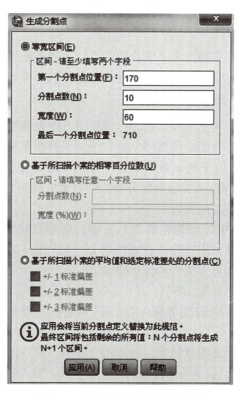

图 2-10 【生成分割点】对话框

第4步：选择【分析】→【描述统计】→【频率】。将"所属组别"变量移入【变量】列表框。单击【确定】按钮。

若发现频数分布不是近似正态分布，则须将若干组进行合并处理（本例即是如此）。从SPSS生成的频数分布表可看出，分组结果不太理想，不符合正态分布，因而应进行适当整理。例如，将各组别依次修改为"110~170""170~230""230~350""350~470""470~530""530~590""590~710"。表2-8所示是将若干组合并后的频数分布结果。

表2-8　某社交电商平台150天销售额的频数分布表

销售额/千元	频数/次	百分比/%	有效百分比/%	累计百分比/%
110~170	5	3.3	3.3	3.3
170~230	12	8.0	8.0	11.3
230~350	39	26.0	26.0	37.3
350~470	45	30.0	30.0	67.3
470~530	30	20.0	20.0	87.3
530~590	14	9.3	9.3	96.6
590~710	5	3.3	3.3	100.0
总计	150	100.0	100.0	—

表2-8中的结果显示，某社交电商平台150天销售额主要集中在350 4~4 704元，共有45人，占总人数的30%。

2.2.2　用图形展示数值数据

展示数值数据的图形有多种。本小节介绍的图形主要有展示数据分布特征的图形、展示变量间关系的图形以及比较多个样本相似性或差异性的图形等。

1. 展示数据分布特征的图形

如果原始数据经过了类别化处理，则可以使用直方图来观察数据的分布；如果未经过类别化处理，则可以使用茎叶图、箱线图、垂线图、误差图等来观察数据的分布。

（1）直方图。直方图是用于展示数值数据分布的一种常用图形，它是用矩形的宽度和高度（即面积）来表示频数分布。通过直方图可以观察数据分布的大体形状，如分布是否对称。

使用SPSS可以直接根据原始数据绘制直方图，而不必对数据进行分组。绘制出直方图后，再根据需要修改直方图的分组数和每一组的区间宽度即可。根据原始数据绘制直方图的操作步骤如下。

2-03 直方图、茎叶图、箱线图

第1步：选择【图形】→【直方图】。

第2步：将要绘制直方图的变量移入【变量】列表框，单击【确定】按钮，如图2-11所示。

第3步：如果需要对直方图做修改，先双击直方图，再双击直方图中的任意条，选择【分箱化】→【X轴】→【定制】，并在【区间数量】文本框中输入希望划分的组数，如"10"，然后单击【应用】按钮，如图2-12（a）所示。接下来，双击X轴的刻度，在弹出的对话框中单击【刻度】按钮，在【范围】选项组下可以修改【最小值】【最大值】，在【主增量】文本框后输入区间的宽度(即组距),如"60",单击【应用】按钮,如图 2-12(b)所示(如果想要在直方图中增加正态曲线,则单击【显示分布曲线】按钮)。

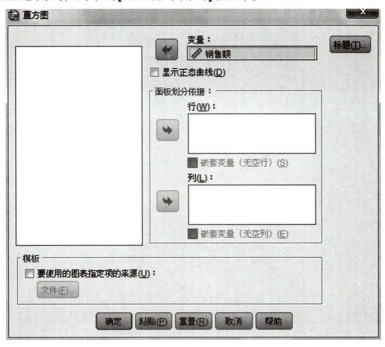

图 2-11　【直方图】对话框

另外,利用【分析】→【描述统计】→【探索】→【绘制】也可以绘制直方图。

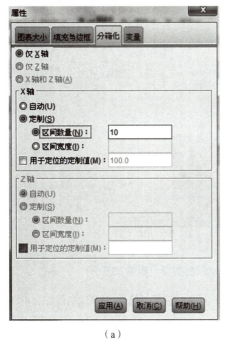

(a)

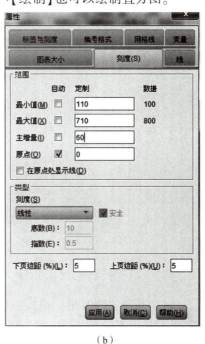

(b)

图 2-12　直方图属性设置

(a)分箱化设置;(b)刻度设置

第4步：右击，在弹出的快捷菜单中选择【显示数据标签】，弹出以下对话框，单击【关闭】按钮即可，如图2-13所示。

图2-13 数据值标签设置

根据例2-2中的数据绘制的直方图如图2-14所示。

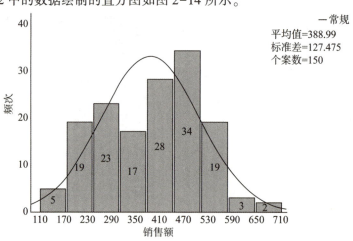

图2-14 某社交电商平台150天销售额分布的直方图

从图2-14中可以直观看出，销售额的分布并不对称，从拟合曲线来看，可以初步认为销售额并不服从正态分布。

注：直方图与条形图不同。首先，条形图中的每一矩形表示一个类别，其宽度没有意义，直方图的宽度则表示各组的组距。其次，由于分组数据具有连续性，直方图的各矩形通常连续排列，而条形图则分开排列。最后，条形图主要用于展示类别数据，直方图则主

要用于展示类别化的数值数据。

（2）茎叶图。利用直方图观察数据的分布很方便，但观察不到原始数据。茎叶图则不同，它不仅可以展示数据的分布，而且能保留原始数据的信息。制作茎叶图不需要对数据进行分组，特别是当数据量较少时，用茎叶图更容易看出数据的分布。茎叶图由"茎"和"叶"两部分构成，绘制时，首先把一个数字分成两部分，通常是以该组数据的高位数值作为树茎（Stem），而叶上只保留该数值的最后一个数字。例如，将 125 分成 12│5，将 12 分成 1│2，1.25 分成 12│5（单位：0.01）等。"│"前部分是茎，"│"后部分是叶。茎一经被确定，叶就自然地长在相应的茎上了，叶的长短代表了数据的分布。

下面给出了利用 SPSS 绘制茎叶图的操作步骤。

第 1 步：选择【分析】→【描述统计】→【探索】。

第 2 步：将变量移入【因变量列表】列表框；单击【图】按钮。在弹出的对话框中选择【茎叶图】（这是系统的隐含选项）；单击【继续】按钮回到主对话框，再单击【确定】按钮。（上述操作也可给出一组数据的箱线图）。

某社交电商平台 150 天销售额分布的茎叶图如图 2-15 所示。

频次	茎和叶
4.00	1 . 1334
8.00	1 . 57788899
18.00	2 . 012223333333444444
14.00	2 . 56667778888889
12.00	3 . 000111223344
19.00	3 . 5666777788899999999
17.00	4 . 000001111222334444
23.00	4 . 55556666677777778889999
25.00	5 . 0001111111122222333333444
6.00	5 . 555669
2.00	6 . 14
1.00	6 . 6
1.00	7 . 0

主干宽度：100
每个叶：1个案

图 2-15　某社交电商平台 150 天销售额分布的茎叶图

从图 2-15 可以看出，销售额集中在 40 万 ~50 万元。茎叶图类似于横置的直方图，它反映出的分布特征也与直方图基本一致。

（3）箱线图。箱线图不仅可用于反映一组数据的分布特征，例如，分布是否对称，是否存在离群点等，还可以对多组数据的分布特征进行比较，这也是箱线图的主要用途。

首先，找出一组数据的中位数（Median）和两个四分位数（Quartiles）（第 3 章将详细介绍），并画出箱子。中位数是一组数据排序后处在 50% 位置上的数值。四分位数是一组数据排序后处在 25% 位置和 75% 位置上的两个分位数值，分别用 $Q_{25\%}$ 和 $Q_{75\%}$ 表示。$Q_{75\%} - Q_{25\%}$ 称为四分位差或四分位距，用 IQR 表示。用两个四分位数画出箱子（四分位差的范围），并画出中位数在箱子里的位置。

其次，计算出内围栏和相邻值，并画出须线。内围栏（Inter Fence）是与 $Q_{25\%}$ 和 $Q_{75\%}$ 的距离等于 1.5 倍四分位差的两个点，其中 $Q_{25\%} - 1.5 \times IQR$ 称为下内围栏，$Q_{75\%} + 1.5 \times IQR$ 称

为上内围栏。上、下内围栏一般不在箱线图中显示，只是作为确定离群点的界限。然后找出上、下内围栏之间的最大值和最小值（即非离群点的最大值和最小值），称为相邻值（Adjacent Value），其中 $Q_{25\%}-1.5\times IQR$ 范围内的最小值称为下相邻值，$Q_{75\%}+1.5\times IQR$ 范围内的最大值称为上相邻值。用直线将上、下相邻值分别与箱子连接，称为须线（Whiskers）。

最后，找出离群点，并在图中单独标出。离群点（Outlier）是大于上内围栏或小于下内围栏的数值，也称外部点（Outside Value），在图中用"〇"单独标出。

例 2-3 在奥运会男子 25 米手枪速射比赛中，先根据预赛成绩确定进入决赛的运动员。在决赛中，每名运动员进行 20 枪的射击，然后将预赛成绩和决赛成绩加总得出最后的排名。例如，在 2008 年 8 月举行的第 29 届北京奥运会男子 25 米手枪速射决赛中，进入决赛的前 6 名运动员最后 20 枪的决赛成绩如表 2-9 所示。请绘制箱线图分析各运动员射击成绩的分布特征。

表 2-9　第 29 届北京奥运会男子 25 米手枪速射决赛成绩　　　　　单位：环

人名	亚历山大·彼得里夫利	拉尔夫·许曼	克里斯蒂安·赖茨	列昂尼德·叶基莫夫	基思·桑德森	罗曼·邦达鲁克
成绩	10.1	8.4	9.9	8.8	9.7	9.8
	8.4	9.6	10.7	10.7	10.5	9.2
	10.3	10.2	9.0	9.7	9.0	10.3
	10.2	10.8	10.5	9.6	9.6	7.2
	10.4	10.5	10.3	10.0	9.0	9.9
	9.6	10.3	10.6	10.2	9.9	10.5
	10.1	9.8	10.0	10.1	9.2	10.4
	10.0	10.9	7.9	10.2	9.7	10.9
	9.9	10.3	10.7	9.4	9.9	10.5
	10.2	10.0	10.4	10.3	8.1	10.3
	10.8	9.5	9.5	10.4	9.7	10.2
	10.0	10.2	9.9	9.8	10.1	10.0
	10.3	10.7	10.1	8.9	10.5	9.8
	10.5	10.1	9.9	10.0	10.2	9.2
	9.6	10.3	10.3	10.0	10.0	8.3
	9.8	9.7	9.0	9.1	9.9	9.0
	10.4	9.3	9.8	9.5	9.5	9.4
	10.3	10.3	9.8	10.0	9.7	9.8
	9.1	10.0	10.3	10.7	9.9	10.4
	10.2	9.6	10.7	10.0	9.9	9.6

解：绘制各运动员射击成绩的箱线图时，先要计算每名运动员射击成绩的最大值、最小值、中位数和两个四分位数，然后绘制出图形（在实际操作中可直接使用 SPSS 来完成）。下面给出了利用 SPSS 绘制箱线图的操作步骤。

第 1 步：选择【图形】→【箱图】。

第 2 步：在弹出的对话框中勾选【简单】复选框，选择【图表中的数据为】→【单独变量的摘要】，单击【定义】按钮。

第 3 步：在弹出的对话框中将要绘制箱线图的变量移入【箱表示】列表框，单击【确定】按钮。

箱图操作如图 2-16 所示。

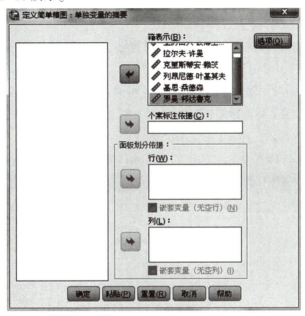

图 2-16 箱图操作

根据表 2-9 中的数据绘制出的 6 名运动员射击成绩的箱线图如图 2-17 所示。

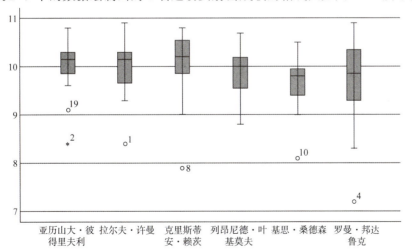

图 2-17 6 名运动员射击成绩的箱线图

从图 2-17 中可以看出，在 6 名运动员中，平均成绩最高的是克里斯蒂安·赖茨(中位数为 10.2)，最低的是基思·桑德森(中位数为 9.8)；从射击成绩的分布来看，列昂尼德·叶基莫夫的成绩比较集中(没有离群点)，而罗曼·邦达鲁克的成绩最为分散(箱子较长)。图 2-17 中用"○"标出的点是运动员射击成绩的离群点，" * "表示的是射击成绩的极端值，其数字表示的是在第几次射击中出现这个成绩的。

(4)垂线图。垂线图可用于展示多个变量或多个样本取值的分布状况。它是将属于同一样本或类别的多个取值的散点用一条垂线连接起来，用垂线的长度及垂线上的各个点来反映某个样本或类别取值的差异及其分布状况。下面给出了利用 SPSS 绘制垂线图的操作步骤。

2-04 垂线图、误差图、散点图、轮廓图

第 1 步：选择【图形】→【折线图】。

第 2 步：在弹出的对话框中勾选【垂直】复选框，选择【图表中的数据为】→【单个个案的值】，单击【定义】按钮。

第 3 步：在弹出的对话框中，将所有变量(本例为每名运动员的射击成绩)移入【点表示】列表框。接下来，在【类别标签】选项组中勾选【变量】复选框，并将相应的类别(本例中为运动员姓名)移入框内，单击【确定】按钮。

垂线图操作如图 2-18 所示。

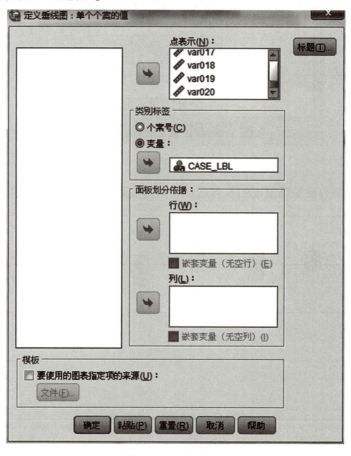

图 2-18　垂线图操作

注：要根据表 2-9 中的数据绘制 6 名运动员手枪速射决赛成绩的垂线图来反映每名运动员各次射击成绩的分布，首先需要将表 2-9 中的数据进行转置处理，也就是把每名运动员放在"数据视图"行的位置，将其每次射击的成绩放在"数据视图"列的位置。如果要分析每次射击中每名运动员成绩的分布，则不需要转置(转置的具体操作步骤是：选择【数据】→【转置】，在弹出的对话框中将所有要转置的变量移入【变量】列表框，单击【确定】按钮)。

根据表 2-9 中的数据绘制的 6 名运动员射击成绩的垂线图，如图 2-19 所示。

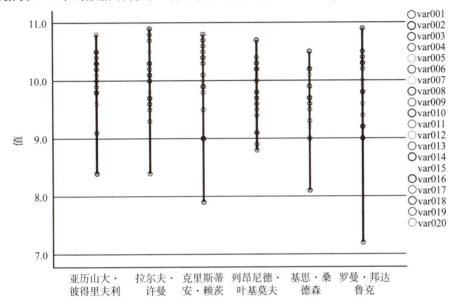

图 2-19　6 名运动员射击成绩的垂线图

图 2-19 中线上标出的点是运动员各次射击的成绩，从中可以清楚地看出每名运动员各次射击成绩的分布状况及其差异。线越长，点在线上越分散，说明射击成绩越分散。从图 2-19 中可以看出，在 6 名运动员中，射击成绩最分散的是罗曼·邦达鲁克，射击成绩最集中的是列昂尼德·叶基莫夫。

(5)误差图。误差图是以均值为中心，加减一定倍数的标准差(也可以加减一定倍数的标准误差)绘制而成的。(该图也可以绘制均值的一定置信水平的置信区间)。误差图可用于展示多个样本或分类的不同取值的分布状况和离散状况。下面给出了利用 SPSS 绘制误差图的操作步骤。

第 1 步：选择【图形】→【误差条形图】。

第 2 步：在弹出的对话框中勾选【简单】复选框，选择【图表中的数据为】→【单独变量的摘要】，单击【定义】按钮。

第 3 步：在弹出的对话框中将所有变量移入【误差条形图】列表框，选择【条形表示】→【标准差】，在【乘数】文本框内输入所需的标准差倍数，单击【确定】按钮。

误差条形图操作如图 2-20 所示。

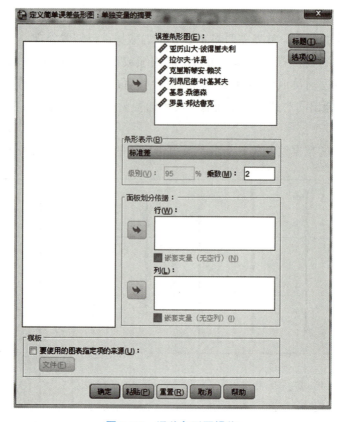

图 2-20　误差条形图操作

图 2-21 所示是 6 名运动员射击成绩的均值加减 2 倍标准差的误差图，其中的圆点表示每名运动员射击成绩的均值，其上、下的延伸线为 2 倍的标准差。均值加减标准差形成的区间越短，表明数据越集中；反之，则表的数据越分散。从图 2-21 中可以直观地看出每名运动员射击成绩的水平及其离散状况。

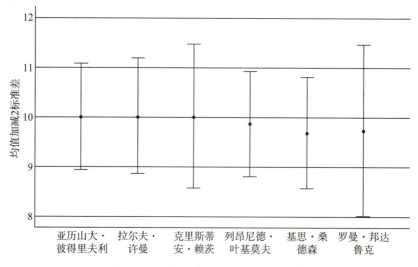

图 2-21　6 名运动员射击成绩的误差图

2. 展示变量间关系的图形

当存在多个数值变量时，可以使用散点图(Scatter Diagram)来观察各变量之间的关系。散点图利用二维坐标中两个变量各取值点的分布来展示两个变量之间的关系。设坐标横轴代表变量 x，纵轴代表变量 y(两个变量的坐标轴可以互换)，每对数据 (x_i, y_i) 在坐标系中用一个点表示，n 对数据点在坐标系中形成的图形称为散点图。利用散点图可以观察两个变量之间是否有关系，有什么关系，关系强度如何等。

例 2-4　表 2-10 所示是我国 31 个地区 2017 年的地区生产总值、社会消费品零售总额和固定资产投资数据。绘制散点图并观察它们之间的关系。

表 2-10　我国 31 个地区 2017 年的地区生产总值、社会消费品零售总额和固定资产投资数据

单位：亿元

地区	地区生产总值	社会消费品零售总额	固定资产投资
北京市	28 014.94	11 575.40	8 370.40
天津市	18 549.19	5 729.70	11 288.90
河北省	34 016.32	15 907.60	33 406.80
山西省	15 528.42	6 918.10	6 040.50
内蒙古自治区	16 096.21	7 160.20	14 013.20
辽宁省	23 409.24	13 807.20	6 676.70
吉林省	14 944.53	7 855.80	13 283.90
黑龙江省	15 902.68	9 099.20	11 292.00
上海市	30 632.99	11 830.30	7 246.60
江苏省	85 869.76	31 737.40	53 277.00
浙江省	51 768.26	24 308.50	31 696.00
安徽省	27 018.00	11 192.60	29 275.10
福建省	32 182.09	13 013.00	26 416.30
江西省	20 006.31	7 448.10	22 085.30
山东省	72 634.15	33 649.00	55 202.70
河南省	44 552.83	19 666.80	44 496.90
湖北省	35 478.09	17 394.10	32 282.40
湖南省	33 902.96	14 854.90	31 959.20
广东省	89 705.23	38 200.10	37 761.70
广西壮族自治区	18 523.26	7 813.00	20 499.10
海南省	4 462.54	1 618.80	4 244.40
重庆市	19 424.73	8 067.70	17 537.00
四川省	36 980.22	17 480.50	31 902.10
贵州省	13 540.83	4 154.00	15 503.90

续表

地区	地区生产总值	社会消费品零售总额	固定资产投资
云南省	16 376.34	6 423.10	18 936.00
西藏自治区	1 310.92	523.30	1 975.60
陕西省	21 898.81	8 236.40	23 819.40
甘肃省	7 459.90	3 426.60	5 827.80
青海省	2 624.83	839.00	3 883.60
宁夏回族自治区	3 443.56	930.40	3 728.40
新疆维吾尔自治区	10 881.96	3 044.60	12 089.10

（资料来源：中国统计年鉴 2018）

解： 如果想观察 3 个变量两两之间的关系，可以分别绘制散点图或绘制一个散点图矩阵。下面给出了利用 SPSS 绘制散点图的操作步骤。

第 1 步：选择【图形】→【散点图/点图】。

第 2 步：如果绘制两个变量的简单散点图，选择【简单散点图】→【定义】。在弹出的对话框中将两个变量分别移入【Y 轴】和【X 轴】后，单击【确定】按钮，如图 2-22 所示。

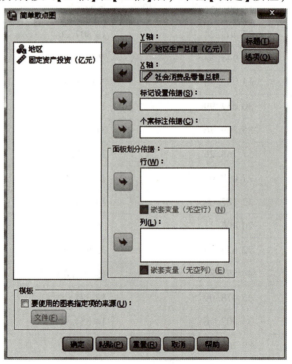

图 2-22　散点图操作（两变量）

图 2-23 所示是社会消费品零售总额与地区生产总值的散点图。从图中可以看出，随着地区生产总值增加，社会消费品零售总额也增加，社会消费品零售总额与地区生产总值之间具有明显的正线性关系。

如果想同时比较一个变量与其他几个变量之间的关系，则可以把它们的散点图绘制在同一幅图里，即绘制成重叠散点图（Overlay Scatter）。绘制重叠散点图时，变量值之间的数值差异不能过大，否则不便于比较。例如，如果想比较地区生产总值、社会消费品零售总额和固定资产投资之间的关系，可以把地区生产总值作为 y 轴，把社会消费品零售总额和固定资产投资作为一个共同的 x 轴绘制重叠散点图。下面给出了利用 SPSS 绘制散点图的操作步骤。

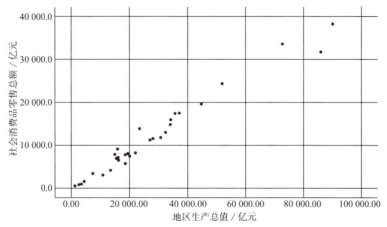

图 2-23　社会消费品零售总额与地区生产总值的散点图

第 1 步：选择【图形】→【散点图/点图】。

第 2 步：如果绘制两个变量的重叠散点图，则选择【重叠散点图】→【定义】。在弹出的对话框中将所要配对的变量依次移入【Y-X 对】中的【Y 变量】与【X 变量】，单击【确定】按钮，如图 2-24 所示。

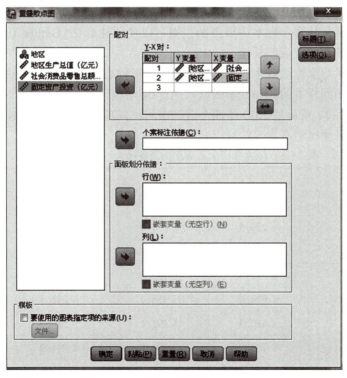

图 2-24　散点图操作（三变量）

图 2-25 所示是地区生产总值、社会消费品零售总额和固定资产投资的重叠散点图。从图中可以看出，虽然地区生产总值与固定资产投资之间也存在近似正线性关系，但地区生产总值与社会消费品零售总额之间存在更强的正线性关系。

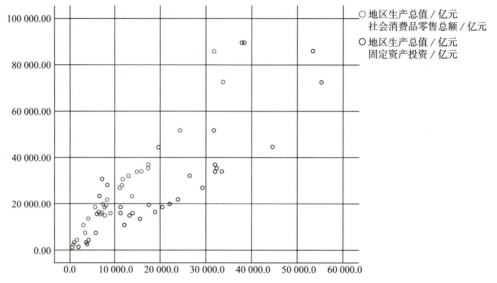

图 2-25　地区生产总值、社会消费品零售总额和固定资产投资的重叠散点图

如果要同时比较多个变量两两之间的关系，则可以绘制矩阵散点图（Matrix Scatter）。操作步骤与上述步骤相似。此处不再赘述。

3. 比较多个样本相似性或差异性的图形

如果多个变量是从多个样本中取得的，则可以使用轮廓图（Outline Chart）比较多个样本在多个变量上的相似性或差异性。

轮廓图也称平行坐标图或多线图，它是用坐标横轴表示各样本，纵轴表示各样本多个变量的取值，将不同样本的同一变量的取值用折线连接而成的。

例 2-5　表 2-11 所示是 2019 年四个直辖市居民各项人均消费支出数据。请绘制轮廓图，比较不同地区居民消费支出的特点和相似性。

表 2-11　2019 年四个直辖市居民各项人均消费支出数据　　　　　　单位：元

支出项目	北京	上海	天津	重庆
食品烟酒	8 488.5	10 952.6	8 983.7	6 666.7
衣 着	2 229.5	2 071.8	1 999.5	1 491.9
居 住	15 751.4	15 046.4	6 946.1	3 851.2
生活用品及服务	2 387.3	2 122.8	1 956.7	1 392.5
交通通信	4 979.0	5 355.7	4 236.4	2 632.8
文教娱乐	4 310.9	5 495.1	3 584.4	2 312.2
医疗保健	3 739.7	3 204.8	2 991.9	1 925.4
其他用品及服务	1 151.9	1 355.9	1 154.9	501.3

（资料来源：中国统计年鉴 2020）

解：由 SPSS 绘制的轮廓图如图 2-26 所示。

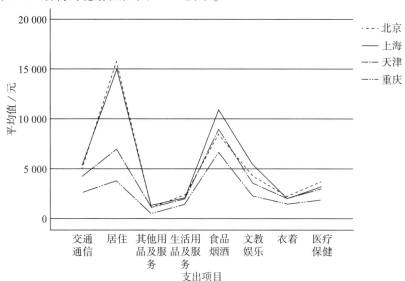

图 2-26　四个直辖市居民人均消费支出轮廓图

图 2-26 用于比较不同地区居民在各项消费性支出上的相似性。由该图可以得到以下两个结论：在四个城市居民的消费性支出中，重庆居民的各项支出数据普遍低于其他三个城市；除居住和食品烟酒以外，四个城市的各项支出相差不大。

下面给出了利用 SPSS 绘制轮廓图的操作步骤。

第 1 步：选择【图形】→【折线图】。

第 2 步：在弹出的对话框中勾选【多线】复选框，选择【图表中的数据为】→【单独变量的摘要】，单击【定义】按钮。

第 3 步：在弹出的对话框中将所有变量移入【线的表示】列表框，在【类别轴】文本框内选择类别变量(本例为"支出项目")，单击【确定】按钮。

折线图操作如图 2-27 所示。

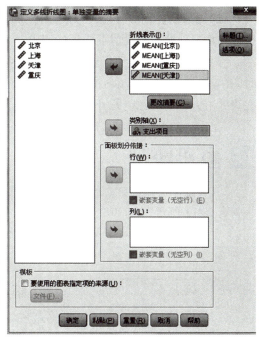

图 2-27　折线图操作

注：系统自动输出的图形类别轴的类别是按拼音字母顺序排列的，双击图形的类别轴刻度线可以修改类别的排列顺序。双击类别轴刻度线，在弹出的对话框中单击【类别】按钮，在【排序依据】下用箭头按钮改变顺序，单击【应用】按钮。

2.3 科学使用图表

统计图表是展示数据的有效方式。在日常生活中，阅读报纸杂志、看电视、访问计算机网络时都能看到大量的统计图表。统计表把杂乱的数据有条理地组织在一张简明的表格内，统计图把数据形象地展示出来。显然，看统计图表要比看那些枯燥的数字更有趣，也更容易理解。合理使用统计图表是做好统计分析的最基本技能。

使用图表的目的是让别人更容易看懂和理解数据。一张精心设计的图表可以有效地把数据呈现出来。使用计算机可以很容易地绘制出漂亮的图表，但需要注意的是，初学者往往会在图形的修饰上花费太多的时间和精力，而不注意对数据的表达。这样做得不偿失，也未必合理，或许会画蛇添足。精心设计的图表可以准确表达数据所要传递的信息。设计图表时，应绘制得尽可能简洁，以便于清晰地显示数据、合理地表达统计目的。科学使用图表要注意以下几点。

（1）在制作图表时，应避免一切不必要的修饰。过于花哨的修饰往往会使人注重图表本身，而掩盖了图表所要表达的信息。

（2）图形的比例应合理。一般而言，图形应约为 4∶3 的一个矩形，若过长或过宽都有可能使数据歪曲，给人留下错误的印象。

（3）图表应有编号和标题。编号一般使用阿拉伯数字，如表的标题应明示表中数据的时间（When）、地点（Where）和内容（What），即通常所指的"3W 准则"。表的标题通常放在表的上方；图的标题既可放在图的上方，也可放在图的下方。

练习题

2.1 为评价旅游业的服务质量，随机抽取 60 位顾客进行调查，得到的满意度调查结果如表 2-12 所示。

表 2-12 旅游业服务质量满意度调查结果

性别	满意度	性别	满意度	性别	满意度
女	不满意	女	一般	女	比较满意
男	非常满意	男	不满意	男	比较满意
男	非常满意	女	非常满意	男	比较满意
女	比较满意	男	比较满意	男	一般
男	比较满意	女	非常不满意	女	不满意
女	一般	男	非常不满意	男	不满意
男	一般	男	一般	女	一般
女	不满意	男	非常不满意	男	比较满意
女	非常不满意	女	非常不满意	女	非常满意

续表

性别	满意度	性别	满意度	性别	满意度
女	非常满意	女	比较满意	男	比较满意
男	一般	男	不满意	女	非常不满意
男	比较满意	女	比较满意	女	不满意
女	一般	女	非常不满意	女	一般
女	一般	男	比较满意	男	不满意
女	非常不满意	男	一般	女	比较满意
女	不满意	男	非常满意	女	一般
男	非常不满意	男	非常不满意	女	比较满意
女	不满意	女	一般	女	不满意
男	比较满意	女	比较满意	男	不满意
女	非常满意	男	非常满意	女	非常满意

（1）分别制作被调查者性别和满意度的简单频数分布表。

（2）制作被调查者性别和满意度的交叉表。

（3）对二维列联表做简单分析。

2.2　为评价家电行业的售后服务质量，随机抽取由 100 位消费者构成的一个样本。服务质量等级分别表示为：A. 好；B. 较好；C. 一般；D. 较差；E. 差。其调查结果如表 2-13 所示。

表 2-13　家电行业售后服务质量调查结果

B	E	C	C	A	D	C	B	A	E
D	A	C	B	C	D	E	C	E	E
A	D	B	C	C	A	E	D	C	B
B	A	C	D	E	A	B	D	D	C
C	B	C	E	D	B	C	C	B	C
D	A	C	B	C	D	E	C	E	B
B	E	C	C	A	D	C	B	A	E
B	A	C	D	E	A	B	D	D	C
A	D	B	C	C	A	E	D	C	B
C	B	C	E	D	B	C	C	B	C

制作频数分布表，分别绘制恰当的图形反映服务质量等级的分布和构成。

2.3　为确定某款玩具的使用寿命，从一批玩具中随机抽取 100 只进行测试，得到的使用寿命数据如表 2-14 所示。

表 2-14　某款玩具的使用寿命数据　　　　　　　　　　　　　　　　　　单位：小时

700	716	728	719	685	709	691	684	705	718
706	715	712	722	691	708	690	692	707	701
708	729	694	681	695	685	706	661	735	665
668	710	693	697	674	658	698	666	696	698
706	692	691	747	699	682	698	700	710	722
694	690	736	689	696	651	673	749	708	727
688	689	683	685	702	741	698	713	676	702
701	671	718	707	683	717	733	712	683	692
693	697	664	681	721	720	677	679	695	691
713	699	725	726	704	729	703	696	717	688

（1）根据表 2-14 中的数据进行适当的分组，制作频数分布表。

（2）绘制直方图，说明数据分布的特点。

（3）制作茎叶图，并与直方图做比较。

2.4　表 2-15 所示是 2019 年我国 6 个城市各月份的平均气温数据。

表 2-15　2019 年我国 6 个城市各月份的平均气温数据　　　　　　　　　　单位：℃

月份	北京	哈尔滨	上海	武汉	广州	昆明
1	−1.7	−13.3	5.8	3.7	15	9.9
2	−0.7	−9.3	6.1	4.1	18	12.9
3	9.7	0.1	11.3	12.5	19.4	14.6
4	14.7	8.5	16.4	17.7	23.4	19
5	22.3	15.5	20.8	21.4	24.8	22.3
6	26.3	19.8	23.9	26.1	28	22.2
7	28	23.7	27.5	29.3	28.7	20.8
8	25.9	20.7	28.5	30.4	28.3	21.3
9	23.1	17	24.5	25.1	26.7	18.4
10	13.3	8.3	19.8	18.3	24.1	17
11	5.8	−4.9	14.9	12.9	19.5	14
12	−1.2	−15.6	8.8	6.5	16	7.9

绘制箱线图、垂线图和误差图，并比较各城市气温分布的特点。

2.5　表 2-16 所示是随机调查的 40 名学生及其父母的身高数据。

表 2-16　随机调查的 40 名学生及其父母的身高数据　　　　单位：厘米

子女身高	父亲身高	母亲身高	子女身高	父亲身高	母亲身高
155	165	157	170	168	163
161	182	165	153	163	152
166	166	156	156	168	155
170	178	160	158	174	155
158	173	160	160	170	162
160	170	165	162	170	158
160	171	150	163	173	160
162	167	158	165	172	161
165	175	160	166	181	158
168	172	162	170	180	165
171	166	158	175	172	160
174	171	158	175	175	165
177	179	168	178	174	160
178	174	160	173	170	160
180	173	162	181	178	165
181	170	160	164	175	161
159	168	153	167	163	166
169	168	153	168	168	155
170	170	167	170	170	160
170	170	160	170	172	158

利用散点图说明父子身高、母子身高之间的关系。

2.6　表 2-17 所示是 2015—2019 年全国居民按东、西、中部及东北地区分组的人均可支配收入。

表 2-17　2015—2019 年人均可支配收入　　　　单位：元

地区	2015 年	2016 年	2017 年	2018 年	2019 年
东部地区	28 223.3	30 654.7	33 414	36 298.2	39 438.9
中部地区	18 442.1	20 006.2	21 833.6	23 798.3	26 025.3
西部地区	16 868.1	18 406.8	20 130.3	21 935.8	23 986.1
东北地区	21 008.4	22 351.5	23 900.5	25 543.2	27 370.6

绘制轮廓图，比较不同地区、不同年份人均可支配收入的差异。

第3章 描述性统计分析

 知识目标

- 理解不同描述性分析的统计量的作用；
- 理解各种描述水平的统计量的用途；
- 理解各种描述差异的统计量的用途。

能力目标

- 利用 SPSS 计算各种描述水平的统计量；
- 利用 SPSS 计算各种差异水平的统计量；
- 利用 SPSS 计算数据分布形状的统计量。

素质目标

- 通过描述性统计分析的学习，学生能够一分为二地看待问题；
- 通过学习描述水平的统计量，学生可以抓住事情的主要矛盾或找到矛盾的主要方面。

想 一 想

◆如果选一个值代表一个班的成绩，你是用平均数、中位数还是众数？

◆在"双十二"期间，人均网购金额的标准差是 600 元，而平时的是 300 元，你认为是"双十二"网购金额的差异大，还是平时网购金额的差异大？

◆假定你们班的统计学考试平均分数是 70 分，标准差是 5 分，而你的考试分数是 90 分，你的考试分数距离平均分数有几个标准差？

◆你可以手工计算 40 人的平均上网时间，但你能手工计算 400 万人的平均上网时间吗？

利用图表可以对数据分布的形状和特征有一个大致了解，但除了要更详细地分析数据的特征，还需要用相应的统计量进行描述。数据分布的特征可以从三个方面进行描述：一是数据的水平，反映全部数据的数值大小；二是数据的差异，反映各数据间的离散程度；三是分布的形状，反映数据分布的偏度和峰度。本章主要介绍描述样本特征的统计量的计算方法、特点及其应用场合。

3.1　描述水平的统计量

数据的水平是指其取值的大小。描述数据水平的样本统计量主要有平均数、分位数和众数等。

3.1.1　平均数

平均数(Mean)也称均值，是一组数据相加后再除以数据的个数得到的结果。样本平均数是度量数据水平的常用统计量，在参数估计和假设检验中经常用到。

设一组样本数据为 x_1，x_2，$\cdots$，x_n，样本量(样本数据的个数)为 n，则样本平均数用 $\bar{x}$(读作 x-bar)表示，其计算公式为

$$\bar{x} = \frac{x_1 + x_2 + \cdots + x_n}{n} = \frac{\sum\limits_{i=1}^{n} x_i}{n} \tag{3-1}$$

式(3-1)也表示简单平均数(Simple Mean)。

例 3-1　在某班随机抽取 20 名学生，得到统计学成绩数据，如表 3-1 所示。计算 20 名学生的平均成绩。

表 3-1　20 名学生统计学成绩　　　　　　　　　　　　单位：分

71	88	66	86	79	60	45	60	76	77
89	86	82	60	93	81	52	70	55	93

解：根据式(3-1)有：

$$\bar{x} = \frac{71 + 88 + 66 + 86 + \cdots + 70 + 55 + 93}{20} = \frac{1\,469}{20} \approx 73(\text{分})$$

3.1.2　分位数

将一组数据按从小到大排序后，找出排在某个位置上的数值，并用该数值代表数据水平的高低，这些位置上的数值就是相应的分位数(Quantile)，包括中位数(Median)、四分位数(Quartile)、百分位数(Percentile)等。

1. 中位数

中位数是一组数据排序后处在中间位置上的数值，用 M_e 表示。中位数是用一个点将全部数据等分成两部分，每部分包含 50% 的数据，一部分数据比中位数大；另一部分数据比中位数小。中位数是用中间位置上的数值代表数据的水平，其特点是不受极端值的影

响，在研究收入分配时很有用。

计算中位数时，要先对 n 个数据进行从小到大排序，再确定中位数的位置，最后确定中位数的具体数值。如果位置是整数值，中位数就是该位置所对应的数值；如果位置是整数加 0.5 的数值，中位数就是该位置两侧值的平均值。设一组数据 x_1，x_2，$\cdots$，x_n 按从小到大排序后为 $x_{(1)}$，$x_{(2)}$，$\cdots$，$x_{(n)}$，则中位数就是 $(n+1)/2$ 位置上的数值。其计算公式为

$$M_e = \begin{cases} x_{\left(\frac{n+1}{2}\right)}, & n \text{ 为奇数时} \\ \dfrac{1}{2}\left\{x_{\left(\frac{n}{2}\right)} + x_{\left(\frac{n}{2}+1\right)}\right\}, & n \text{ 为偶数时} \end{cases} \tag{3-2}$$

例 3-2 沿用例 3-1 中的方法计算 20 名学生统计学成绩的中位数。

解：首先，将 20 名学生的成绩数据排序，结果如表 3-2 所示。

表 3-2　20 名学生统计学成绩排序　　　　　　　　　　　　　单位：分

45	52	55	60	60	60	66	70	71	76
77	79	81	82	86	86	88	89	93	93

其次，确定中位数的位置：$(20+1)/2 = 10.5$。中位数是排序后的第 10.5 位置上的数值，即中位数在第 10 个数值 (76) 和第 11 个数值 (77) 中间 (0.5) 的位置上。因此，$M_e = (76+77)/2 = 76.5$。

2. 四分位数

四分位数是一组数据排序后处于 25% 和 75% 位置上的数值。它是用 3 个点将全部数据等分为 4 部分，其中每部分包含 25% 的数据。很显然，中间的四分位数就是中位数，因此通常所说的四分位数是指处在 25% 位置上和处在 75% 位置上的 2 个数值。

与中位数的计算方法类似，计算四分位数时，首先对数据进行排序，然后确定四分位数所在的位置，该位置上的数值就是四分位数。与中位数不同的是，四分位数位置的确定方法有多种，每种方法得到的结果可能会有一定差异，但差异不会很大（一般相差不会超过一个位次）。由于不同软件使用的计算方法可能不一样，因此，用不同软件计算对同一组数据得到的四分位数结果也可能存在差异，但不会影响分析的结论。

设 25% 位置上的四分位数为 $Q_{25\%}$，75% 位置上的四分位数为 $Q_{75\%}$，用 Excel 计算四分位数位置的公式为

$$Q_{25\%} \text{ 位置} = \frac{n+3}{4}, \quad Q_{75\%} \text{ 位置} = \frac{3n+1}{4} \tag{3-3}$$

如果四分位数是在整数的位置上，则取该位置对应的数值；如果是在整数加 0.5 的位置上，则取该位置两侧数值的平均数；如果是在整数加 0.25 或 0.75 的位置上，则取该位置前面的数值加上按比例分摊的位置两侧数值的差值。

例 3-3 沿用例 3-1 中的方法计算 20 名学生统计学成绩的四分位数。

解：先对 20 个数据从小到大进行排序，然后计算出四分位数的位置。

$$Q_{25\%} \text{ 位置} = \frac{20+3}{4} = 5.75, \quad Q_{75\%} \text{ 位置} = \frac{3 \times 20 + 1}{4} = 15.25$$

$Q_{25\%}$ 在第 5 个数值(60)和第 6 个数值(60)之间 0.75 的位置上，因此，$Q_{25\%} = 60 + 0.75 \times (60 - 60) = 60$。

$Q_{75\%}$ 在第 15 个数值(86)和第 16 个数值(86)之间 0.25 的位置上，因此，$Q_{75\%} = 86 + 0.25 \times (86 - 86) = 86$。

由于在 $Q_{25\%}$ 和 $Q_{75\%}$ 之间大约包含了 50% 的数据，就 20 名学生的统计学成绩而言，可以说大约有一半的学生的统计学成绩在 60~86 分。

3. 百分位数

百分位数是用 99 个点将数据分成 100 等分，所得到的处于各分位点上的数值。百分位数提供了各项数据在最小值和最大值之间分布的信息。

与四分位数类似，百分位数也有多种算法，每种算法的结果不尽相同，但差异不会很大。设 $P_{i\%}$ 为第 i 个百分位数，Excel 给出的第 i 个百分位数的位置的计算公式为

$$P_{i\%} \text{ 位置} = \frac{i}{100} \times (n - 1) \tag{3-4}$$

如果位置值是整数，百分位数就是该位置对应的数值；如果位置值不是整数，百分位数等于该位置前面的数值加上按比例分摊的位置两侧数值的差值。显然，中位数就是第 50 个百分位数 $P_{50\%}$，$Q_{25\%}$ 和 $Q_{75\%}$ 就是第 25 个百分位数 $P_{25\%}$ 和第 75 个百分位数 $P_{75\%}$。

例 3-4　沿用例 3-1，计算 20 名学生统计学成绩的第 5 个和第 90 个百分位数。

解：先对 20 个数据从小到大进行排序，然后计算出百分位数的位置。根据式(3-4)，第 5 个百分位数的位置为

$$P_{5\%} \text{ 位置} = \frac{5}{100} \times (20 - 1) = 0.95$$

Excel 将排序后的第 1 个数值位置设定为 0，最后一个数值位置设定为 1。因此，第 5 个百分位数在第 1 个值(45)和第 2 个值(52)之间 0.95 的位置上，$P_{5\%} = 45 + 0.95 \times (52 - 45) \approx 52$。

第 90 个百分位数的位置为

$$P_{90\%} \text{ 位置} = \frac{90}{100} \times (20 - 1) = 17.1$$

因此，第 90 个百分位数在第 18 个值(89)和第 19 个值(93)之间 0.1 的位置上，$P_{90\%} = 89 + 0.1 \times (93 - 89) \approx 89$。

下面给出了用 SPSS 计算各分位数的操作步骤。

第 1 步：选择【分析】→【描述统计】→【频率】。

第 2 步：在弹出的对话框中，将成绩移入【变量】列表框，然后单击【统计量】按钮。

第 3 步：在弹出的对话框中，勾选【四分位数】复选框，在【百分位数】文本框内输入要计算的百分位数(如 0.1 和 0.9 等)并依次单击【添加】按钮，然后单击【继续】按钮，单击【确定】按钮。

注：如果勾选【割点】复选框，在文本框内输入要分割的分位点(默认按 10 进行等分)，可以得到各分位数。

3.1.3 众数

除平均数、中位数、四分位数和百分位数外，有时也会使用众数描述数据水平。众数（Mode）是一组数据中出现频数最多的数值，用 M_o 表示。一般情况下，只有在数据量较大时众数才有意义。从分布的角度看，众数是一组数据分布的峰值点所对应的数值。如果数据的分布没有明显的峰值，众数可能不存在；如果有两个或多个峰值，也可以有两个或多个众数。

3.1.4 水平代表值的选择

平均数、中位数和众数是描述数据水平的三个主要统计量，在实际应用中，用哪个统计量来代表一组数据的水平，取决于数据的分布特征。平均数易被多数人理解和接受，实际中用得也较多，但其缺点是易受极端值的影响。当数据的分布对称或偏斜程度不是很大时，应选择平均数。对于严重偏度分布的数据，平均数的代表性较差。由于中位数和众数不受极端值的影响，当数据分布的偏斜程度较大时，可考虑选择中位数或众数，这时它们的代表性要比平均数好。

3.2　描述差异的统计量

假定有 A、B 两个班，A 班学生的平均成绩75分，B 班学生的平均成绩是70分。你如何评价两个班学生成绩的好坏？能否认为 A 班所有学生的成绩都高于 B 班学生呢？要回答这些问题，首先需要弄清楚这里的平均成绩能否代表大多数人的成绩水平。如果 A 班有少数几个成绩好的学生，而大多数学生成绩中等，有的还很差。相反，如果 B 班多数学生成绩在70分左右，虽然 B 班学生的平均成绩看上去不如 A 班的，但多数学生的成绩比 A 班的高，原因是 A 班学生成绩的离散程度大于 B 班的。这个例子表明，仅仅知道数据取值的大小是远远不够的，还必须考虑数据之间的差异有多大。数据之间的差异就是数据的离散程度。数据的离散程度越大，各描述统计量对该组数据的代表性就越差；离散程度越小，其代表性就越好。

描述样本数据离散程度的统计量主要有全距、四分位距、方差和标准差以及测度相对离散程度的离散系数等。

3.2.1 全距

全距（Range）是一组数据的最大值与最小值之差，也称极差，用 R 表示。其计算公式为

$$R = \max(x) - \min(x) \tag{3-5}$$

例如，根据例3-1中的数据，20名学生统计学成绩的全距为 $R = 93 - 45 = 48$。全距只利用了一组数据两端的信息，容易受极端值的影响，不能全面反映数据的差异状况。虽然全距在实际中很少单独使用，但它总是作为分析数据离散程度的一个参考值。

3.2.2 四分位距

四分位距（Inter-quartile Range）是一组数据75%位置上的四分位数与25%位置上的四

分位数之差，也称四分位差，用 IQR 表示。其计算公式为

$$IQR = Q_{75\%} - Q_{25\%} \tag{3-6}$$

四分位距反映了中间 50%数据的离散程度。其数值越小，说明中间的数据越集中；数值越大，说明中间的数据越分散。四分位距不受极端值的影响。此外，由于中位数处于数据的中间位置，因此，四分位距的大小在一定程度上也说明了中位数对一组数据的代表程度。

例如，根据例 3-3 中的数据计算 20 名学生统计学成绩的四分位距，可得 $IQR = 86 - 60 = 26$。

3.2.3　方差和标准差

如果考虑每个数据 x_i 与其平均数 $\bar{x}$ 之间的差异，以此度量一组数据的离散程度，结果就要比全距和四分位距更全面准确。而这时就需要求出每个数据 x_i 与其平均数 $\bar{x}$ 离差的平均数了。但由于 $\sum(x_i - \bar{x})$ 等于 0，因此需要进行一定的处理。一种方法是将离差取绝对值，求和后再平均，这一结果称为平均差（Mean Deviation）或平均绝对离差（Mean Absolute Deviation）；另一种方法是将离差平方后再求平均数，这一结果称为方差（Variance）。方差的平方根称为标准差（Standard Deviation），又称标准偏差。标准差是实际中应用最广泛的测度数据离散程度的统计量。设样本方差为 s^2，则根据原始数据计算样本方差的公式为

$$s^2 = \frac{\sum\limits_{i=1}^{n}(x_i - \bar{x})^2}{n - 1} \tag{3-7}$$

样本标准差的计算公式为

$$s = \sqrt{\frac{\sum\limits_{i=1}^{n}(x_i - \bar{x})^2}{n - 1}} \tag{3-8}$$

与方差不同的是，标准差具有量纲，它与原始数据的计量单位相同，其实际意义要比方差清楚。因此，在对实际问题进行分析时，通常使用标准差。

例 3-5　沿用例 3-1，计算 20 名学生统计学成绩的标准差。

解： 根据式（3-7），方差为

$$s^2 = \frac{(71 - 73.45)^2 + (88 - 73.45)^2 + \cdots + (93 - 73.45)^2}{20 - 1} \approx 207.31$$

根据式（3-8），标准差为

$$s = \sqrt{207.31} \approx 14(\text{分})$$

结果表明，每名学生的统计学成绩与其平均成绩相比，平均相差 14 分。

3.2.4　离散系数

标准差是反映数据离散程度的绝对值，其数值的大小受原始数据取值大小的影响，数据的观测值越大，标准差的值通常也就越大。此外，标准差与原始数据的计量单位相同，采用不同计量单位计量的数据，其标准差的值也就不同。因此，对于不同组别的数据，如果原始数据的观测值相差较大或计量单位不同，就不能用标准差直接比较其离散程度，这时需要计

3-01 离散系数

算离散系数。

离散系数（Coefficient of Variation，CV）也称变异系数，是一组数据的标准差与其相应的平均数之比。由于离散系数消除了数据取值大小和计量单位对标准差的影响，可以反映一组数据的相对离散程度。其计算公式为

$$CV = \frac{s}{\bar{x}} \tag{3-9}$$

离散系数主要用于比较不同样本数据的离散程度。离散系数大，说明数据的相对离散程度大；离散系数小，说明数据的相对离散程度小。

例 3-6 为分析不同行业上市公司每股收益的差异，在汽车行业、纺织服装行业各随机抽取 10 家上市公司，获得 2021 年第一季度的每股收益数据，如表 3-3 所示。比较两类上市公司每股收益的离散程度，评价哪个行业平均每股收益代表性更好。

表 3-3 不同行业上市公司 2021 年第一季度的每股收益　　　　　　单位：元

汽车行业	纺织服装行业
0.477	0.003
0.250	0.020
0.085	0.016
0.032	0.274
0.271	0.120
0.080	0.280
0.585	0.201
0.239	0.053
0.083	-0.180
0.040	0.019

解： 下面介绍了利用 SPSS 计算离散系数的操作步骤。

第 1 步：选择【转换】→【计算变量】。（注：本数据需先选择【数据】→【转置】，数据行列切换后才能计算）。

第 2 步：在弹出的对话框的【目标变量】文本框中输入要输出的变量名称，如"离散系数"，在【函数组】列表框中选择【统计】，在【函数和特殊变量】列表框中双击【Cfvar】函数，如图 3-1 所示。

第 3 步：在【数字表达式】列表框中移入要计算的个案（本例为每个行业）的变量（本例为每个行业里每家企业的每股收益），个案的变量之间用逗号（,）隔开。单击【确定】按钮。

注： SPSS 的【函数组】列表框中还提供了其他一些常用统计量的函数，如平均数、中位数、方差、标准差等。其他函数操作步骤与上述类似，此处不再赘述。

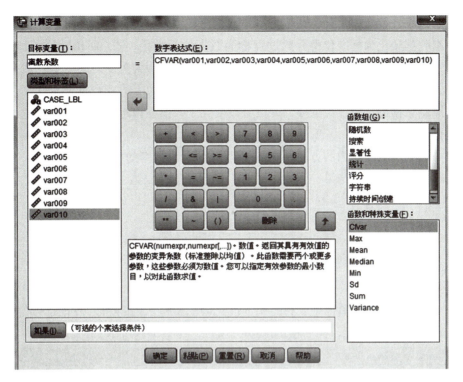

图 3-1 【计算变量】对话框

不同行业上市公司每股收益的平均数、标准差和离散系数如表 3-4 所示。

表 3-4 不同行业上市公司每股收益的平均数、标准差和离散系数

统计量	汽车行业	纺织服装行业
平均数	0.214 2	0.080 6
标准差	0.190 653	0.141 244
离散系数	0.890 071	1.752 405

表 3-4 中的结果显示，虽然汽车行业上市公司每股收益的标准差大于纺织服装行业上市公司，但其离散系数更小，表明了汽车行业上市公司每股收益的离散程度小于纺织服装行业上市公司，也说明了汽车行业这 10 家上市公司平均每股收益的代表性更好。

3.2.5 标准分数

有了平均数和标准差之后，可以计算一组数据中每个数值的标准分数（Standard Score）。它是某个数据与其平均数的离差除以标准差后的值。设样本数据的标准分数为 z，则有

$$z_i = \frac{x_i - \bar{x}}{s} \qquad (3-10)$$

标准分数可以测度每个数值在该组数据中的相对位置，并可以用来判断一组数据是否有离群点。例如，全班的平均考试分数为 70 分，标准差为 5 分，而你的考试成绩是 80 分，距离平均分数有多少个标准差？答案显然是 2 个标准差。这里的 1 就是你考试成绩的

标准分数。标准分数指的是某个数据与平均数相比相差多少个标准差。

将一组数据转化为标准化得分的过程称为数据的标准化。式(3-10)是统计中常用的标准化公式，在对多个具有不同量纲的变量进行处理时，常常需要对各变量的数据进行标准化处理，也就是把一组数据转化成平均数为0、标准差为1的新数据。实际上，标准分数只是将原始数据进行了线性变换，并没有改变某个数值在该组数据中的位置，也没有改变该组数据分布的形状。

例3-7 沿用例3-1中的方法计算20名学生统计学成绩的标准分数。

解： 根据前面的计算结果，$\bar{x}=73.45$分，$s=14$分。以第1个人的标准分数为例，由式(3-10)得

$$z = \frac{71-73.45}{14} = -0.175$$

使用SPSS计算标准分数，操作步骤如下。

第1步：选择【分析】→【描述统计】→【描述】。

第2步：在弹出的对话框中，将需要标准化的变量移入【变量】列表框，再勾选【将标准化值另存为变量】复选框，然后单击【确定】按钮，如图3-2所示。

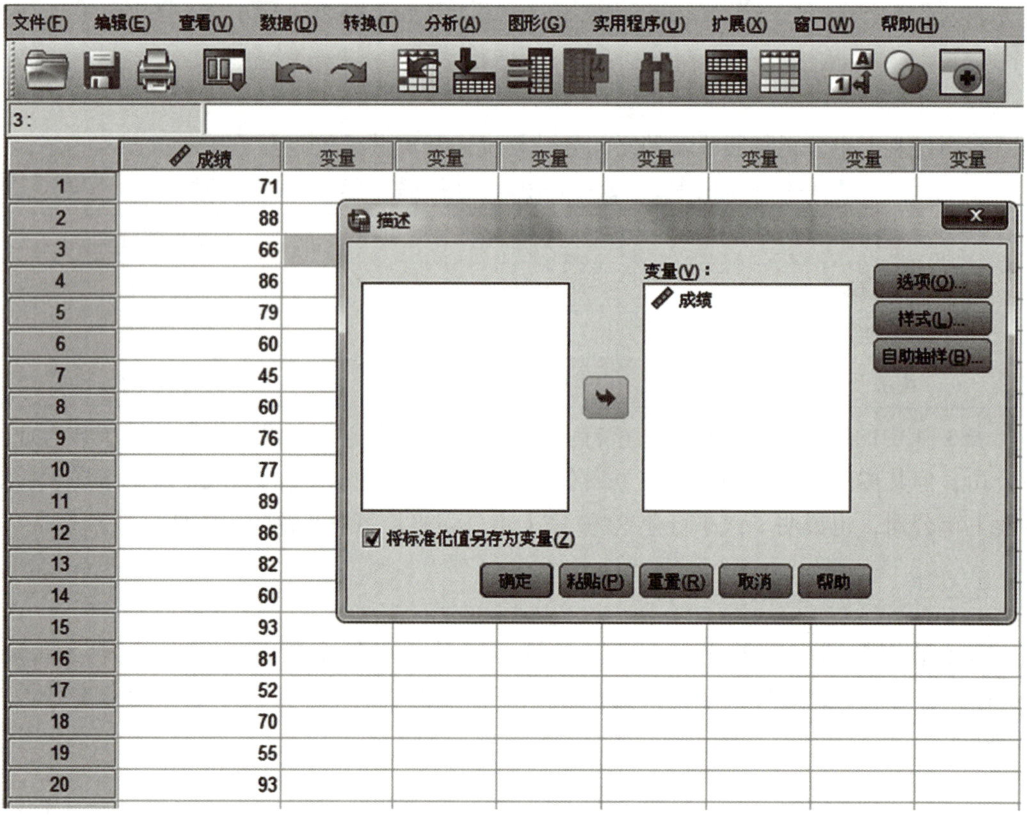

图3-2 【描述】对话框

按上述步骤得到的20名学生统计学成绩的标准分数如表3-5所示。

表 3-5 20 名学生统计学成绩的标准分数

成绩	标准分数	成绩	标准分数
71	-0.175	89	1.110 714 286
88	1.039 285 714	86	0.896 428 571
66	-0.532 142 857	82	0.610 714 286
86	0.896 428 571	60	-0.960 714 286
79	0.396 428 571	93	1.396 428 571
60	-0.960 714 286	81	0.539 285 714
45	-2.032 142 857	52	-1.532 142 857
60	-0.960 714 286	70	-0.246 428 571
76	0.182 142 857	55	-1.317 857 143
77	0.253 571 429	93	1.396 428 571

表 3-5 的结果显示，第 1 名学生的成绩与平均成绩相比低 0.175 个标准差，第 2 名学生的成绩与平均成绩相比高 1.039 个标准差，其余的含义类似。

根据标准分数，可以判断一组数据中是否存在离群点（Outlier）。经验表明：当一组数据对称分布时，约有 68% 的数据在平均数加减 1 个标准差的范围之内，约有 95% 的数据在平均数加减 2 个标准差的范围之内，约有 99% 的数据在平均数加减 3 个标准差的范围之内。可以想象，一组数据中低于或高于平均数 3 倍标准差之外的数是很少的。也就是说，在平均数加减 3 个标准差的范围内几乎包含了全部数据，而 3 个标准差之外的数据在统计上称为离群点。例如，由表 3-5 可知，20 名学生的统计学成绩在平均数加减 3 个标准差的范围内（标准分数的绝对值均小于 3），没有离群点。

3.3 描述分布形状的统计量

利用直方图可以看出数据的分布是否对称。对于不对称分布的数据，要想知道不对称程度，则需要计算相应的描述统计量。偏度系数和峰度系数就是对分布不对称程度和峰值高低的一种度量。

偏度（Skewness）是指数据分布的不对称性，这一概念由统计学家卡尔·皮尔逊（Karl Pearson）于 1895 年首次提出。测度数据分布不对称性的统计量称为偏度系数（Coefficient of Skewness），记为 SK。根据原始数据计算偏度系数时，通常采用如下公式：

$$SK = \frac{n}{(n-1)(n-2)} \sum \left(\frac{x - \bar{x}}{s}\right)^3 \qquad (3-11)$$

当数据对称分布时，偏度系数等于 0。偏度系数越接近 0，偏斜程度就越低，也就越接近对称分布。如果偏度系数不等于 0，表示分布是非对称的。若偏度系数大于 1 或小于 -1，视为严重偏斜分布；若偏度系数为 0.5~1 或 -1~-0.5，视为中等偏斜分布；若偏度系数小于 0.5 或大于 -0.5，视为轻微偏斜。其中，负值表示左偏分布（在分布的左侧有长尾），正值则表示右偏分布（在分布的右侧有长尾）。

峰度(Kurtosis)是指数据分布峰值的高低，这一概念由统计学家卡尔·皮尔逊于1905年首次提出。测度一组数据分布峰值高低的统计量称为峰度系数（Coefficient of Kurtosis），记作 K。根据原始数据计算峰度系数时，通常采用如下公式：

$$K = \frac{n(n+1)}{(n-1)(n-2)(n-3)} \sum \left(\frac{x - \bar{x}}{s}\right)^4 - \frac{3(n-1)^2}{(n-2)(n-3)} \tag{3-12}$$

峰度通常是与标准正态分布相比较而言的。由于标准正态分布的峰度系数为0，当 $K>0$ 时为尖峰分布，数据分布的峰值比标准正态分布高，数据相对集中；当 $K<0$ 时为扁平分布，数据分布的峰值比标准正态分布低，数据相对分散。

例如，根据例3-1中20名学生统计学成绩计算的偏度系数 $SK=-0.39027$，峰度系数 $K=-0.95254$。结果表明，20名学生统计学成绩的分布为轻微的左偏分布，分布的峰值比标准正态分布的低。

3.4 数据的综合描述

在实际分析中，通常需要对所分析的变量一次性计算出多个描述统计量，进而做出全面的描述。虽然可以使用 SPSS 的函数计算所需的某个统计量，但显然比较麻烦。可以使用 SPSS 的"分析"功能计算出多个统计量的结果，进行综合性描述分析。

3-02 数据的综合描述

下面给出了利用 SPSS 计算描述统计量的操作步骤。

第1步：选择【分析】→【描述统计】→【频率】。

第2步：在弹出的对话框中，将用于描述的变量移入【变量】列表框，单击【统计】按钮，选择所需的描述统计量，单击【继续】按钮，回到主对话框，如图3-3所示。

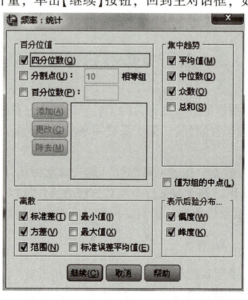

图3-3 【频率：统计】对话框

下面通过两个例子来说明利用 SPSS 对数据进行综合描述的基本思路。

例3-8 沿用例3-1中的数据计算20名学生统计学成绩的相关统计量，并进行综合分析。

表 3-6 所示为 20 名学生统计学成绩的描述统计量。从分布形态看，偏度系数为 -0.39，为较小的负值，表明学生统计学成绩呈轻微的左偏分布。从图 3-4 和图 3-5 也可以看出这一点。

表 3-6　20 名学生统计学成绩的描述统计量

统计

成绩

个案数	有效	20
	缺失	0
平均值		73.45
中位数		76.50
众数		60
标准偏差		14.398
方差		207.313
偏度		-0.390
偏度标准误差		0.512
峰度		-0.953
峰度标准误差		0.992
范围		48
百分位数	25	60.00
	50	76.50
	75	86.00

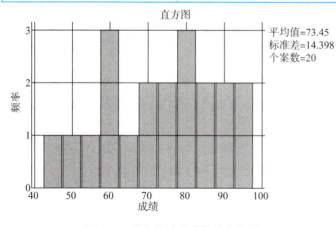

图 3-4　学生统计学成绩的直方图　　　图 3-5　学生统计学成绩的茎叶图

从平均值和中位数看，两值较为接近，这表明数据较为集中，没出现极大值或极小值。由于平均值数学性质最好，因此，用平均值来代表统计学成绩更为合适。

例 3-9　从某高校随机抽取了 40 名大学生，调查得到他们的性别、家庭所在地和月网上购物支出数据，如表3-7所示。

表3-7　40名大学生的调查数据　　　　　　　　　　单位：元

性别	家庭所在地	月网上购物支出	性别	家庭所在地	月网上购物支出
男	中小城市	1 047	女	中小城市	983
女	乡镇地区	1 010	男	大城市	1 039
男	中小城市	1 018	女	大城市	1 116
女	乡镇地区	907	女	大城市	988
男	中小城市	990	女	中小城市	1 028
男	乡镇地区	1 053	男	中小城市	950
男	大城市	969	女	大城市	909
女	中小城市	982	女	中小城市	983
女	大城市	1 012	男	中小城市	961
男	中小城市	1 050	女	乡镇地区	980
男	大城市	1 012	女	大城市	978
女	乡镇地区	1 027	女	大城市	1 103
男	乡镇地区	1 002	女	乡镇地区	1 021
男	大城市	987	男	大城市	955
女	乡镇地区	1 011	女	中小城市	1 044
男	乡镇地区	962	女	中小城市	1 050
男	乡镇地区	977	男	乡镇地区	961
男	中小城市	985	男	中小城市	940
男	大城市	1 002	男	大城市	946
女	中小城市	983	男	中小城市	1 091
男	大城市	1 039	女	大城市	1 009

对调查数据进行综合分析。

解：首先画出40名大学生月网上购物支出的直方图，如图3-6所示。观察他们的月网上购物支出的分布状况。

从图3-6中可以看出，首先，大学生月网上购物支出的分布基本上是对称的，也就是以平均值为中心，两侧依次减少，这基本上符合大学生网上购物支出的特点。

其次，我们可以按性别和家庭所在地进行分类，分别描述不同性别和不同家庭所在地的大学生月网上购物支出的特征，看看性别和家庭所在地是否对大学生的月网上购物支出有影响。

下面给出了利用SPSS进行分类描述的操作步骤。

第1步：选择【分析】→【比较平均值】→【平均值】。

第2步：在弹出的对话框中，将"月网上购物支出"变量移入【因变量列表】列表框，将"性别"和"家庭所在地"变量移入【自变量列表】列表框，单击【选项】；将所需的描述统计量从【统计】列表框中移入【单元格统计】列表框，单击【继续】按钮回到主对话框，如图3-7 所示。

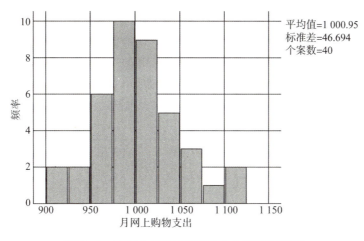

平均值=1 000.95
标准差=46.694
个案数=40

图 3-6　40 名大学生月网上购物支出的直方图

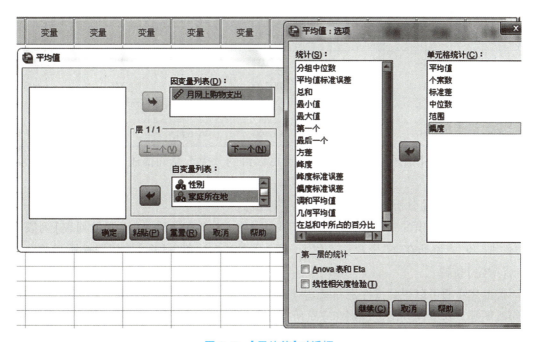

图 3-7　【平均值】对话框

表 3-8 和表 3-9 分别是按性别和家庭所在地分类汇总得到的描述统计量。从表 3-8中可以看出，男女生月网上购物支出之间差异不大。女生月网上购物支出的平均值和中位数均大于男生，同时，女生月网上购物支出的标准差和极差也都大于男生，相应的离散系数 $CV_男 = 0.041\ 9 < CV_女 = 0.051\ 6$，说明女生月网上购物支出的离散程度大于男生。从分布形态看，女生月网上购物支出的偏度系数是 0.103，呈轻微右偏，男生月网上购物支出的偏度系数是 0.686，呈右偏分布。

从表3-9中可以看出，不同家庭所在地的大学生月网上购物支出也有差异。中小城市大学生的月网上购物支出平均值大于大城市和乡镇城区，但乡镇地区的中位数最大。从标准差看，乡镇地区的标准差最小。从离散程度看，$CV_{大城市} = 0.056 > CV_{中小城市} = 0.043\ 4 > CV_{乡镇地区} = 0.040$，乡镇地区大学生月网上购物支出离散程度最低，大城市则最高。从分布形态看，大城市大学生月网上购物支出的偏度系数为0.738，呈中度的右偏分布；乡镇地区大学生月网上购物支出的偏度系数为-0.693，呈中度的左偏分布；中小城市大学生月网上购物支出的偏度系数为0.248，呈轻微的右偏分布。

表3-8　40名大学生按性别汇总的描述统计量

月网上购物支出＊性别

性别	个案数	平均值	中位数	标准偏差	范围	偏度
男	21	995.10	987.00	41.714	151	0.686
女	19	1 007.42	1 010.00	52.023	209	0.103
总计	40	1 000.95	996.00	46.694	209	0.390

表3-9　40名大学生按家庭所在地汇总的描述统计量

月网上购物支出＊家庭所在地

家庭所在地	个案数	平均值	中位数	标准偏差	范围	偏度
大城市	14	1 001.79	995.00	56.087	207	0.738
乡镇地区	11	991.91	1 002.00	40.034	146	-0.693
中小城市	15	1 006.80	990.00	43.661	151	0.248
总计	40	1 000.95	996.00	46.694	209	0.390

选择【分析】→【描述统计】→【探索】也可以得到分类汇总的描述统计量和图形，操作步骤如下。

第1步：选择【分析】→【描述统计】→【探索】。

第2步：在弹出的对话框中，将"月网上购物支出"变量移入【因变量列表】列表框，将"性别"和"家庭所在地"变量移入【因子列表】列表框。单击【图】按钮选择所需的图形，单击【确定】按钮。

按上述步骤可以得到按性别和家庭所在地分类汇总的各描述统计量、茎叶图、直方图和箱线图等。这里仅列出按性别和家庭所在地分类汇总的箱线图，分别如图3-8和图3-9所示。

图3-8显示，女生月网上购物支出高于男生，且比较分散。图3-9中显示，来自不同家庭所在地的大学生月网上购物支出的差异不大，其中来自大城市的大学生的月网上购物支出的差异最大，而来自乡镇地区的大学生的月网上购物支出差异最小。

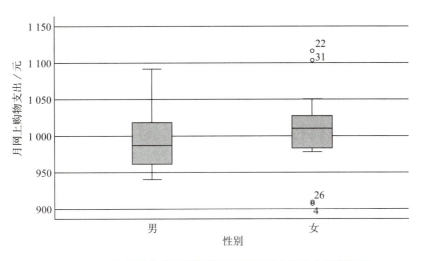

图 3-8　40 名大学生按性别分类汇总的月网上购物支出箱线图

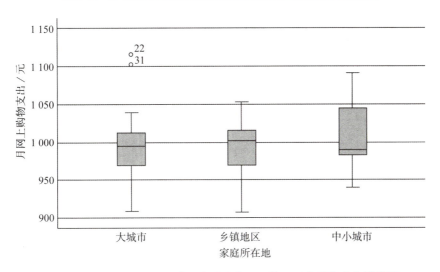

图 3-9　40 名大学生按家庭所在地分类汇总的月网上购物支出箱线图

练习题

3.1　某快递公司某年 4 月每天的快递配送量如表 3-10 所示。

表 3-10　某快递公司某年 4 月每天的快递配送量　　　　　单位：万件

18.7	23.6	27.6	26.2	24.4	27.4	23.3	24.3	27.6	30.7
27.8	22.5	25.1	23.2	23.2	22.8	20.4	23.0	22.3	25.3
25.3	31.4	26.5	22.7	24.1	29.6	26.2	29.4	25.5	23.0

计算该公司快递配送量的描述统计量，并对快递配送量的分布特征进行综合分析。

3.2　某银行为缩短客户到银行办理业务等待的时间，准备对两种排队方式进行试验，一种是所有客户都进入一个等待队列，另一种是客户在 3 个业务窗口处列 3 队等待。为比较哪种排队方式使客户等待的时间更短，从两种排队方式各随机抽取 9 名客户，得出第一种排队方式的平均等待时间为 7.2 分钟；标准差为 1.97 分钟，第二种排队方式的等待时间如表 3-11 所示。

表 3-11　第二种排队方式的等待时间　　　　　　　　　　　　　　单位：分钟

5.5	6.6	6.7	6.8	7.1	7.3	7.4	7.8	7.8

（1）计算第二种排队方式等待时间的平均数和标准差。

（2）比较两种排队方式等待时间的离散程度。

（3）如果让你选择一种排队方式，你会选择哪一种？试说明理由。

3.3　一种产品需要人工装配，现有 3 种可供选择的装配方法。为检验哪种方法更好，随机抽取 10 个工人，让他们分别用 3 种方法装配。表 3-12 所示是 10 个工人分别用 3 种装配方法在相同的时间内组装的产品数量。

表 3-12　10 个工人分别用 3 种装配方法在相同的时间内组装的产品数量　　单位：件

方法 A	方法 B	方法 C
165	129	125
166	130	126
169	129	126
163	130	127
171	131	126
166	127	125
165	128	126
168	128	116
165	125	126
161	132	125

请用计算有关描述统计量的方法来评价装配方法的优劣。

参数估计

🎯 知识目标

- 了解概率分布的相关知识；
- 理解参数估计的原理；
- 理解区间估计的作用。

能力目标

- 掌握单个总体均值和两个总体均值之差的区间估计方法；
- 掌握单个总体比例和两个总体比例之差的区间估计方法；
- 掌握单个总体方差和两个总体方差之比的区间估计方法。

素质目标

- 利用区间估计的思想研究问题时，应考虑其复杂性，不应盲目下结论；
- 学习概率分布后，可以明白偶然性和必然性是对立统一的，在偶然性中寻找必然性。

想 一 想

◆某公司生产的抽纸包装上标明：每提 10 包，每包 60 克，每提 600 克。如果每次拿出一包抽纸称重，不一定是 60 克。假定你做 20 次称重试验，能知道每包抽纸的平均重量范围是多少吗？

◆某公司在对一种型号电池的检测中，随机抽取 100 枚电池，发现有 5 枚不合格，由此得出合格率为 95%。你相信这样的检测报告吗？

◆有两个品牌的空调，它们的平均使用寿命差不多，但一个品牌空调的寿命方差为 1 年；另一个品牌空调的寿命方差为 2 年。你认为哪个品牌的空调质量更好？

参数估计是在样本统计量概率分布的基础上，根据样本信息估计所关心的总体参数。本章首先介绍参数估计中所需的基本知识，其次讲述参数估计的原理，再次介绍总体均值、总体比例和总体方差的区间估计方法，最后介绍参数估计中样本量的确定问题。

4.1　参数估计中的基本知识

4.1.1　统计量及其分布

1. 参数和统计量

如果想知道某地区高校应届毕业生的平均收入水平，由于不可能对每名毕业生进行调查，因而也就无法知道该地区高校应届毕业生的平均收入。这里所指的"该地区高校应届毕业生的平均收入"就是总体参数（Parameter），它是总体特征的某个概括性度量。

参数通常是未知的，但又是想要了解的总体的某个特征值。如果只研究一个总体，则所关心的参数通常有总体均值、总体方差、总体标准差、总体比例等。在统计中，总体参数通常用希腊字母表示。例如，总体均值用 μ 表示，总体方差用 σ^2 表示，总体标准差用 σ 表示，总体比例用 π（读作 pi）表示。

总体参数虽然是未知的，但可以利用样本信息来推断。例如，从某地区随机抽取 3 000 名高校应届毕业生组成一个样本，根据这些毕业生的平均收入推断该地区高校所有应届毕业生的平均收入。这里"3 000 名高校应届毕业生的平均收入"就是一个统计量（Statistic），它是根据样本数据计算的用于推断总体的某个量，是对样本特征的某个概括性度量。显然，统计量的取值会因样本的不同而发生变化，因此是样本的函数也是一个随机变量。但在抽取一个特定的样本后，统计量的值就可以计算出来。

就一个样本而言，统计量通常有样本均值、样本方差、样本标准差、样本比例等。样本统计量通常用英文字母表示。例如，样本均值 $\bar{x}$ 表示，样本方差用 s^2 表示，样本标准差用 s 表示，样本比例用 p 表示。

2. 统计量的概率分布

既然统计量是一个随机变量，它就存在一定的概率分布。样本统计量的概率分布也称抽样分布（Sampling Distribution），它是由样本统计量的所有可能取值形成的相对频数分布。但由于现实中不可能将所有可能的样本都抽取出来，统计量的概率分布实际上是一种理论分布。

根据统计量来推断总体参数具有某种不确定性，但我们可以给出这种推断的可行性，而这种依据可行性正是统计量的概率分布，而且我们已经知道了这种分布的某些性质。因此，统计量的概率分布提供了该统计量长远而稳定的信息，这构成了推断总体参数的理论基础。

4.1.2　样本均值的分布

设总体共有 N 个元素（个体），从中抽取样本量为 n 的随机样本，在有放回抽样条件下，共有 N^n 个可能的样本，在无放回抽样条件下，共有 $C_N^n = \dfrac{n!}{n!(N-n)!}$ 个可能的样本。

将所有可能的样本均值都算出来，而由这些样本均值形成的分布就是样本均值的概率分布，或者称样本均值的抽样分布。但现实中不可能将所有的样本都抽取出来，因此，样本均值的概率分布实际上是一种理论分布。当样本量较大时，统计证明它近似服从正态分布。下面通过一个例子来说明样本均值的概率分布。

例 4-1 设一个总体含有 5 个元素，取值分别为：$x_1 = 2$，$x_2 = 4$，$x_3 = 6$，$x_4 = 8$，$x_5 = 10$。从该总体中采取重复抽样方法抽取样本量为 $n = 2$ 的所有可能样本，由此得出样本均值 $\bar{x}$ 的概率分布。

解： 首先，计算出总体的均值和方差：

$$\mu = \frac{\sum\limits_{i=1}^{4} x_i}{N} = \frac{30}{5} = 6, \quad \sigma^2 = \frac{\sum\limits_{i=1}^{4}(x_i - \mu)^2}{N} = \frac{40}{5} = 8$$

从总体中采取重复抽样方法抽取容量为 $n = 2$ 的随机样本，共有 $5^2 = 25$ 个可能的样本。计算出每一个样本的均值 $\bar{x}$，结果如表 4-1 所示。

表 4-1 25 个可能的样本及其均值 $\bar{x}$

样本序号	样本元素 1	样本元素 2	样本均值
1	2	2	2
2	2	4	3
3	2	6	4
4	2	8	5
5	2	10	6
6	4	2	3
7	4	4	4
8	4	6	5
9	4	8	6
10	4	10	7
11	6	2	4
12	6	4	5
13	6	6	6
14	6	8	7
15	6	10	8
16	8	2	5
17	8	4	6
18	8	6	7
19	8	8	8

续表

样本序号	样本元素 1	样本元素 2	样本均值
20	8	10	9
21	10	2	6
22	10	4	7
23	10	6	8
24	10	8	9
25	10	10	10

每个样本被抽中的概率相同，均为 1/25。设样本均值的均值（期望值）为 $\mu_{\bar{x}}$，样本均值的方差为 $\sigma_{\bar{x}}^2$，根据表 4-1 中的样本均值得：

$$\mu_{\bar{x}} = \frac{\sum_1^{25} \bar{x}}{25} = 6, \quad \sigma_{\bar{x}}^2 = \frac{\sum_1^{25} (\bar{x} - \mu_{\bar{x}})^2}{25} = 4$$

与总体均值 μ 和总体方差 σ^2 比较，不难发现：

$$\mu_{\bar{x}} = \mu = 6, \quad \sigma_{\bar{x}}^2 = \frac{\sigma^2}{n} = \frac{8}{2} = 4$$

由此可见，样本均值的均值（期望值）等于总体均值，样本均值的方差等于总体方差的 $1/n$。样本均值的分布与总体分布的对比如图 4-1 所示。

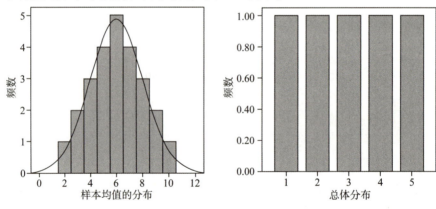

图 4-1　样本均值的分布与总体分布的对比

从图 4-1 中不难看出，尽管总体为均匀分布，但样本均值的分布在形状上近似服从正态分布。

样本均值的分布与抽样所依据的总体的分布及样本量 n 的大小有关。统计证明，如果总体是正态分布，无论样本量的大小如何，样本均值的分布都近似服从正态分布。如果总体不是正态分布，则随着样本量 n 的增大（通常要求 $n \geq 30$），样本均值的概念分布仍趋于正态分布，其分布的期望值为总体均值 μ、方差为总体方差的 $1/n$。这就是统计学中著名的中心极限定理（Central Limit Theorem）。这一定理可以表述为：从均值为 μ、方差为 σ^2 的总体中抽取样本量为 n 的所有随机样本，当 n 被充分大（通常要求 $n \geq 30$）时，样本均值近似服从期望值为 μ、方差为 σ^2/n 的正态分布，即 $\bar{x} \sim N(\mu, \sigma^2/n)$。

如果总体并非正态分布,当 n 为小样本时(通常 $n<30$),样本均值的分布则不服从正态分布。样本均值的分布与总体分布及样本量的关系可以用图 4-2 来描述。

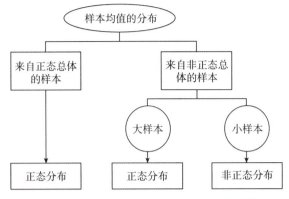

图 4-2　抽样均值的分布与总体分布及样本量的关系

4.1.3　样本比例和样本方差的分布

1. 样本比例的分布

在统计分析过程中,许多情形下要进行比例估计。比例(Proportion)是指总体(样本)中具有某种属性的个体与全部个体之和的比值。例如,一个班级中的学生按性别分为男、女两类,男生人数与全班总人数之比就是比例,女生人数与全班总人数之比也是比例。再如,产品可分为合格品与不合格品,合格品(或不合格品)与全部产品总数之比就是比例。

设总体有 N 个元素,具有某种属性的元素个数为 N_0,具有另一种属性的元素个数为 N_1,总体比例用 π 表示,则有 $\pi = N_0/N$,也有 $N_1/N = 1 - \pi$。相应地,样本比例用 p 表示,同样有 $p = n_0/n$,$n_1/n = 1 - p$。

从一个总体中重复选取样本量为 n 的样本,由样本比例的所有可能取值形成的分布就是样本比例的概率分布。统计证明,当样本量很大时(通常要求 $np \geqslant 10$ 和 $n(1 - p) \geqslant 10$),样本比例分布可用正态分布近似,p 的期望值 $E(p) = \pi$,方差为 $\sigma_p^2 = \dfrac{\pi(1 - \pi)}{n}$,即

$$p \sim N\left(\pi, \frac{\pi(1 - \pi)}{n}\right),\ 等价地,有\ \frac{p - \pi}{\sqrt{\pi(1 - \pi)/n}} \sim N(0, 1)。$$

2. 样本方差的分布

统计证明,对于来自正态总体的简单随机样本,比值 $(n-1)s^2/\sigma^2$ 服从自由度为 $n-1$ 的 χ^2,即

$$\chi^2 = \frac{(n - 1)s^2}{\sigma^2} \sim \chi^2(n - 1)$$

4.1.4　统计量的标准误

统计量的标准误(Standard Error)是指统计量分布的标准差,也称标准误差。标准误用于衡量样本统计量的离散程度,在参数估计和假设检验中,它是用于衡量样本统计量与总体参数之间差距的一个重要尺度。样本均值的标准误用 $\sigma_{\bar{x}}$ 或 SE 表示,计算公式为

$$\sigma_{\bar{x}} = \frac{\sigma}{\sqrt{n}} \qquad\qquad (4-1)$$

当总体标准差 σ 未知时，可用样本标准差 s 代替计算，这时计算出的标准误也称估计标准误（Standard Error of Estimation）。由于实际应用中总体标准差 σ 通常是未知的，所计算出的标准误实际上都是估计标准误，因此估计标准误简称为标准误（统计软件中算出的都是估计标准误）。

相应地，样本比例的标准误可表示为

$$\sigma_p = \sqrt{\frac{\pi(1 - \pi)}{n}} \qquad\qquad (4-2)$$

当总体比例的方差 $\pi(1 - \pi)$ 未知时，可用样本比例的方差 $p(1-p)$ 代替。

标准误与第 3 章中介绍的标准差是两个不同的概念。标准差是根据原始观测值计算的，反映的是一组原始数据的离散程度。而标准误是根据样本统计量计算出来的，反映的是统计量的离散程度。

4.2　参数估计的原理

参数估计（Parameter Estimation）是指用样本统计量去估计总体的参数。例如，用样本均值 $\bar{x}$ 估计总体均值 μ，用样本比例 p 估计总体比例 π，用样本方差 s^2 估计总体方差 σ^2。如果将总体参数用符号 θ 表示，则用于估计参数的统计量用 $\hat{\theta}$ 表示，当用 $\hat{\theta}$ 估计 θ 时，也称估计量（Estimator），而根据一个具体的样本计算出来的估计量的数值称为估计值（Estimate）。例如，要估计某高校所有学生的人均月网购支出额，从该校抽取一定数量的学生组成随机样本，其中"某高校所有学生的人均月网购支出额"就是参数，用 θ 表示，根据样本计算的人均月网购支出额 $\bar{x}$ 就是一个估计量，用 $\hat{\theta}$ 表示。假定样本人均月网购支出额为 1 000 元，这 1 000 元就是估计量的具体数值，称为估计值。

4.2.1　点估计与区间估计

参数估计有点估计和区间估计两种方法。

1. 点估计

点估计（Point Estimate）就是将估计量 $\hat{\theta}$ 的某个取值直接作为总体参数 θ 的估计值。例如，将样本均值 $\bar{x}$ 直接作为总体均值 μ 的估计值，将样本比例 p 直接作为总体比例 π 的估计值，将样本方差 s^2 直接作为总体方差 σ^2 的估计值等。假定要估计某高校所有学生的人均月网购支出额，根据抽出的一个随机样本计算的人均月网购支出额为 1 000 元，将这 1 000 元作为该校所有学生人均月网购支出额的估计值，这就是点估计。再如，要估计生产的一批食品的合格率，根据抽样计算的该批食品的合格率为100%，将这100%直接作为这批食品合格率的估计值，这也是点估计。

由于样本是随机抽取的，因此由一个具体的样本得到的估计值很可能不同于总体参数。点估计的缺陷是无法给出估计的可靠性，也无法说出点估计值与总体参数真实值接近的程度，因为一个点估计值的可靠性是由其抽样分布的标准误来衡量的。因此，我们不能

完全依赖点估计值，而应围绕点估计值构造出总体参数的一个区间。

2. 区间估计

假定参数是射击打中靶心的位置，射击(一个点估计)时，打在靶心环位置上的可能性很小，但打在靶子上的可能性很大，而如果用打在靶子上的这个点画出一个区域，这个区域包含靶心的可能性就很大，区间估计寻找的正是这样的一个区域。

区间估计(Interval Estimate)是在点估计的基础上给出总体参数估计的一个估计区间，该区间通常是由样本统计量加减估计误差(Estimate Error)得到的。与点估计不同，进行区间估计时，根据样本统计量的抽样分布，可以对统计量与总体参数的接近程度给出一个概率度量。下面以总体均值的区间估计为例来说明区间估计的基本原理。

由样本均值的抽样分布可知，在重复抽样或无限总体抽样的情况下，样本均值的期望值等于总体均值，即 $E(\bar{x}) = \mu$，样本均值的标准误为 $\sigma_{\bar{x}} = \sigma / \sqrt{n}$。由此可知，样本均值 $\bar{x}$ 落在总体均值 μ 的两侧各 1 个标准误范围内的概率为 0.682 7，落在 2 个标准误范围内的概率为 0.954 5，落在 3 个标准误范围内的概率为 0.997 3。实际上，可以求出样本均值 $\bar{x}$ 落在总体均值 μ 的两侧任何倍数的标准误范围内的概率。例如，样本均值 $\bar{x}$ 落在总体均值 μ 的两侧 1.65 倍的标准误、1.96 倍的标准误和 2.58 倍的标准误范围内的概率分别为 90%、95% 和 99%。这意味着，约有 90%、95% 和 99% 的样本均值会落在总体均值 μ 的两侧各 1.65 个标准误、1.96 个标准误和 2.58 个标准误的范围内。

但实际估计时的情况恰好相反。$\bar{x}$ 是已知的，而 μ 是未知的，也正是将要估计的。由于 $\bar{x}$ 与 μ 的距离是对称的，如果某个 $\bar{x}$ 落在 μ 的 1.96 个标准误范围内，则 μ 也被包括在以 $\bar{x}$ 为中心两侧的 1.96 个标准误的范围内。这意味着，约有 95% 的样本均值所构造的 1.96 个标准误的区间会包括 μ。举例来说，如果抽取 100 个样本来估计总体均值，在由 100 个样本所构造的 100 个区间中，约有 95 个区间包含总体均值，另 5 个区间则不包含总体均值。图 4-3 是区间估计的示意图。

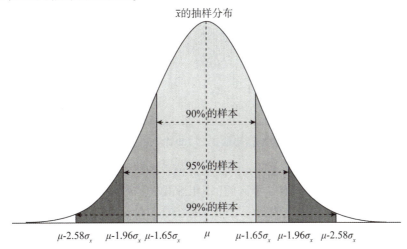

图 4-3　区间估计的示意图

在区间估计中，由样本估计量构造出的总体参数在一定置信水平下的估计区间称为置信区间(Confidence Interval)，其中区间的最小值称为置信下限，最大值称为置信上限。统计学家在某种程度上确信这个区间会包含真正的总体参数，因此给它取名为置信区间。假定抽取 100 个样本构造出 100 个置信区间，这 100 个置信区间中有 95% 的区间包含总体参数的真值、有 5% 没包含，则 95% 这个值称为置信水平（Confidence Level）。一般地，如果将构造置信区间的步骤重复多次，则置信区间中包含总体参数真值的次数所占的比例称为置信水平，也称置信度或置信系数（Confidence Coefficient）。统计上，常用的置信水平有 90%、95% 和 99%。有关置信区间的概念可用图 4-4 来表示。

图 4-4　有关置信区间的概念

如果用某种方法构造的所有区间中有 $1 - \alpha$ 的区间包含总体参数的真值，$\alpha\%$ 的区间不包含总体参数的真值，用该种方法构造的区间称为置信水平为 $(1 - \alpha)\%$ 的置信区间。如果 $\alpha = 5\%$，$1 - \alpha = 95\%$ 便称为置信水平为 95% 的置信区间。

但由于总体参数的真值是固定的，而用样本构造的估计区间是不固定的，因此置信区间是一个随机区间，它会因样本的不同而变化，而且不是所有的置信区间都包含总体参数真值。在实际估计时，往往只抽取一个样本，此时所构造的是与该样本相联系的一定置信水平（例如 95%）下的置信区间。我们只能希望这个区间是大量包含总体参数真值的区间中的一个，但它也可能是少数几个不包含总体参数真值的区间中的一个。例如，从一个均值（μ）为 50、标准差为 5 的正态总体中抽取 $n = 10$ 的 100 个随机样本，可以得到 μ 的 100 个 95% 的置信区间，如图 4-5 所示。

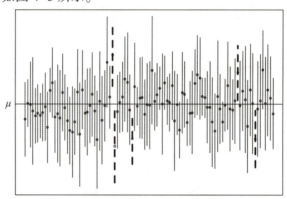

图 4-5　重复构造出的 μ 的 100 个 95% 的置信区间

图 4-5 中每个区间中间的点表示 μ 的点估计值，即样本均值 $\bar{x}$。可以看出 100 个区间中有 95 个区间包含总体均值，有 5 个区间（用粗虚线表示的置信区间）没有包含总体均值，因此称该区间为置信水平为 95% 的置信区间。要注意的是，置信水平为 95% 的置信区间不是指任意一次抽取的 100 个样本中恰好有 95 个区间包含总体均值，而是指反复抽取的多个样本中包含总体参数的真值区间的比例。这 100 个置信区间也可能都包含总体均值，还可能有更多的区间未包含总体均值。由于实际估计只抽取了一个样本，由该样本构造的区间是一个常数区间，我们无法知道这个区间是否包含总体参数的真值，因为它可能是包含总体均值的 95 个区间中的一个，也可能是未包含总体均值的 5 个区间中的一个。因此，一个特定的区间总是"绝对包含"或"绝对不包含"参数的真值，不存在"以多大的概率包含

参数的真值"的问题。置信水平只是告诉我们在多次估计得到的区间中大概有多少个区间包含了参数的真值，而不是针对所抽取的这个样本所构建的区间而言的。

从置信水平、样本量和置信区间的关系不难看出，在其他条件不变时，使用较高的置信水平会得到比较宽的置信区间，使用较大的样本则会得到一个较准确（较窄）的区间。换言之，较宽的区间会有更大的可能性包含参数。但在实际应用中，过宽的区间往往没有实际意义。例如，天气预报号称"下一年的降雨量是 0~10 000 mm"。虽然这听起来很有把握，但有什么意义呢？另外，要求过于准确（过窄）的区间同样不一定有意义，因为过窄的区间虽然看上去很准确，但把握性会降低，除非无限制地增加样本量，而现实中样本量总是受限的。由此可见，区间估计总是要给结论留一些余地。

4.2.2　评价估计量的标准

用于估计总体参数 θ 的估计量 $\hat{\theta}$ 可以有很多。例如，可以将样本均值作为总体均值的估计量，也可以将样本中位数作为总体均值的估计量等。那么，究竟应该将哪种估计量作为总体参数的估计量呢？自然要选择估计效果比较好的估计量。什么样的估计量才算好的估计量呢？这就需要有一定的评价标准。统计学家给出了评价估计量的一些标准，主要有以下几个。

1. 无偏性

无偏性（Unbiasedness）是指估计量抽样分布的期望值等于被估计的总体参数。设总体参数为 θ，所选择的估计量为 $\hat{\theta}$，如果 $E(\hat{\theta})=\theta$，则称 $\hat{\theta}$ 为 θ 的无偏估计量。图4-6给出了估计量无偏和有偏的情形。

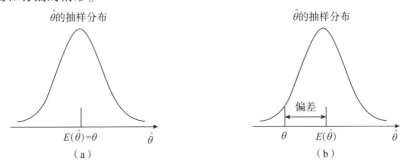

图 4-6　估计量无偏和有偏的情形
（a）无偏估计量；（b）有偏估计量

由样本均值的抽样分布可知，$E(\bar{x})=\mu$，$E(p)=\pi$，$E(s^2)=\sigma^2$，因此 $\bar{x}$、p、s^2 分别是总体均值 μ、总体比例 π、总体方差 σ^2 的无偏估计量。

2. 有效性

有效性（Efficiency）是指估计量的方差大小。一个无偏估计量并不意味着它非常接近被估计的总体参数，估计量与参数的接近程度是用估计量的方差（或标准误）来度量的。在同一总体参数的多个无偏估计量中，具有更小方差的估计量更有效。假定有两个用来估计总体参数的无偏估计量，分别用 $\hat{\theta}_1$ 和 $\hat{\theta}_2$ 表示，它们的方差分别用 $D(\hat{\theta}_1)$ 和 $D(\hat{\theta}_2)$ 表示，如果 $\hat{\theta}_1$ 的方差小于 $\hat{\theta}_2$ 的方差，即 $D(\hat{\theta}_1) < D(\hat{\theta}_2)$，就认为 $\hat{\theta}_1$ 是比 $\hat{\theta}_2$ 更有效的估计量。在无偏估计的条件下，估计量的方差越小，估计就越有效。图4-7是两个无偏估计量 $\hat{\theta}_1$ 和 $\hat{\theta}_2$

的抽样分布。从图中可以看出，$\hat{\theta}_1$ 的方差比 $\hat{\theta}_2$ 的方差小，因此 $\hat{\theta}_1$ 的值比 $\hat{\theta}_2$ 的值更接近总体参数，表明 $\hat{\theta}_1$ 是比 $\hat{\theta}_2$ 更有效的估计量。

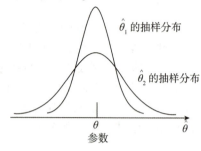

图 4-7　两个无偏估计量的抽样分布

3. 一致性

一致性（Consistency）是指随着样本量的无限增大，统计量收敛于所估计总体的参数。换言之，一个大样本给出的估计量更接近总体参数。由于样本均值的标准误 $\sigma_{\bar{x}} = \sigma / \sqrt{n}$ 与样本量大小有关，样本量越大，$\sigma_{\bar{x}}$ 的值就越小。因此可以说，大样本给出的估计量很接近总体均值 μ。从这个意义上讲，样本均值是总体均值的一个一致估计量。对于一致性的意见，也可以用图 4-8 直观说明。

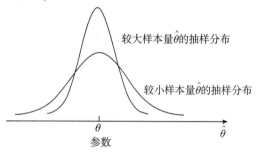

图 4-8　两个不同样本量的抽样分布

4.3　总体均值的区间估计

研究一个总体时，推断总体均值 μ 的统计量就是样本均值 $\bar{x}$。研究两个总体时，所关注的参数主要是两个总体的均值之差 $(\mu_1 - \mu_2)$，而用于推断的统计量则是两个样本的均值之差 $(\bar{x}_1 - \bar{x}_2)$。

4.3.1　单个总体均值的估计

在对一个总体均值进行区间估计时，需要考虑总体是否服从正态分布、总体方差是否已知、用于估计的样本是大样本（$n \geqslant 30$）还是小样本（$n < 30$）等几种情况。但无论是哪种情况，总体均值的置信区间都是由样本均值加减估计误差得到的。那么，应该怎样计算估计误差呢？估计误差由两部分组成：一是点估计量的标准误，它取决于样本统计量的抽样分布；二是估计过程中所要求的置信水平为 $1 - \alpha$、统计量分布两侧面积各为 $\alpha/2$ 时的

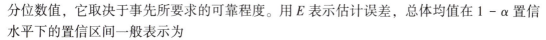

分位数值，它取决于事先所要求的可靠程度。用 E 表示估计误差，总体均值在 $1-\alpha$ 置信水平下的置信区间一般表示为

$$\bar{x} \pm E = \bar{x} \pm (分位数值 \times \bar{x} 的标准误) \tag{4-3}$$

1. 大样本的估计

在大样本（$n \geq 30$）情形下，由中心极限定理可知，样本均值 $\bar{x}$ 近似服从期望值为 μ、方差为 σ^2/n 的正态分布。样本均值经标准化后，服从标准正态分布，即 $z = \dfrac{\bar{x} - \mu}{\sigma/\sqrt{n}} \sim N(0, 1)$。若总体标准差 σ 已知，则标准化时使用 σ；若 σ 未知，则用样本标准差 s 代替。因此，可以用正态分布构建总体均值在 $1-\alpha$ 置信水平下的置信区间。

当总体标准差 σ 已知时，总体均值 μ 在 $1-\alpha$ 置信水平下的置信区间为

$$\bar{x} \pm z_{\alpha/2} \frac{\sigma}{\sqrt{n}} \tag{4-4}$$

式中，$\bar{x} - z_{\alpha/2} \dfrac{\sigma}{\sqrt{n}}$ 为置信下限，$\bar{x} + z_{\alpha/2} \dfrac{\sigma}{\sqrt{n}}$ 为置信上限；α 是事先确定的一个概率值，它是总体均值不包括在置信区间中的概率；$1-\alpha$ 为置信水平，α 为显著性水平；$z_{\alpha/2}$ 是标准正态分布两侧面积各为 $\alpha/2$ 时的分位数值；$z_{\alpha/2} \dfrac{\sigma}{\sqrt{n}}$ 是估计误差 E。

当总体标准差 σ 未知时，式(4-4)中的 σ 可以用样本标准差 s 代替，这时总体均值 μ 在 $1-\alpha$ 置信水平下的置信区间为

$$\bar{x} \pm z_{\alpha/2} \frac{s}{\sqrt{n}} \tag{4-5}$$

例 4-2 从某批面粉中随机抽取 40 袋进行检测，得到的每袋面粉的质量数据如表 4-2 所示。

表 4-2　40 袋面粉的质量数据　　　　　　　　　　　　　　　　单位：千克

49.5	50.8	50.9	50.5	49.6	49.5	48.9	50.3	50.3	49.6
49.8	48.2	47.7	49	52	51.3	50.8	52.1	52.2	49.5
51	48.1	47.7	47.6	52.1	51.8	49.9	50.1	50.6	50.1
50.2	47	53	51.2	52.5	47.5	48.5	47.7	46.2	50.6

估计该批面粉平均质量的 95% 的置信区间：(1)假定总体标准差为 6 千克；(2)假定总体标准差未知。

解：(1)已知 $\sigma = 6$，$n = 40$，$1-\alpha = 95\%$，由 SPSS 函数"IDF.NORMAL(0.975, 0, 1)"得：$z_{\alpha/2} = 1.96$。由样本数据计算得：$\bar{x} = 49.9$ 千克。根据式(4-4)有

$$\bar{x} \pm z_{\alpha/2} \frac{\sigma}{\sqrt{n}} = 49.9 \pm 1.96 \times \frac{6}{\sqrt{40}} = 49.9 \pm 1.86$$

即(48.04，51.76)，该批面粉平均质量的 95% 的置信区间为 48.04~51.76 千克。

(2)由于总体标准差未知，所以需要用样本标准差代替。由样本数据计算得：$s = 1.66$。根据式(4-5)有

$$\bar{x} \pm z_{\alpha/2} \frac{s}{\sqrt{n}} = 49.9 \pm 1.96 \times \frac{1.66}{\sqrt{40}} = 49.9 \pm 0.51$$

即（49.38~50.41），该批面粉每袋平均质量的95%的置信区间为49.38~50.41千克。

2. 小样本的估计

在小样本（$n < 30$）的情形下，对总体均值的估计都是建立在总体服从正态分布的假定前提下的。如果正态总体的 σ 已知，样本均值经标准化后仍然服从标准正态分布，此时可根据正态分布使用式（4-4）建立总体均值的置信区间。如果正态总体的 σ 未知，则用样本标准差 s 代替，这时样本均值经过标准化后，服从自由度为 $n - 1$ 的 t 分布，即 $t = \dfrac{\bar{x} - \mu}{s / \sqrt{n}} \sim t(n - 1)$。

4-01 总体均值的区间估计（小样本）

因此，需要使用 t 分布构建总体均值的置信区间。

t 分布是类似于标准正态分布的一种对称分布，但它的分布曲线通常要比标准正态分布曲线平坦和分散。一个特定的 t 分布依赖于称为自由度的参数。随着自由度的增大，t 分布也逐渐趋于标准正态分布。不同自由度的 t 分布与标准正态分布的比较如图4-9所示。

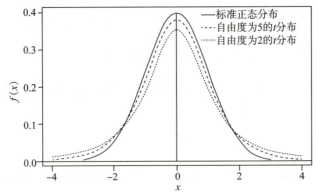

图4-9 不同自由度的 t 分布与标准正态分布的比较

在 $1 - \alpha$ 置信水平下，总体均值 μ 的置信区间为

$$\bar{x} \pm t_{\alpha/2} \frac{s}{\sqrt{n}} \tag{4-6}$$

例4-3 想知道2019年我国居民人均食品支出情况，从全国随机抽取10个省，得知10个省的人均食品支出数据如表4-3所示。

表4-3 2019年10个省的人均食品支出数据　　　　　　　　　　　单位：元

地区	人均食品支出	地区	人均食品支出
河北	4 675.7	广东	9 369.2
吉林	4 675.4	四川	6 466.8
浙江	8 928.9	山东	5 416.8
江西	5 215.2	云南	4 558.4
湖北	5 946.8	山西	3 997.2

（资料来源：中国统计年鉴2020）

假定人均食品支出服从正态分布，建立我国居民人均食品支出 95% 的置信区间：①假定总体标准差为 1 300 元；②假定总体标准差未知。

解：(1)虽然为小样本，但总体方差已知，因此可按式(4-4)计算置信区间。由 SPSS 函数"IDF. NORMAL(0.975，0，1)"得：$z_{\alpha/2} = 1.96$。由样本数据计算得：$\bar{x} = 5\ 925.04$。根据式(4-4)有

$$\bar{x} \pm z_{\alpha/2} \frac{\sigma}{\sqrt{n}} = 5\ 925.04 \pm 1.96 \times \frac{1\ 300}{\sqrt{10}} = 5\ 925.04 \pm 805.7$$

即(5 119.34，6 730.74)，我国居民人均食品支出的 95% 的置信区间为 5 119.34 ~ 6 730.74 元。

(2)由于是小样本，且总体标准差未知，需要用 t 分布建立置信区间。由 SPSS 函数"IDF. T(0.975，9)"得：$t_{\alpha/2} = 2.26$。由样本数据计算得：$\bar{x} = 5\ 925.04$，$s = 1\ 845.36$。根据式(4-6)有

$$\bar{x} \pm t_{\alpha/2} \frac{s}{\sqrt{n}} = 5\ 925.04 \pm 2.26 \times \frac{1\ 845.36}{\sqrt{10}} = 5\ 925.04 \pm 1\ 318.83$$

即(4 606.21，7 243.87)，我国居民人均食品支出的 95% 的置信区间为 4 606.21 ~ 7 243.87 元。

上述计算仅仅是为了演示计算过程，以帮助读者更好地理解总体均值的估计方法。在实际应用中，可直接由 SPSS 得到有关结果。下面给出了利用 SPSS 计算一个总体均值的置信区间(小样本)的具体操作步骤。

第 1 步：选择【分析】→【比较平均值】→【单样本 T 检验】，进入主对话框。

第 2 步：在对话框中将变量移入【检验变量】列表框；单击【选项】按钮，在弹出的【单样本 T 检验：选项】对话框的【置信区间百分比】文本框中输入置信区间(默认值为 95%)，单击【继续】按钮返回主对话框，然后单击【确定】按钮。

单样本 t 检验操作如图 4-10 所示。

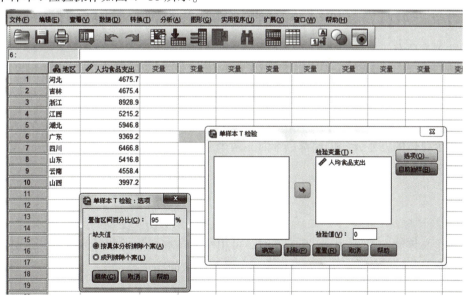

图 4-10　单样本 t 检验操作

由 SPSS 输出的结果如表4-4所示。

表4-4 年人均食品支出的差值95%的置信区间

单样本检验

	检验值=0					
	t	自由度	Sig.（双尾）	平均值差值	差值95%的置信区间	
					下限	上限
年人均食品支出	10.153	9	0.000	5 925.040 0	4 604.947	7 245.133

*4.3.2 两个总体均值之差的估计

设两个总体的均值分别为 μ_1 和 μ_2，从两个总体中分别抽取样本量为 n_1 和 n_2 的两个随机样本，其样本均值分别为 $\bar{x}_1$ 和 $\bar{x}_2$。估计两个总体均值之差（$\mu_1 - \mu_2$）的点估计量显然是两个样本的均值之差（$\bar{x}_1 - \bar{x}_2$）。估计原理与一个总体均值的区间估计相同，置信区间仍然是点估计量加减估计误差。因此，两个总体均值之差（$\mu_1 - \mu_2$）在 $1 - \alpha$ 置信水平下的置信区间一般表示为

$$(\bar{x}_1 - \bar{x}_2) \pm 分位数值 \times (\bar{x}_1 - \bar{x}_2) 的标准误差 \tag{4-7}$$

1. 独立大样本的估计

如果两个样本是从两个总体中独立抽取的，即一个样本中的元素与另一个样本中的元素相互独立，则称这两个样本为独立样本（Independent Sample）。

如果两个样本都为大样本（$n_1 \geqslant 30$，$n_2 \geqslant 30$），两个样本均值之差（$\bar{x}_1 - \bar{x}_2$）近似服从期望值为（$\mu_1 - \mu_2$）、方差为（$\dfrac{\sigma_1^2}{n_1} + \dfrac{\sigma_2^2}{n_2}$）的正态分布，则这两个样本均值之差经标准化后，服从标准正态分布，即

$$z = \frac{(\bar{x}_1 - \bar{x}_2) - (\mu_1 - \mu_2)}{\sqrt{\dfrac{\sigma_1^2}{n_1} + \dfrac{\sigma_2^2}{n_2}}} \sim N(0,\ 1) \tag{4-8}$$

当两个总体的方差 σ_1^2 和 σ_2^2 都已知时，两个总体均值之差（$\mu_1 - \mu_2$）在 $1 - \alpha$ 置信水平下的置信区间为

$$(\bar{x}_1 - \bar{x}_2) \pm z_{\alpha/2} \sqrt{\frac{\sigma_1^2}{n_1} + \frac{\sigma_2^2}{n_2}} \tag{4-9}$$

当两个总体的方差 σ_1^2 和 σ_2^2 都未知时，可用两个样本方差 s_1^2 和 s_2^2 来代替，这时，两个总体均值之差（$\mu_1 - \mu_2$）在 $1 - \alpha$ 置信水平下的置信区间为

$$(\bar{x}_1 - \bar{x}_2) \pm z_{\alpha/2} \sqrt{\frac{s_1^2}{n_1} + \frac{s_2^2}{n_2}} \tag{4-10}$$

例 4-4 某校老师想估计所任课程的两个班级学生成绩的平均分数之差，为此在两个班级独立地抽取两个随机样本，有关统计量如表 4-5 所示。

表 4-5 两个样本的有关统计量

一班	二班
$n_1 = 35$	$n_2 = 33$
$\bar{x}_1 = 77$	$\bar{x}_2 = 74$
$s_1 = 6.3$	$s_2 = 5.6$

建立两个班级该课程学生成绩的平均分数之差的 90% 的置信区间。

解： 由 SPSS 函数"IDF. NORMAL(0.95，0，1)"得：$z_{\alpha/2} = 1.645$。根据式(4-10)有

$$(77 - 74) \pm 1.645 \times \sqrt{\frac{6.3^2}{35} + \frac{5.6^2}{33}} = 3 \pm 2.37$$

即 $(0.63，5.37)$，两个班级该课程学生成绩的平均分数之差的 90% 的置信区间为 0.63~5.37 分。

2. 独立小样本的估计

当两个样本都为小样本（$n_1 < 30$，$n_2 < 30$）时，为估计两个总体均值之差，需要假定两个总体都服从正态分布。当两个总体方差 σ_1^2 和 σ_2^2 已知时，两个样本均值之差经标准化后服从标准正态分布，此时可按式(4-9)建立两个总体均值之差的置信区间。当 σ_1^2 和 σ_2^2 未知时，有以下几种情况。

4-02 两个总体均值的区间估计（小样本）

（1）当两个总体的方差未知但相等时，即 $\sigma_1^2 = \sigma_2^2 = \sigma^2$，需要用两个样本的方差 s_1^2 和 s_2^2 来估计 σ^2。这时，需要将两个样本的数据合并在一起，以给出 σ^2 的合并估计量 s_p^2，其计算公式为

$$s_p^2 = \frac{(n_1 - 1)s_1^2 + (n_2 - 1)s_2^2}{n_1 + n_2 - 2} \tag{4-11}$$

这时，两个样本均值之差经标准化后服从自由度为 $(n_1 + n_2 - 2)$ 的 t 分布，即

$$t = \frac{(\bar{x}_1 - \bar{x}_2) - (\mu_1 - \mu_2)}{\sqrt{\dfrac{1}{n_1} + \dfrac{1}{n_2}}} \sim t(n_1 + n_2 - 2) \tag{4-12}$$

因此，两个总体均值之差 $(\mu_1 - \mu_2)$ 在 $1 - \alpha$ 置信水平下的置信区间为

$$(\bar{x}_1 - \bar{x}_2) \pm t_{\alpha/2}(n_1 + n_2 - 2)\sqrt{s_p^2\left(\frac{1}{n_1} + \frac{1}{n_2}\right)} \tag{4-13}$$

（2）当两个总体的方差未知且不等时，即 $\sigma_1^2 \neq \sigma_2^2$，两个样本均值之差经标准化后近似服从自由度为 ν 的 t 分布，自由度 ν 的计算公式为

$$\nu = \frac{\left(\dfrac{s_1^2}{n_1} + \dfrac{s_2^2}{n_2}\right)^2}{\dfrac{(s_1^2/n_1)^2}{n_1 - 1} + \dfrac{(s_2^2/n_2)^2}{n_2 - 1}} \tag{4-14}$$

两个总体均值之差$(\mu_1 - \mu_2)$在$1-\alpha$置信水平下的置信区间为

$$(\bar{x}_1 - \bar{x}_2) \pm t_{\alpha/2}(\nu) \sqrt{\frac{s_1^2}{n_1} + \frac{s_2^2}{n_2}} \tag{4-15}$$

例4-5　某公司组装产品有两种方法，为估计这两种方法组装产品所需要时间的差异，分别对两种不同的组装方法各随机安排10个工人，每个工人组装一件产品所需的时间如表4-6所示。

表4-6　两种组装方法组装产品所需的时间　　　　单位：分钟

方法一	27.5	30.2	28.6	37.3	33.5	34.1	32.7	34.8	31.2	29.8
方法二	24.6	28.5	23.6	25.5	31.9	30.7	26.4	28.8	34.9	32.1

假定两种组装方法组装产品所需的时间服从正态分布。以95%的置信水平建立两种组装方法所需平均时间差值的置信区间：假定$\sigma_1^2 = \sigma_2^2$；假定$\sigma_1^2 \neq \sigma_2^2$。

解：假定$\sigma_1^2 = \sigma_2^2$。根据样本数据计算得到：方法一：$\bar{x}_1 = 31.97$，$s_1^2 = 9.289$；方法二：$\bar{x}_2 = 28.7$，$s_2^2 = 13.63$。

σ^2的合并估计量为

$$s_p^2 = \frac{(10-1) \times 9.289 + (10-1) \times 13.63}{10 + 10 - 2} = 11.46$$

由SPSS函数"IDF.T(0.975, 18)"得$t_{\alpha/2} = 2.1009$。由式(4-13)得两个总体均值之差$(\mu_1 - \mu_2)$的95%的置信区间为

$$(31.97 - 28.7) \pm 2.1009 \times \sqrt{11.46 \times \left(\frac{1}{10} + \frac{1}{10}\right)} = 3.27 \pm 3.18$$

即(0.09，6.45)，两种组装方法组装产品所需平均时间差值的95%的置信区间为0.09～6.45分钟。

上述结果可直接由SPSS输出，下面介绍其操作步骤。

在分析之前，先把两个样本的观测值作为一个变量输入，然后设计另一个分组变量用于标记每个观测值所属的样本。例如，方法一用"1"表示，方法二用"2"表示。接下来，按下列步骤操作。

第1步：选择【分析】→【比较平均值】→【独立样本T检验】，进入主对话框。

第2步：将检验变量(本例为"组装时间")移入【检验变量】列表框，将分组变量(本例为"组装方法")移入【分组变量】列表框，并单击【定义组】按钮，在弹出的【自定义】对话框的【组1】文本框中输入"1"，在【组2】文本框中输入"2"，单击【继续】按钮回到主对话框。

第3步：单击【选项】按钮，选择所需的置信水平(默认值为95%)，单击【继续】按钮回到主对话框。最后，单击【确定】按钮。

独立样本t检验操作如图4-11所示。

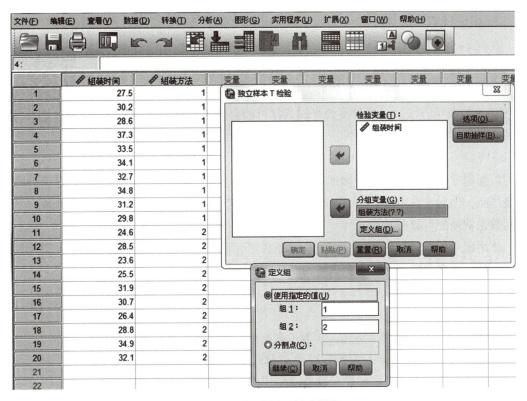

图 4-11　独立样本 t 检验操作

由 SPSS 输出的结果如表 4-7 所示，其中分别给出方差相等和方差不相等两种假设条件下的置信区间。

表 4-7　两种组装方法组装产品所需平均时间差值的 95% 的置信区间

项目		莱文方差等同性检验		平均值等同性 t 检验						
		F	显著性	t	自由度	Sig.（双尾）	平均值差值	标准误差差值	差值95%的置信区间	
									下限	上限
组装时间	假定等方差	0.365	0.553	2.160	18	0.044	3.270 0	1.513 8	0.089 6	6.450 4
	不假定等方差	—	—	2.160	17.377	0.045	3.270 0	1.513 8	0.081 5	6.458 5

根据表 4-7 的结果，假定 $\sigma_1^2 = \sigma_2^2$ 时，两种组装方法组装产品所需平均时间差值的 95% 的置信区间为 0.089 6～6.450 4 分钟。假定 $\sigma_1^2 \neq \sigma_2^2$ 时，两种组装方法组装产品所需平均时间差值的 95% 的置信区间为 0.081 5～6.458 5 分钟。

由于假定方差相等的检验 P 值为 0.553，不拒绝原假设，可视为两个总体方差相等（方差齐性检验，这时就不需要在某种假定的前提下估计了）。因此，应使用方差相等时的置信区间，即两种组装方法组装产品所需平均时间差值的 95% 的置信区间为 0.089 6～6.450 4 分钟。

3. 配对样本的估计

4-03 配对样本的估计

在例 4-5 中，使用的是两个独立的样本。但使用独立样本估计两个总体均值之差存在潜在弊端。例如，在对每种组装方法随机指派 10 个工人时，可能会将技术比较差的 10 个工人指派给方法一，而将技术比较好的 10 个工人指派给方法二。这种不公平的指派可能会掩盖两种组装方法组装产品所需平均时间的真正差异。为解决这一问题，可以使用配对样本（Paired Sample），即一个样本中的数据与另一个样本中的数据相对应，这样的数据通常是对同一个体所做的前后两次测量。例如，先指定 10 个工人用第一种方法组装产品，然后让这 10 个工人用第二种方法组装产品，这样得到的两种方法组装产品的时间数据就是配对数据。

使用配对样本进行估计时，在大样本条件下，两个总体均值之差 $\mu_d = \mu_1 - \mu_2$ 在 $1 - \alpha$ 置信水平下的置信区间为

$$\bar{d} \pm z_{\alpha/2} \frac{\sigma_d}{\sqrt{n}} \tag{4-16}$$

式中，d 表示两个配对数据的差值；$\bar{d}$ 表示各差值的均值；σ_d 表示各差值的标准差。当总体的 σ_d 未知时，可以用样本差值的标准差 s_d 来代替。

在小样本情况下，假定两个总体各观察值的配对差服从正态分布。两个总体均值之差 $\mu_d = \mu_1 - \mu_2$ 在 $1 - \alpha$ 置信水平下的置信区间为

$$\bar{d} \pm t_{\alpha/2}(n-1) \frac{s_d}{\sqrt{n}} \tag{4-17}$$

例 4-6　由 10 名学生组成一个随机样本，让他们分别使用试卷 A 和试卷 B 进行测试，结果如表 4-8 所示。

表 4-8　10 名学生两套试卷的测试分数　　　　　　　　　　单位：分

学生编号	试卷 A	试卷 B
1	78	71
2	63	44
3	72	61
4	89	84
5	91	74
6	49	51
7	68	55
8	76	60
9	85	77
10	55	39

假定两套试卷测试分数之差服从正态分布，试建立两套试卷平均分数之差 $\mu_d = \mu_1 - \mu_2$ 的 95% 的置信区间。

解： 根据表 4-8 数据计算得：

$$\bar{d} = \frac{\sum\limits_{i=1}^{n} d_i}{n_d} = \frac{110}{10} = 11$$

$$s_d = \sqrt{\frac{\sum\limits_{i=1}^{n} (d_i - \bar{d})^2}{(n_d - 1)}} = 6.53$$

由 SPSS 函数"IDF. T(0.975，9)"得 $t_{\alpha/2}(10-1) = 2.26$。根据式(4-17)得两套试卷平均分数之差 $\mu_d = \mu_1 - \mu_2$ 的置信区间为

$$11 \pm 2.26 \times \frac{6.53}{\sqrt{10}} = 11 \pm 4.67$$

即(6.33，15.67)，两套试卷平均分数之差的 95% 的置信区间为 6.33~15.67 分。

上述结果可直接由 SPSS 输出，下面介绍了其操作步骤。

第 1 步：选择【分析】→【比较平均值】→【成对样本 T 检验】，进入主对话框。

第 2 步：将两个样本(本例为"试卷 A"和"试卷 B")分别移入【配对变量】列表框中的【变量 1】和【变量 2】。

第 3 步：单击【选项】按钮，选择所需的置信水平(默认值为 95%)，单击【继续】按钮回到主对话框。

成对样本 t 检验操作如图 4-12 所示。

图 4-12 成对样本 t 检验操作

由 SPSS 输出的结果如表 4-9 所示。

表 4-9 两套试卷平均分数之差的 95% 的置信区间

项目		配对差值					t	自由度	Sig.（双尾）
		平均值	标准偏差	标准误差平均值	差值95%的置信区间				
					下限	上限			
配对 1	试卷 A-试卷 B	11.000	6.532	2.066	6.327	15.673	5.325	9	0.000

4.4　总体比例的区间估计

研究一个总体时，推断总体比例 π 使用的统计量为样本比例 p。研究两个总体时，所关注的参数是两个总体的比例之差$(\pi_1-\pi_2)$，用于推断的统计量则是两个样本的比例之差(p_1-p_2)。

4.4.1　单个总体比例的估计

1. 大样本的估计方法（传统方法）

由样本比例 p 的抽样分布可知，当 $np \geqslant 10$ 且 $n(1-p) \geqslant 10$ 时，样本比例 p 近似服从期望值为 $E(p)=\pi$、方差为 $\sigma_p^2 = \dfrac{\pi(1-\pi)}{n}$ 的正态分布。样本比例经标准化后，服从标准正态分布，即 $z = \dfrac{p-\pi}{\sqrt{\pi(1-\pi)/n}} \sim N(0,1)$。因此，可由正态分布建立总体比例的置信区间。与总体均值的区间估计类似，总体比例的置信区间是 π 的点估计值 p 加减估计误差得到的。用 E 表示估计误差，π 在 $1-\alpha$ 置信水平下的置信区间一般表示为

$$p \pm E = p \pm 分位数值 \times p\ 的标准误差 \qquad (4\text{-}18)$$

因此，总体比例 π 在 $1-\alpha$ 置信水平下的置信区间为

$$p \pm z_{\alpha/2}\sqrt{\dfrac{p(1-p)}{n}} \qquad (4\text{-}19)$$

式中，$z_{\alpha/2}$ 是标准正态分布上两侧面积各为 $\alpha/2$ 时的 z 值；$z_{\alpha/2}\sqrt{\dfrac{p(1-p)}{n}}$ 是估计误差 E。

例 4-7　2018 年 9 月，昆明市食品药品监督管理局针对中秋节令食品，组织开展了市"中秋月饼"专项监督抽检工作，共抽检月饼检品（含馅料）280 批次。其中 270 批次检品检验结果合格，10 批次检品检验结果不合格，合格率为 96.4%。用 95% 的置信水平估计全市所有月饼合格率的置信区间（资料来源：搜狐网）。

解： 由 SPSS 函数"IDF.NORMAL(0.975, 0, 1)"得 $z_{\alpha/2}=1.96$。根据式(4-19)有

$$96.4\% \pm 1.96 \times \sqrt{\dfrac{96.4\% \times (1-96.4\%)}{280}} = 96.4\% \pm 2.18\%$$

即(94.22%, 98.58%)，在 95% 的置信水平下，全市所有月饼的合格率的置信区间为 94.22%~98.58%。

2. 任意大小样本的估计方法（改进的方法）

虽然传统的估计方法至今仍被广泛使用，但按照传统方法计算出来的置信水平为 $1-\alpha$ 的置信区间能够覆盖总体真实比例的概率通常小于 $1-\alpha$，即便大样本也是如此（除非样本量非常大），更不可能应用于小样本。因此，对于任意大小的样本，可以通过修正试验次数（样本量）n 和样本比例 p 的值改进置信区间。

最近的研究表明，对于任意大小的样本，将试验次数（样本量）n 加上 4，即用 $\tilde{n}=n+4$ 代替 n；将试验成功的次数 x 加上 2，即用 $\tilde{p}=(x+2)/\tilde{n}$ 代替 p，可以改进置信区间。由此

给出的总体比例 π 在 $1-\alpha$ 置信水平下的置信区间为

$$\widetilde{p} \pm z_{\alpha/2} \sqrt{\frac{\widetilde{p}(1-\widetilde{p})}{\widetilde{n}}} \tag{4-20}$$

该区间也称为 Agresti-Coull 区间(由阿伦·艾格瑞斯蒂和布伦特·库尔给出,以其姓氏命名)。对于任意大小的样本,都可以使用式(4-20)来计算总体比例的置信区间。只是当样本较小时,偶尔会有区间下限小于 0 或区间上限大于 1 的情况发生,此时可用 0 代替小于 0 的区间下限,用 1 代替大于 1 的区间上限。对于非常大的样本,传统方法和改进的方法的结果几乎相同,但对于小样本或中等样本,改进的方法更适用。

例 4-8　沿用例 4-7,用 95% 的置信水平估计全市所有月饼合格率的置信区间。

解:根据样本数据得 $\widetilde{n} = 280+4$,$\widetilde{p} = (270+2)/(280+4) = 95.77\%$。根据式(4-20)有

$$95.77\% \pm 1.96 \times \sqrt{\frac{95.77\% \times (1-95.77\%)}{284}} = 95.77\% \pm 2.34\%$$

即(93.43%,98.11%),全市所有月饼合格率的 95% 的置信区间为 93.43%~98.11%。

由于本例的样本量较大,所以两种方法得到的结果差异很小。但对于小样本或中等样本,两者会有一定差异。因此,这里推荐使用改进的方法。

*4.4.2　两个总体比例之差的估计

对两个总体比例之差的估计,同样需要考虑样本量的大小。当两个样本量都非常大时,可采用传统的估计方法。对于两个小样本或中等样本,改进的估计方法更适用。

1. 两个大样本的估计方法(传统方法)

两个总体比例之差的区间估计原理与一个总体比例的区间估计相同,$\pi_1 - \pi_2$ 的置信区间是由点估计量 $(p_1 - p_2)$ 加减估计误差得到的,即

$$(p_1 - p_2) \pm 分位数 \times (p_1 - p_2)\text{的标准误差} \tag{4-21}$$

设两个总体都服从二项分布,即 $X_1 \sim B(n_1, p_1)$,$X_2 \sim B(n_2, p_2)$。x_1 为 n_1 次独立伯努利试验成功的次数,p_1 为成功的概率;x_2 为 n_2 次独立伯努利试验成功的次数,p_2 为成功的概率。由样本比例的抽样分布可知,从两个二项总体中抽出两个独立大样本,则两个样本比例之差近似服从正态分布,而两个样本比例之差经标准化后服从标准正态分布,即

$$z = \frac{(p_1 - p_2) - (\pi_1 - \pi_2)}{\sqrt{\dfrac{\pi_1(1-\pi_1)}{n_1} + \dfrac{\pi_2(1-\pi_2)}{n_2}}} \sim N(0, 1) \tag{4-22}$$

由于两个总体比例 π_1 和 π_2 通常是未知,可用样本比例 p_1 和 p_2 来代替。因此,根据正态分布建立的两个总体比例之差 $(\pi_1 - \pi_2)$ 在 $1-\alpha$ 置信水平下的置信区间为

$$(p_1 - p_2) \pm z_{\alpha/2} \sqrt{\frac{p_1(1-p_1)}{n_1} + \frac{p_2(1-p_2)}{n_2}} \tag{4-23}$$

例 4-9　在某电台开展的对于收音率的调查中,随机抽取了 400 名男性听众,其中282 人收听了该电台;随机抽取了 400 名女性听众,其中 125 人收听了该电台。用 90% 的置信水平估计男性与女性收听率差值的置信区间。

解： 设男性收听率为 $p_1 = 282/400 = 70.5\%$，女性收听率为 $p_2 = 125/400 = 31.25\%$，$z_{\alpha/2} = 1.645$。因此，根据式（4-23）得（$\pi_1 - \pi_2$）的置信区间为

$$(70.5\% - 31.25\%) \pm 1.645 \times \sqrt{\frac{70.5\% \times (1-70.5\%)}{400} + \frac{31.25\%(1-31.25\%)}{400}} = 39.25\% \pm 4.92\%$$

即（34.33%，44.17%），男性与女性收听率差值的90%的置信区间为34.33%~44.17%。

2. 两个任意大小样本的估计方法（改进的方法）

最近的研究表明，对于两个任意大小的样本，只要对 n_1 和 n_2，p_1 和 p_2 略加修正就可以改进估计区间了。具体做法是，将试验次数（样本量）n_1 和 n_2 各加上2，即用 $\tilde{n}_1 = n_1 + 2$ 代替 n_1，用 $\tilde{n}_2 = n_2 + 2$ 代替 n_2；将试验成功的次数 x_1 和 x_2 各加上1，即用 $\tilde{p}_1 = (x_1 + 1)/\tilde{n}_1$ 代替 p_1，用 $\tilde{p}_2 = (x_2 + 1)/\tilde{n}_2$ 代替 p_2，由此给出的两个总体比例之差（$\pi_1 - \pi_2$）在 $1 - \alpha$ 置信水平下的置信区间为

$$(\tilde{p}_1 - \tilde{p}_2) \pm z_{\alpha/2} \sqrt{\frac{\tilde{p}_1(1-\tilde{p}_1)}{\tilde{n}_1} + \frac{\tilde{p}_2(1-\tilde{p}_2)}{\tilde{n}_2}} \tag{4-24}$$

该区间也称为 Agresti-Coull 区间。对于任意大小的两个样本，都可以使用式（4-24）来计算两个总体比例之差的置信区间。如果发生了区间下限小于0或区间上限大于1的情况，可用0代替小于0的区间下限，用1代替大于1的区间上限。对于非常大的两个样本，使用传统方法和改进方法的结果几乎相同，但对于两个小样本或中等样本，改进方法更合适。因此，推荐使用改进方法。

例 4-10 沿用例 4-9，用90%的置信水平估计男性与女性收听率差值的置信区间。

解： 根据样本数据得 $\tilde{n}_1 = \tilde{n}_2 = 400 + 2$，$\tilde{p}_1 = (282 + 1)/402 = 70.4\%$，$\tilde{p}_2 = (125 + 1)/402 = 31.34\%$。根据式（4-24）有

$$(70.4\% - 31.34\%) \pm 1.645 \times \sqrt{\frac{70.4\% \times (1-70.4\%)}{402} + \frac{31.34\% \times (1-31.34\%)}{402}} = 39.06\% \pm 4.35\%$$

即（34.71%，43.41%），男性与女性收听率差值的90%的置信区间为34.71%~43.41%。

4.5 总体方差的区间估计

研究一个总体时，推断总体方差 σ^2 的统计量是样本方差 s^2。研究两个总体时，关注的参数是两个总体的方差比（σ_1^2/σ_2^2），用于推断的统计量则是两个样本的方差比（s_1^2/s_2^2）。

4.5.1 单个总体方差的估计

估计总体方差时，首先假定总体服从正态分布。其原理与总体均值和总体比例区间估计不同，不再是点估计量加减估计误差。因为样本方差的抽样分布服从自由度为 $n - 1$ 的 χ^2 分布，因此需要用 χ^2 分布构造总体方差的置信区间。

n 个独立标准正态随机变量平方和的分布称为具有 n 个自由度的 χ^2 分布（又称卡方分布），记为 $\chi^2(n)$。$\chi^2(n)$ 分布的形状取决于其自由度 n 的大小，通常为不对称右偏分布，但随着自由度的增长逐渐趋于对称，如图4-13所示。

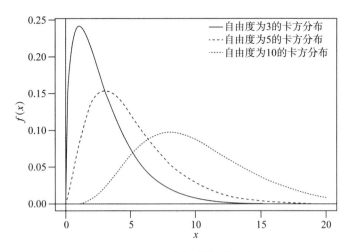

图 4-13　不同自由度的 χ^2 分布

由于 χ^2 分布是不对称分布，无法由点估计量加减估计误差得到总体方差的置信区间。

怎样构造总体方差的置信区间呢？若给定置信水平 $(1-\alpha)$，用 χ^2 分布构造总体方差 σ^2 的置信区间的原理可用图 4-14 表示。

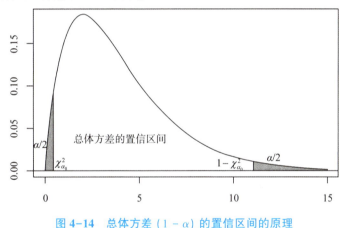

图 4-14　总体方差 $(1-\alpha)$ 的置信区间的原理

由图 4-14 可以看出，建立总体方差 σ^2 的置信区间，也就是要找到一个 χ^2 值，使其满足 $\chi^2_{\alpha/2} \leqslant \chi^2 \leqslant \chi^2_{1-\alpha/2}$。由于 $\dfrac{(n-1)s^2}{\sigma^2}\chi^2(n-1)$，可用它来代替 χ^2，于是有

$$\chi^2_{\alpha/2} \leqslant \frac{(n-1)s^2}{\sigma^2} \leqslant \chi^2_{1-\alpha/2} \tag{4-25}$$

根据式 (4-25) 可推导出总体方差 σ^2 在 $(1-\alpha)$ 置信水平下的置信区间

$$\frac{(n-1)s^2}{\chi^2_{1-\alpha/2}} \leqslant \sigma^2 \leqslant \frac{(n-1)s^2}{\chi^2_{\alpha/2}} \tag{4-26}$$

总体标准差 σ 在 $(1-\alpha)$ 置信水平下的置信区间为

$$\sqrt{\frac{(n-1)s^2}{\chi^2_{1-\alpha/2}}} \leqslant \sigma \leqslant \sqrt{\frac{(n-1)s^2}{\chi^2_{\alpha/2}}} \tag{4-27}$$

例 4-11 沿用例 4-3 中的数据，以 95% 的置信水平建立全国居民人均食品支出标准差的置信区间。

解：根据样本数据计算的样本方差 $s^2 = 2\,787\,224.2$。显著性水平 $\alpha = 0.05$，自由度 $n - 1 = 10 - 1 = 9$。由 SPSS 函数"IDF. CHISQ（0.025，9）"得 $\chi_{\alpha/2}^2(9) = 2.700\,389$；由 "IDF. CHISQ（0.975，9）"得 $\chi_{1-\alpha/2}^2(9) = 19.022\,77$。

总体标准差 σ 的置信区间为

$$\sqrt{\frac{(10 - 1) \times 2\,787\,224.2}{19.022\,77}} \leqslant \sigma \leqslant \sqrt{\frac{(10 - 1) \times 2\,787\,224.2}{2.700\,389}}$$

即 $1\,148.3 \leqslant \sigma \leqslant 3\,047.9$。在 95% 的置信水平下，我国居民人均食品支出标准差 95% 的置信区间为 $1\,148.3 \sim 3\,047.9$ 元。说明每个地区居民的年人均食品支出与平均支出相比，平均相差 $1\,148.3 \sim 3\,047.9$ 元。

*4.5.2 两个总体方差之比的估计

在实际中，经常会遇到比较两个总体方差的问题。例如，希望比较两种不同学习方法测试成绩的稳定性，比较不同机器生产产品时产生的误差等。

由于两个样本的方差比服从 $F(n_1 - 1, n_2 - 2)$ 分布，因此可用 F 分布来构造两个总体方差比（σ_1^2/σ_2^2）的置信区间，其原理可用图 4-15 来表示。

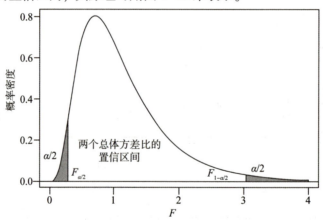

图 4-15 总体方差比的置信区间的原理

建立两个总体方差比的置信区间，也就是要找到一个 F 值，使其满足 $F_{\alpha/2} \leqslant F \leqslant F_{1-\alpha/2}$。由于 $\dfrac{s_1^2}{s_2^2} \cdot \dfrac{\sigma_2^2}{\sigma_1^2} \sim F(n_1 - 1, n_2 - 2)$，故可用它来代替 F，于是有

$$F_{\alpha/2} \leqslant \frac{s_1^2}{s_2^2} \cdot \frac{\sigma_2^2}{\sigma_1^2} \sim \leqslant F_{1-\alpha/2} \tag{4-28}$$

根据式（4-28）可以推导出，两个总体方差比在 $1-\alpha$ 置信水平下的置信区间为

$$\frac{s_1^2/s_2^2}{F_{1-\alpha/2}} \leqslant \frac{\sigma_1^2}{\sigma_2^2} \leqslant \frac{s_1^2/s_2^2}{F_{\alpha/2}} \tag{4-29}$$

式中，$F_{\alpha/2}$ 和 $F_{1-\alpha/2}$ 的分子自由度为 $(n_1 - 1)$、分母自由度为 $(n_2 - 1)$ 的 F 分布两侧面积为

$\alpha/2$ 和 $1-\alpha/2$ 的分位数。

例 4-12 为研究男女学生在网上购物支出上的差异，在某大学随机抽取男女学生各 20 名，男学生网上购物支出的方差为 3 200 元，女学生网上购物支出的方差为 2 700 元。以 95% 的置信水平估计男女学生网上购物支出方差比的置信区间。

解：根据自由度 $n_1 = n_2 = 20 - 1$，由 SPSS 函数"IDF. F(0.975, 19, 19)"得 $F_{1-\alpha/2} = 2.526$，由"IDF. F(0.025, 19, 19)"得 $F_{\alpha/2} = 0.396$。根据式（4-29）有

$$\frac{3\ 200/2\ 700}{2.526} \leqslant \frac{\sigma_1^2}{\sigma_2^2} \leqslant \frac{3\ 200/2\ 700}{0.396}$$

即（0.469 1，2.992 6），男学生与女学生网上购物支出方差比的 95% 的置信区间为 0.469 1～2.992 6。

4.6 样本量的确定

在进行参数估计之前，首先应确定一个适当的样本量。究竟应该抽取一个多大的样本来估计总体参数呢？在进行估计时，我们总是希望提高估计的可靠程度。但在一定的样本量下，要提高估计的可靠程度，就需要给出较高的置信水平以扩大置信区间，但相应的估计准确性会下降。如果想要提高估计的准确性，在不降低置信水平的条件下，就需要增加样本量以缩小置信区间，但样本量的增加也会受到许多限制。通常，样本量的确定与可以容忍的置信区间的宽度，以及对区间设置的置信水平存在一定关系。因此，怎样确定一个适当的样本量，也是参数估计中需要考虑的问题。

4.6.1 估计总体均值时样本量的确定

1. 估计单个总体均值时样本量的确定

总体均值的置信区间由样本均值 $\bar{x}$ 和估计误差两部分组成。在重复抽样或无限总体抽样条件下，估计误差为 $E = z_{\alpha/2} \dfrac{\sigma}{\sqrt{n}}$。$z_{\alpha/2}$ 的值和样本量 n 共同确定了估计误差的大小。一旦确定了置信水平 $1-\alpha$，$z_{\alpha/2}$ 的值就确定了。对于给定的 $z_{\alpha/2}$ 的值和总体标准差 σ，可以确定任一允许的估计误差所需的样本量。令 E 代表允许的估计误差，可以推导出所需样本量的计算公式：

$$n = \frac{(z_{\alpha/2})^2 \sigma^2}{E^2} \tag{4-30}$$

式中，E 是使用者在给定的置信水平下可以接受的估计误差。如果能求出 σ 的具体值，就可以用上面的公式计算所需的样本量。如果 σ 的值未知，则可以用以前相同或类似的样本的标准差来代替；也可以用试验调查的办法选择一个初始样本，将该样本的标准差作为 σ 的估计值。

从式（4-30）中可以看出，样本量与置信水平成正比，在其他条件不变的情况下，置

信水平越高，所需的样本量就越大；样本量与总体方差成正比，总体的差异越大，所需的样本量就越大；样本量与估计误差的平方成反比，即允许的估计误差的平方越大，所需的样本量就越小。简言之，要有一个很有把握或精度很高的估计，就需要更大的样本量。

注：根据式(4-30)计算出的样本量不一定是整数，通常是将样本量取成较大的整数，也就是将小数点后的数值一律进位成整数，如 37.55 取 38，46.12 取 46。

例 4-13 取得经济学硕士学位的研究生月薪的标准差大约为 3 000 元，如果想要估计 95%置信水平下经济学硕士学位的研究生月薪的置信区间，允许的估计误差不超过 500 元，应抽取多少人作为样本量？

解：已知 $\sigma = 3\,000$，$E = 500$，$z_{\alpha/2} = 1.96$。根据式(4-30)有

$$n = \frac{(1.96)^2 \times 3\,000^2}{500^2} = 138.3 \approx 139$$

即应抽取 139 人作为样本。

2. 估计两个总体均值之差时样本量的确定

在估计两个总体均值之差时，样本量的确定方法与上述类似。对于给定的估计误差和置信水平 $1-\alpha$，估计两个总体均值之差所需的样本量为

$$n_1 = n_2 = \frac{(z_{\alpha/2})^2 \cdot (\sigma_1^2 + \sigma_2^2)}{E^2} \tag{4-31}$$

式中，n_1 和 n_2 为来自两个总体的样本量；σ_1^2 和 σ_2^2 为两个总体的方差。

例 4-14 某工厂想要估计熟练工和普通工生产产品平均数量差值的置信区间。要求置信水平为 95%，预先估计两个组生产产品数量的方差分别为：熟练工组 $\sigma_1^2 = 80$，普通工组 $\sigma_2^2 = 110$。如果要求估计误差不超过 7 件，两个组应分别抽取多少个工人作为样本？

解：已知 $\sigma_1^2 = 80$，$\sigma_2^2 = 110$，$E = 7$，$z_{\alpha/2} = 1.96$。根据式(4-31)有

$$n_1 = n_2 = \frac{1.96^2 \times (80 + 110)}{7^2} = 14.896 \approx 15$$

即应该从两个组中分别抽取 15 个工人作为样本。

4.6.2 估计总体比例时样本量的确定

1. 估计单个总体比例时样本量的确定

与估计总体均值时样本量的确定方法类似，在重复抽样或无限总体抽样条件下，估计总体比例置信区间的估计误差为 $z_{\alpha/2}\sqrt{\dfrac{\pi(1-\pi)}{n}}$，$z_{\alpha/2}$ 的值、总体比例 π 和样本量 n 共同确定了估计误差的大小。由于总体比例的值是固定的，估计误差由样本量确定，样本量越大，估计误差就越小，估计的精度也就越好。对于给定的 $z_{\alpha/2}$ 的值，可以计算出一定允许估计误差条件下所需的样本量。令 E 代表允许的估计误差，可以推导出估计总体比例时所需的样本量。其计算公式如下：

$$n = \frac{(z_{\alpha/2})^2 \cdot \pi(1-\pi)}{E^2} \tag{4-32}$$

式中的估计误差 E 由使用者事先确定。大多数情况下，E 的取值一般应小于 0.1。如果能够求出 π 的具体值，就可以用上面的公式计算所需的样本量。如果 π 的值未知，则可以用类似的样本比例来代替；也可以用试验调查的办法，选择一个初始样本，将该样本的比例作为 π 的估计值。当 π 的值无法知道时，通常取使 $\pi(1-\pi)$ 最大的值 0.5。

例 4-15 据消费者反馈的情况，得知某知名品牌手机合格率约为 92%。现要求估计误差不超过 3%，在求 95% 的置信区间时，应抽取多少部手机作为样本？

解：已知 $\pi = 92\%$，$E = 3\%$，$z_{\alpha/2} = 1.96$。根据式(4-32)有

$$n = \frac{1.96^2 \times 0.92 \times (1 - 0.92)}{0.03^2} = 314.16 \approx 315$$

即应抽取 315 部手机作为样本。

2. 估计两个总体比例时样本量的确定

对于给定的估计误差和置信水平 $1-\alpha$，估计两个总体比例之差所需的样本量为

$$n_1 = n_2 = \frac{(z_{\alpha/2})^2 \cdot [\pi_1(1 - \pi_1) + \pi_2(1 - \pi_2)]}{E^2} \tag{4-33}$$

式中，n_1 和 n_2 为来自两个总体的样本量；π_1 和 π_2 为两个总体的比例。

例 4-16 一家食品制造商想要估计一种新研发食品的广告效果。在做广告前和做广告后分别从市场营销区抽选一个消费者随机样本，询问这些消费者是否听说过这种新食品。该制造商想以 95% 的置信水平估计做广告前后知道该新食品消费者的比例之差。若要求估计误差不超过 5%，抽取的两个样本分别应有多少人（假定两个样本量相等）？

解：已知 $E = 5\%$，$z_{\alpha/2} = 1.96$。由于没有 π_1 和 π_2 的信息，此时用 0.5 作为 π_1 和 π_2 的近似值。根据式(4-33)有

$$n_1 = n_2 = \frac{1.96^2 \times [0.5 \times (1 - 0.5) + 0.5 \times (1 - 0.5)]}{0.05^2} = 768.32 \approx 769$$

即两个样本应各包括 769 人。

练习题

4.1 为了调查上班族每天通勤所花费的时间，在某市高新区附近随机抽取上班族中的 60 人，得到他们每天通勤所花费时间的数据，如表4-10所示。

表 4-10 某市高新区 60 名上班族通勤时间 单位：分钟

70	90	50	45	120	100	40	45	40	50
55	65	75	70	130	150	50	60	50	50
40	45	40	20	144	90	110	116	126	35
45	45	120	100	80	150	125	140	110	120
150	160	110	100	160	80	60	50	60	140
150	140	120	100	90	90	100	130	40	130

计算这 60 名上班族通勤平均花费时间的置信区间：

(1)假定总体标准差为 30 分钟，置信水平为 95%；

（2）假定总体标准差未知，置信水平为90%。

4.2 同一品牌同一型号计算机在不同购物网站上的销售价格不同，随机抽取10家网站上该计算机的销售价格数据，如表4-11所示。

表4-11 10家网站上某型号计算机的销售价格 单位：元

4 800	4 580	4 480	4 680	4 498	4 598	4 668	4 680	4 780	4 598

（1）计算该商品平均销售价格的置信区间：假定总体标准差为90元，置信水平为95%；假定总体标准差未知，置信水平为90%。

（2）计算该商品销售价格标准差的95%的置信区间。

（3）假定想要估计该商品销售价格均值的95%的置信区间，允许的估计误差不超过50元，应抽取多大的样本量？

4.3 某居民小区共有居民1 000户，小区管理者制定了宠物管理规定，想了解居民是否赞成。采取重复抽样方法随机抽取了100户，其中65户赞成，35户反对。

（1）求总体中赞成新规定的户数比例的置信区间，置信水平为95%。

（2）如果小区管理者预计赞成的比例能达到80%，要求估计误差不超过10%，应抽取多少户居民进行调查？

4.4 一家人才测评机构用两种方法对随机抽取的10名小企业经理人进行自信心测试，得到的自信心测试分数如表4-12所示。

表4-12 10名小企业经理人的自信心测试分数 单位：分

人员编号	方法1	方法2
1	76	69
2	61	42
3	70	59
4	87	82
5	89	72
6	47	49
7	66	53
8	74	58
9	83	75
10	53	37

构建两种方法平均自信心得分之差的95%的置信区间。

4.5 从两个总体中各抽取一个容量为200的独立随机样本，来自总体1的样本比例为45%，来自总体2的样本比例为35%。

（1）用传统方法构造两个样本比例之差的90%的置信区间。

（2）用改进方法构造两个样本比例之差的90%的置信区间。

（3）对两种方法构造的置信区间进行比较。

4.6 生产工序中的方差是工序质量的一个重要度量。当方差较大时，需要对工序进行改进，以减小方差。表4-13所示是两台机器生产的袋装茶包的数据。

表4-13 两台机器生产的袋装茶包的数据 单位：克

机器1		机器2	
3.23	3.7	3.22	3.16
2.98	3.28	3.38	3.35
3.75	3.12	3.3	3.05
3.38	3.2	3.34	3.25
3.45	3.25	3.3	3.27
3.48	3.45	3.28	3.33
3.18	3.16	3.19	3.08
3.9	3.5	3.34	3.34

构造两个总体方差比的95%的置信区间。

4.7 假定两个班学生考试成绩的标准差分别为 $\sigma_1 = 12$ 分，$\sigma_2 = 15$ 分，若要求估计误差不超过5，相应的置信水平为95%，假定 $n_1 = n_2$，估计两个班学生考试平均成绩之差所需的样本量为多大？

4.8 假定 $n_1 = n_2$，估计误差为0.05，相应的置信水平为90%，估计两个总体比例之差所需的样本量是多少？

知识目标

> ●清楚假设检验的步骤；
> ●理解假设检验的思路。

能力目标

> ●掌握单个总体均值和两个总体均值之差的检验方法；
> ●掌握单个总体比例和两个总体比例之差的检验方法；
> ●掌握单个总体方差和两个总体方差之比的检验方法。

素质目标

> ●通过学习假设检验引导学生剖析现象、挖掘事物的本质，从而更深刻、更透彻地认识事物；
> ●通过学习假设检验的步骤引导学生用联系、发展的观点看问题，避免思想偏执。

想 一 想

> ◆250 毫升盒装的某品牌豆奶外包装上标明胆固醇含量为 0。你相信包装上的说法吗？如果不相信，你会怎么做？
> ◆某中学招生时宣称该校学生考上重点大学的比例大于或等于 50%，你相信吗？
> ◆针对个税改革方案，随机抽取 50 人调查，结果其中 90% 的人支持该项改革。你相信这一结果吗？理由是什么？

假设检验是推断统计的另一项重要内容，它与参数估计类似，但角度不同。参数估计

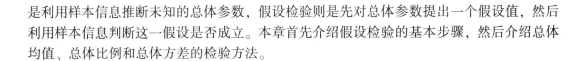

是利用样本信息推断未知的总体参数，假设检验则是先对总体参数提出一个假设值，然后利用样本信息判断这一假设是否成立。本章首先介绍假设检验的基本步骤，然后介绍总体均值、总体比例和总体方差的检验方法。

5.1 假设检验的步骤

假设检验的基本思路是：先对总体提出某种假设，然后抽取样本获得数据，再根据样本提供的信息判断假设是否成立。

5.1.1 提出假设

假设（Hypothesis）是对总体的某种看法。在参数检验中，假设就是对总体参数的具体数值所作的陈述。例如，不知道某批电池的平均使用寿命是多少，不知道某校学生的升学率是多少，不知道某地区居民月消费支出的标准差是多少，可以事先提出一个假设值。例如，这批电池的平均使用寿命是 23 小时，某校学生的升学率不低于 90%，某地区居民月消费支出的标准差不超过 1 500 元等，这些陈述就是对总体参数提出的假设。

假设检验（Hypothesis Test）是在对总体提出假设的基础上，利用样本信息判断假设是否成立的统计方法。例如，假设某校学生月生活费的均值是 1 800 元，然后从全校学生中抽取一个样本，根据样本信息检验该校学生月平均生活费是否为 1 800 元，这就是假设检验。

做假设检验时，首先要提出两种假设，即原假设和备择假设。

原假设（Null Hypothesis）是研究者想收集证据予以推翻的假设，用 H_0 表示。原假设所表达的含义通常是参数没有变化或变量之间没有关系，因此等号"＝"总是放在原假设上。以总体均值的检验为例，设参数的假设值为 μ_0，原假设总是写成 $H_0: \mu = \mu_0$，$H_0: \mu \geqslant \mu_0$ 或 $H_0: \mu \leqslant \mu_0$。原假设最初被假设是成立的，之后根据样本数据确定是否有足够的证据拒绝原假设。

备择假设（Alternative Hypothesis）通常是研究者想收集证据能支持的假设，用 H_1 或 H_a 表示。备择假设所表达的含义通常是总体参数发生了变化或变量之间存在某种关系。以总体均值的检验为例，备择假设的形式总是 $H_1: \mu \neq \mu_0$，$H_1: \mu < \mu_0$ 或 $H_1: \mu > \mu_0$。备择假设通常用于表达研究者自己倾向于支持的看法。研究者想办法收集证据拒绝原假设，以支持备择假设。

在假设检验中，如果备择假设没有特定的方向，并含有符号"≠"，这样的假设检验称为双侧检验或称双尾检验（Two-tailed Test）。如果备择假设有特定的方向，并含有符号">"或"<"，这样的假设检验称为单侧检验或单尾检验（One-tailed Test）。备择假设含有"<"的单侧检验称为左侧检验，备择假设含有">"的单侧检验则称为右侧检验。

下面通过几个例子来说明确定原假设和备择假设的大概思路。

例 5-1 某家具厂生产的电脑桌的标准长度为 2 米，由质量控制人员定期抽查，从而检验产品质量是否符合标准要求。如果电脑桌的平均长度大于或小于 2 米，则表示生产过程不正常，必须进行调整。陈述用来检验生产过程是否正常的原假设和备择假设。

解： 设生产的所有电脑桌的平均长度的真值为 μ；若 $\mu = 2$，则表示生产过程正常；若

$\mu > 2$ 或 $\mu < 2$，则表示生产过程不正常。研究者要检验这两种可能情形中的任何一种。因此，研究者想收集证据予以推翻的假设应该是"生产过程正常"，而想收集证据予以支持的假设是"生产过程不正常"（因为如果研究者事先认为生产过程正常，也就没有必要进行检验了），建立的原假设和备择假设应为

$$H_0 : \mu = 2（生产过程正常）; H_1 : \mu \neq 2（生产过程不正常）$$

例 5-2 产品的外包装上都贴有标签，标签上通常标有该产品的性能说明、成分指标等信息。某 380 毫升瓶装饮用矿泉水外包装标签上标明：每 100 毫升含钙量为 $\geq 15\ \mu g$。如果是消费者做检验，应该提出怎样的原假设和备择假设？如果是生产厂家做检验，又会提出怎样的原假设和备择假设？

解： 设每 100 毫升水中钙的含量均值为 μ。消费者做检验的目的是想寻找证据推翻标签中的说法，即 $\mu \geq 15\ \mu g$（如果对标签中的数值没有质疑，也就没有必要进行检验了），想支持的观点则是标签中的说法不正确，即 $\mu < 15\ \mu g$。因此，提出的原假设和备择假设应为

$$H_0 : \mu \geq 15（标签中的说法正确）; H_1 : \mu < 15（标签中的说法不正确）$$

如果是生产厂家做检验，自然会想办法支持自己的看法，也就是想寻找证据证明标签中的说法是正确的，即 $\mu > 15$，想推翻的观点则是 $\mu \leq 15$，因此，会提出与消费者观点不同（方向相反）的原假设和备择假设，即

$$H_0 : \mu \leq 15（标签中的说法不正确）; H_1 : \mu > 15（标签中的说法正确）$$

例 5-3 从事微商的人越来越多，某市场调查公司经调查，微商的比例超过 10%。为验证这一估计是否正确，该调查公司随机抽取了部分市民进行检验。试陈述用于检验的原假设和备择假设。

解： 设微商的比例真值为 π。显然，研究者想收集证据予以支持的假设是"微商的比例超过 10%"。因此，建立的原假设和备择假设应为

$$H_0 : \pi \leq 10\%; H_1 : \pi > 10\%$$

通过上面的例子可以看出，原假设和备择假设是一个完备事件组，而且相互对立。这意味着，在一项检验中，原假设和备择假设必有一个成立，而且只有一个成立。此外，假设的确定带有一定的主观色彩，因为研究者想推翻的假设和想支持的假设最终仍取决于研究者本人的意向。因此，即使是对同一个问题，也可能由于研究目的的不同而提出截然不同的假设。但无论怎样，只要假设的建立符合研究者的最终目的，便是合理的。

5.1.2 确定显著性水平

假设检验是根据样本信息做出决策，因此，无论是拒绝还是不拒绝原假设，都有可能犯错误。研究者总是希望能做出正确的决策，但由于决策是建立在样本信息的基础之上，而样本又是随机的，因而就有可能犯错误。

原假设和备择假设不能同时成立，决策的结果是要么拒绝原假设，要么不拒绝原假设。决策时总是希望当原假设正确时没有拒绝它，当原假设不正确时拒绝它，但实际上很难保证不犯错误。一种情形是，原假设是正确的却拒绝了它，这时所犯的错误称为第 I 类错误（Type I Error），犯第 I 类错误的概率记为 α，因此也称 α 错误。另一种情形是，原假设是错误的却没有拒绝它，这时所犯的错误称为第 II 类错误（Type II Error），犯第 II 类错误的概率记为 β，因此也称 β 错误。

在假设检验中，只要做出拒绝原假设的决策，就有可能犯第 I 类错误；只要做出不拒

绝原假设的决策，就有可能犯第 II 类错误。直观地说，这两类错误的概率之间存在这样的关系：在样本量不变的情形下，要减小 α 就会使 β 增大，而要减小 β 就会使 α 增大，两类误差就像一个跷跷板。人们自然希望犯两类错误的概率都尽可能小，但实际上难以做到。使 α 和 β 同时减小的唯一办法是增加样本量，但样本量的增加又会受许多因素的限制，所以人们只能尽量平衡两类错误的发生概率，从而将 α 和 β 控制在能够接受的范围内。一般来说，对于一个固定的样本，如果犯第 I 类错误的代价比犯第 II 类错误的代价高，则将犯第 I 类错误的概率定得低些较为合理；反之，则可以将犯第 I 类错误的概率定得高些。那么，检验时先控制哪一类错误呢？一般来说，发生哪一类错误的后果更严重，就应该先控制哪一类错误发生的概率。但由于犯第 I 类错误的概率可以由研究者事先控制，而犯第 II 类错误的概率相对难以计算，因此在假设检验中，人们往往先控制第 I 类错误发生的概率。

假设检验中，犯第 I 类错误的概率也称显著性水平（Level of Significance），记为 α。它是人们事先确定的犯第 I 类错误概率的最大允许值。显著性水平 α 越小，犯第 I 类错误的可能性自然就越小，但犯第 II 类错误的可能性随之增大。实际应用中，究竟确定一个多大的显著性水平值合适呢？一般情形下，人们认为犯第 I 类错误的后果更严重，因此通常会取一个较小的 α 值（一般要求 α 可以取小于或等于 0.1 的任何值）。英国统计学家费希尔在他的研究中把小概率的标准定为 0.05，所以人们通常选择显著性水平为 0.05 或比 0.05 更小的值（当然也可以取其他值）。在实际工作中常用的显著性水平有 $\alpha = 0.01$，$\alpha = 0.05$，$\alpha = 0.1$。

5.1.3　做出决策

提出具体的假设之后，研究者需要提供可靠的证据来支持他所关注的备择假设。在例 5-2 中，如果你想证实产品标签上的说法不属实，即检验假设：$H_0: \mu \geqslant 15$；$H_1: \mu < 15$，抽取一个样本得到的样本均值为 13 μg，你是否拒绝原假设呢？如果样本均值是 18 μg，你是否就不拒绝原假设呢？做出拒绝或不拒绝原假设的依据是什么？传统检验中，决策依据的是样本统计量；现代检验中，人们直接根据样本数据算出犯第 I 类错误的概率，即 P 值（P-value）。检验时做出决策的依据是：原假设成立时小概率事件不应发生，如果小概率事件发生了，就应当拒绝原假设。在统计学中，通常把 $P \leqslant 0.1$ 的值统称为小概率。

1. 用统计量决策（传统做法）

传统决策方法是首先根据样本数据计算出用于决策的检验统计量（Test Statistic）。例如要检验总体均值，我们自然会想到要用样本均值作为判断标准。但样本均值 $\bar{x}$ 是总体均值 μ 的一个点估计量，它并不能直接作为判断的依据，只有经标准化后才能用于度量它与原假设的参数值之间的差异程度。对于总体均值和总体比例的检验，在原假设 H_0 为真的条件下，根据点估计量的抽样分布可以得到标准化检验统计量（Standardized Test Statistic）。其计算公式为

$$\text{标准化检验统计量} = \frac{\text{点估计量} - \text{假设值}}{\text{点估计量的标准误差}} \tag{5-1}$$

标准化检验统计量反映了点估计量（如样本均值）与假设的总体参数（例如假设的总体均值）相比相差多少个标准误差。虽然检验统计量是一个随机变量，随样本观测结果的不同而变化，但只要已知一组特定的样本观测结果，检验统计量的值也就唯一确定了。

有了检验统计量就可以建立决策准则。根据事先设定的显著性水平 α，可以在统计量的分布上找到相应的临界值（Critical Value）。由显著性水平和相应的临界值围成的一个区域称为拒绝域（Rejection Region）。如果统计量的值落在拒绝域内，就拒绝原假设；否则，就不拒绝原假设。拒绝域的大小与设定的显著性水平有关。当样本量固定时，拒绝域随 α 的减小而减小。显著性水平、拒绝域和临界值的关系可用图5-1来表示。

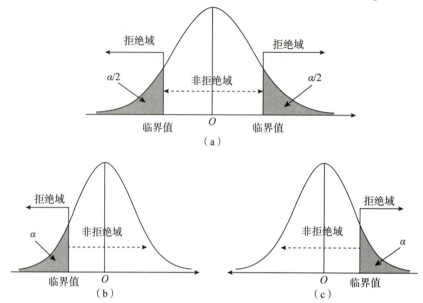

图5-1　显著性水平、拒绝域和临界值的关系
（a）双侧检验；（b）左侧检验；（c）右侧检验

从图5-1中可以得出利用绝对值符号检验时的三种决策准则。

（1）双侧检验：│统计量│>临界值，拒绝原假设。

（2）左侧检验：统计量的值<-临界值，拒绝原假设。

（3）右侧检验：统计量的值>临界值，拒绝原假设。

介绍传统的统计量决策方法只是为了帮助读者理解假设检验的原理，不推荐使用。

2. 用 P 值决策（现代做法）

统计量检验是根据事先设定的显著性水平 α 围成的拒绝域做出决策，无论检验统计量的值是大还是小，只要它落入拒绝域就拒绝原假设，否则就不拒绝原假设。这样，无论统计量落在拒绝域的什么位置，也只能说犯第Ⅰ类错误的概率是 α。但实际上，α 是犯第Ⅰ类错误的上限控制值，统计量落在拒绝域的不同位置，决策时所犯第Ⅰ类错误的概率是不同的。如果能把犯第Ⅰ类错误的真实概率计算出来，就可以直接用这个概率做出决策，而不需要考虑事先设定的显著性水平 α。这个犯第Ⅰ类错误的真实概率就是 P 值，它是指当原假设是正确的时，所得到的样本结果像实际观测结果那么极端或更极端的概率，也称为观察到的显著性水平（Observed Significance Level）或实际显著性水平。图5-2显示了拒绝原假设时的 P 值与设定的显著性水平 α 的比较。

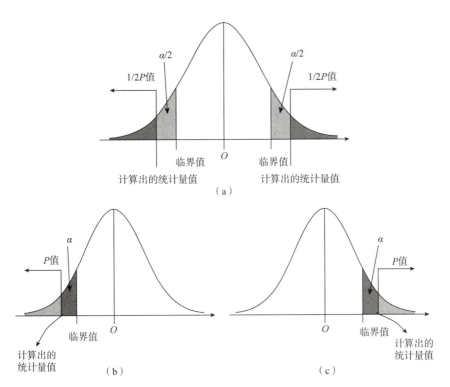

图 5-2　拒绝原假设时的 P 值与设定的显著性水平 α 的比较
（a）双侧检验；（b）左侧检验；（c）右侧检验

用 P 值决策的规则很简单：如果 $P < \alpha$，则拒绝 H_0；如果 $P > \alpha$，则不拒绝 H_0（双侧检验将两侧面积的总和定义为 P）。

P 值决策优于统计量决策。与传统的统计量决策相比，P 值决策提供了更多的信息。例如，根据事先确定的 α 进行决策时，只要统计量的值落在拒绝域，无论它在哪个位置，拒绝原假设的结论都是一样的（只能说犯第Ⅰ类错误的概率是 α）。但实际上，统计量落在拒绝域不同的地方，实际的显著性是不同的。例如，统计量落在临界值附近与落在远离临界值的地方，实际的显著性有较大差异。而 P 值是根据实际统计量计算出的显著性水平，它告诉我们实际的显著性水平是多少。图 5-3 显示了拒绝 H_0 时的两个统计量的值及其 P 值，此时容易看出统计量决策与 P 值决策的差异。

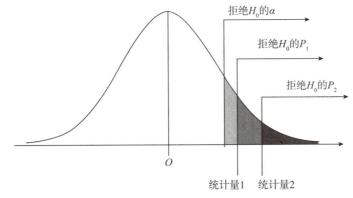

图 5-3　拒绝 H_0 时的两个统计量的不同显著性

5.1.4 表述结果

在假设检验中，当拒绝 H_0 时，称样本结果是"统计上显著的"（Statistically Significant）；不拒绝 H_0，称样本结果是"统计上不显著的"。当 $P < \alpha$ 便拒绝 H_0 时，表示有足够的证据证明 H_0 是错误的；而当不拒绝 H_0 时，通常不说"接受 H_0"，因为"接受 H_0"的表述隐含了证明 H_0 是正确的。实际上，P 值只是推翻原假设的证据，而不是证明原假设正确的证据。没有足够的证据拒绝原假设并不等于已经证明原假设是正确的，它仅仅意味着目前还没有足够的证据可以拒绝 H_0。例如，在 $\alpha = 0.05$ 的显著性水平上检验假设：H_0：$\mu = 100$；H_1：$\mu \neq 100$，假定根据样本数据计算出的 $P = 0.03$，由于 $P < \alpha$，拒绝 H_0，表示有证据表明 $\mu \neq 100$。如果 $P = 0.3$ 不拒绝 H_0，我们也没有证明 $\mu = 100$，所以将结论描述为：没有证据表明 $\mu \neq 100$。

此外，采取"不拒绝 H_0"而不是"接受 H_0"的表述方法，也规避了第 II 类错误发生的风险，因为"接受 H_0"所得结论的可靠性由第 II 类错误的概率 β 来度量，而控制 β 又相对复杂，有时根本无法知道 β 的值（除非你能确切给出 β，否则就不宜表述成"接受"原假设）。当然，不拒绝 H_0 并不意味着 H_0 为正确的概率很高，只意味着拒绝 H_0 需要更多的证据。

5.2 总体均值的检验

掌握了假设检验的步骤，在实际中应用它并不困难。与参数估计类似，对于总体均值的检验，当研究一个总体时，要检验的主要是该总体均值 μ 与某个假设值 μ_0 的差异是否显著；当研究两个总体时，要检验的主要是两个总体均值之差 $(\mu_1 - \mu_2)$ 是否显著。

5.2.1 单个总体均值的检验

在对总体均值进行检验时，采用什么检验统计量取决于所抽取的样本是大样本 $(n \geq 30)$ 还是小样本 $(n < 30)$，此外还需要考虑总体是否服从正态分布、总体方差 σ^2 是否已知等几种情形。

1. 大样本的检验

在大样本 $(n \geq 30)$ 情形下，样本均值的抽样分布近似服从正态分布，其标准误差为 $\sigma/\sqrt{n}$。将样本均值 $\bar{x}$ 标准化后即可得到检验的统计量。由于样本均值标准化后服从标准正态分布，因而采用正态分布的检验统计量。

设假设的总体均值为 μ_0，当总体方差 σ^2 为已知时，总体均值检验的统计量为

$$z = \frac{\bar{x} - \mu_0}{\sigma/\sqrt{n}} \tag{5-2}$$

当总体方差 σ^2 为未知时，可以用样本方差 s^2 来代替，此时总体均值检验的统计量为

$$z = \frac{\bar{x} - \mu_0}{s/\sqrt{n}} \tag{5-3}$$

例 5-4 某品牌食用油采用自动生产线生产，每瓶的容量是 250 mL，标准差为 3 mL。为检验每瓶容量是否符合要求，质检人员在某天生产的食用油中随机抽取 50 瓶进行检验，测得每瓶平均容量为 249.6 mL。取显著性水平 $\alpha = 0.05$，检验该天生产的食用油容量是否符合标准要求。

解： 此时关心的是食用油容量是否符合要求，即 μ 是否为 250 mL，大于或小于 250 mL 都不符合要求，因此属于双侧检验问题。提出的原假设和备择假设为

$$H_0: \mu = 250; H_1: \mu \neq 250$$

根据式 (5-2) 得检验统计量为

$$z = \frac{249.6 - 250}{3/\sqrt{50}} = -0.942\,8$$

由 SPSS 函数 "2×(1-CDF. NORMAL(-0.9428，0，1))" 得 $P = 1.65$，由于 $P > \alpha = 0.05$，不拒绝原假设，表明样本提供的证据还不足以推翻原假设，因此没有证据表明该天生产的食用油不符合标准要求。

例 5-5 某品牌饮用天然水包装标签上标明：每升的钙含量 ≥4 mg。有的消费者认为标签上的说法不属实。为检验消费者的说法是否正确，一家研究机构随机抽取 40 瓶饮用天然水进行检验，得到的检测结果如表 5-1 所示。

表 5-1　40 瓶饮用天然水钙含量的检测数据　　　　　　　单位：毫克

3.88	4.1	3.79	4.66	5.01
3.67	4.06	3.88	4.19	4.23
3.85	3.95	3.77	3.96	4.03
3.95	4.35	3.75	4.22	3.9
3.89	3.91	3.69	3.88	3.91
3.98	3.86	3.86	3.88	3.87
3.99	3.94	3.69	4.26	3.79
3.99	3.95	3.94	4.06	3.92

检验每升饮用天然水中的钙含量是否低于 4 毫克：

(1) 假定总体标准差为 0.05 g，显著性水平为 0.05；

(2) 假定总体标准差未知，显著性水平为 0.05。

解： (1) 这里想支持的观点是每升饮用天然水中的钙含量低于 4 mg，也就是 $\mu < 4$，属于左侧检验。提出的假设为

$$H_0: \mu \geq 4(消费者的说法不正确); H_1: \mu < 4(消费者的说法正确)$$

根据样本数据计算得：

$$\bar{x} = 3.986\,5$$

根据式 (5-2) 得检验统计量为

$$z = \frac{3.986\,5 - 4}{0.05/\sqrt{40}} = -1.708$$

由 SPSS 函数"CDF. NORMAL(-1.708，0，1)"得 $P = 0.044$，由于 $P < \alpha = 0.05$，拒绝原假设，表明每升饮用天然水中钙含量低于 4 mg。

上述决策过程可用图 5-4 来表示。

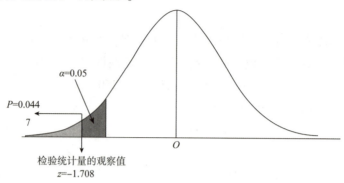

图 5-4　例 5-5 检验的拒绝域和 P 值

（2）由于总体标准差未知，故用样本标准差代替，使用式（5-3）作为检验的统计量。根据样本数据计算得：

$$s = 0.253$$

检验统计量为

$$z = \frac{3.986\ 5 - 4}{0.253/\ \sqrt{40}} = -0.337$$

由 SPSS 函数"CDF. NORMAL(0.337，0，1)"得 $P = 0.368$，由于 $P > \alpha = 0.05$，不拒绝原假设，表明每升饮用天然水中的钙含量不低于 4 mg。

2. 小样本的检验

在小样本（$n < 30$）情形下，检验时首先假定总体服从正态分布（如果无法确定总体是否服从正态分布，可以考虑将样本量增大到 30 以上）。检验统计量的选择与总体方差是否已知有关。

当总体方差 σ^2 已知时，即使是在小样本情形下，样本均值经标准化后仍然服从标准正态分布，此时可按式（5-2）对总体均值进行检验。

当总体方差 σ^2 未知时，需要用样本方差 s^2 代替，此时式（5-2）给出的检验统计量不再服从标准正态分布，而是服从自由度为 $n-1$ 的 t 分布。因此，需要采用 t 分布进行检验，通常称为 t 检验。检验的统计量为

5-01 总体均值的检验（小样本）

$$t = \frac{\bar{x} - \mu_0}{s/\ \sqrt{n}} \tag{5-4}$$

例 5-6　据某大学负责学生工作的管理者了解，大学生每天使用计算机来娱乐的时间超过 3 h。为此，该管理者随机抽取了 16 名大学生做调查，得到他们每天使用计算机娱乐的时间如表 5-2 表示。

表 5-2　16 名大学生每天使用计算机娱乐的时间　　　　　　　　　　　　　单位：h

2	2	4	2.5	1.5	3.5	5	4
1.5	2.8	3.6	4.4	6	5.6	4.8	4.5

假定每天使用计算机娱乐的时间服从正态分布，检验大学生每天使用计算机玩游戏的时间是否显著超过 3.5 h。

(1)假定大学生每天使用计算机娱乐的时间的标准差为 0.2 h，显著性水平为 0.05。

(2)假定总体标准差未知，显著性水平为 0.05。

解：(1)依题意建立如下假设：

$$H_0: \mu \leq 3.5; H_1: \mu > 3.5$$

由于总体标准差已知，虽然为小样本，但样本均值经标准化后仍服从正态分布，因此可使用式(5-2)计算的结果作为检验统计量。根据样本数据计算得：

$$\bar{x} = 3.606$$

由式(5-2)得到检验统计量为

$$z = \frac{3.606 - 3.5}{0.2 / \sqrt{16}} = 2.125$$

由 SPSS 函数"1-CDF. NORMAL(2.125，0，1)"得 $P = 0.016\ 8$，由于 $P < \alpha = 0.05$，拒绝原假设，有证据表明大学生每天使用计算机娱乐的时间显著超过 3.5 h。

(2)由于总体标准差未知，样本均值经标准化后服从自由度为 $n - 1$ 的 t 分布，因此需要用式(5-4)计算的结果作为检验统计量。根据样本数据计算得：

$$s = 1.431\ 3$$

由式(5-4)得到检验统计量为

$$t = \frac{3.606 - 3.5}{1.431\ 3 / \sqrt{16}} = 0.297$$

由 SPSS 函数"1-CDF. T(0.297，15)"得 $P = 0.385$。由于 $P > \alpha = 0.05$，不拒绝原假设，没有证据表明大学生每天使用计算机娱乐的时间显著超过 3.5 h。

由本例的检验结论可以看出，即便是对同一问题，由于给定的检验条件不同，也可能得出不同的结论。本例使用正态分布的检验结果与 t 检验的结果就不相同。此外，即便使用同一分布进行检验，由于事先设定的显著性水平不同，也可能得出不同结论。

还可以由 SPSS 直接给出小样本的检验结果，但只适用于双侧检验，下面给出了操作步骤。

第 1 步：选择【分析】→【比较平均值】→【单样本 T 检验】，进入主对话框。

第 2 步：将检验变量移入【检验变量】，在【检验值】文本框内输入假设值。

第 3 步：单击【选项】按钮，选择所需的置信水平(默认值为 95%)，单击【继续】按钮回到主对话框。

图 5-5 给出了单个总体均值检验的基本流程，作为不同情形下检验统计量选择的总结。

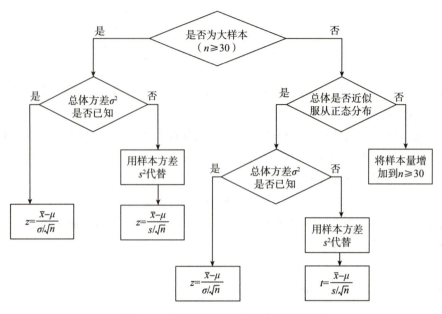

图 5-5　单个总体均值检验的基本流程

*5.2.2　两个总体均值之差的检验

根据获得样本的方式不同，两个总体均值的检验分为独立样本和配对样本两种情形，而且也有大样本与小样本之分。检验的统计量是以两个样本均值之差 $(\bar{x}_1 - \bar{x}_2)$ 的抽样分布为基础构造出来的。对于大样本和小样本两种情形，由于两个样本均值之差经标准化后的分布不同，检验的统计量也有差异。

1. 独立大样本的检验

大样本情形下，两个样本均值之差 $(\bar{x}_1 - \bar{x}_2)$ 的抽样分布近似为正态分布，而 $(\bar{x}_1 - \bar{x}_2)$ 经过标准化后服从标准正态分布。如果两个总体的方差已知，则采用下面的检验统计量：

$$z = \frac{(\bar{x}_1 - \bar{x}_2) - (\mu_1 - \mu_2)}{\sqrt{\dfrac{\sigma_1^2}{n_1} + \dfrac{\sigma_2^2}{n_2}}} \tag{5-5}$$

如果两个总体方差未知，可分别用样本方差代替，此时检验统计量为

$$z = \frac{(\bar{x}_1 - \bar{x}_2) - (\mu_1 - \mu_2)}{\sqrt{\dfrac{s_1^2}{n_1} + \dfrac{s_2^2}{n_2}}} \tag{5-6}$$

例 5-7　为分析男女员工销售业绩是否有差异，对男女员工的平均日销售收入进行了调查，独立抽取了具有同类工作经验的男女员工的两个随机样本，并记录下了两个样本的均值方差等数据，如表 5-3 所示。

表5-3 两个独立样本的有关计算结果

男员工	女员工
$n_1 = 40$	$n_2 = 35$
$\bar{x}_1 = 375$ 元	$\bar{x}_2 = 350$ 元
$s_1^2 = 54$ 元	$s_2^2 = 48$ 元

在显著性水平为 0.01 的条件下，能否认为男员工的平均日销售收入显著高于女员工？

解：设 μ_1 为男员工的平均日销售收入，μ_2 为女员工的平均日销售收入。由于关心的是男员工的平均日销售收入是否显著高于女员工，因此，提出的原假设和备择假设为

$$H_0: \mu_1 - \mu_2 \leqslant 0; \quad H_1: \mu_1 - \mu_2 > 0$$

由于两个总体的方差未知，采用式(5-6)给出的统计量，计算结果为

$$z = \frac{375 - 350}{\sqrt{54/40 + 48/35}} = 15.15$$

由 SPSS 函数"1-CDF. NORMAL(15.15，0，1)"得 $P = 0$，由于 $P < \alpha$，拒绝 H_0，表明男性员工的平均日销售收入显著高于女性员工。

2. 独立小样本的检验

当两个样本都为独立小样本时，需要假定两个总体都服从正态分布。检验时有以下三种情况。

(1)两个正态总体方差已知，无论样本量大小如何，两个样本均值之差的抽样分布都为正态分布，这时可用式(5-5)的计算结果作为检验的统计量。

(2)两个正态总体方差未知但相等，即 $\sigma_1^2 = \sigma_2^2$，需要用两个样本的方差 s_1^2 和 s_2^2 进行估计，这时需要将两个样本的数据组合在一起，以给出总体方差的合并估计量，用 s_p^2 表示，计算公式为

5-02 独立小样本的检验

$$s_p^2 = \frac{(n_1 - 1)s_1^2 + (n_2 - 1)s_1^2}{n_1 + n_2 - 2} \tag{5-7}$$

这时，两个样本均值之差经标准化后服从自由度为 $(n_1 + n_2 - 2)$ 的 t 分布，因此采用的检验统计量为

$$t = \frac{(\bar{x}_1 - \bar{x}_2) - (\mu_1 - \mu_2)}{s_p \sqrt{\dfrac{1}{n_1} + \dfrac{1}{n_2}}} \tag{5-8}$$

(3)两个正态总体的方差未知且不相等，即 $\sigma_1^2 \neq \sigma_2^2$，两个样本均值之差经标准化后不再服从自由度为 $(n_1 + n_2 - 2)$ 的 t 分布，而是近似服从自由度为 ν 的 t 分布。此时，检验的统计量为

$$t = \frac{(\bar{x}_1 - \bar{x}_2) - (\mu_1 - \mu_2)}{\sqrt{\dfrac{s_1^2}{n_1} + \dfrac{s_2^2}{n_2}}} \tag{5-9}$$

该统计量的自由度为 ν，其计算公式为

$$\nu = \frac{(\dfrac{s_1^2}{n_1} + \dfrac{s_2^2}{n_2})^2}{\dfrac{(s_1^2/n_1)^2}{n_1 - 1} + \dfrac{(s_2^2/n_2)^2}{n_2 - 1}} \tag{5-10}$$

式(5-10)计算出的自由度一般为非整数，需四舍五入取整数。

例 5-8 某工厂两台机床同时加工某种同类型的零件，已知两台机床加工的零件直径都服从正态分布。为比较两台机床的加工精度有无显著差异，分别从两台机床生产的零件中各独立抽取了 10 件，通过测量得到的数据如表 5-4 所示。

表 5-4 两台机床加工零件的样本数据 单位：毫米

机床 1	机床 2
21. 1	20. 7
20. 8	19. 9
19. 5	19. 5
18. 0	20. 7
19. 3	20. 9
20. 2	18. 4
19. 6	20. 5
18. 9	20. 2
18. 6	19. 6
20. 5	18. 1

在显著性水平为 0.1 时，检验两台机床加工的零件直径是否有显著差异。

解： 依题意提出的原假设和备择假设为

$$H_0: \mu_1 - \mu_2 = 0; \quad H_1: \mu_1 - \mu_2 \neq 0$$

由 SPSS 可直接输出有关结果，具体操作步骤如下。

第 1 步：选择【分析】→【比较平均值】→【独立样本 T 检验】，进入主对话框。

第 2 步：将检验变量(本例为"零件直径")移入【检验变量】列表框，将分组变量(本例为"机床")移入【分组变量】列表框，并单击【定义组】按钮，在弹出的【定义组】对话框的【组 1】文本框中输入"1"，在【组 2】文本框中输入"2"。最后，单击【继续】按钮回到主对话框。

第 3 步：单击【选项】按钮，选择所需的置信水平(默认值为 95%)，单击【确定】按钮。独立样本 t 检验操作如图 5-6 所示。

注： 进行配对样本均值之差的检验，不需要定义分组变量。选择【分析】→【比较平均值】→【配对样本 T 检验】，将两个样本分别移入【变量 1】和【变量 2】。

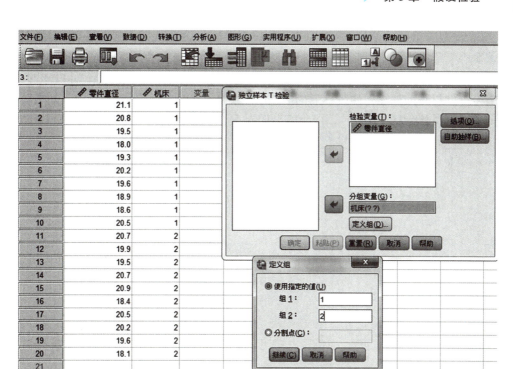

图 5-6 独立样本 t 检验操作

由 SPSS 输出的检验结果如表 5-5 所示，其中给出了方差相等和方差不相等两种假设条件下的检验结果。

表 5-5 两台机床加工零件的检验结果

独立样本检验

项目		莱文方差等同性检验		平均值等同性 t 检验					差值90%的置信区间	
		F	显著性	t	自由度	Sig.（双尾）	平均值差值	标准误差差值	下限	上限
零件直径	假定等方差	0.027	0.870	−0.454	18	0.655	−0.200 0	0.440 1	−0.963 1	0.563 1
	不假定等方差	—	—	−0.454	17.983	0.655	−0.200 0	0.440 1	−0.963 2	0.563 2

从表 5-5 中的结果可知，F 检验表明两个总体的方差相等。检验的双侧 $P = 0.655 > \alpha$，不拒绝原假设，认为没有证据表明两台机床加工的零件直径有显著差异。

5-03 配对样本的检验

3. 配对样本的检验

配对样本的检验需要假定由两个总体配对差值构成的总体服从正态分布，而且配对差是从差值总体中随机抽取的。对于小样本情形，配对差值经标准化后服从自由度为 $(n - 1)$ 的 t 分布，因此检验统计量为

$$t = \frac{\bar{d} - (\mu_1 - \mu_2)}{s_d / \sqrt{n}} \tag{5-11}$$

式中，$\bar{d}$ 为配对差值的均值；s_d 为配对差值的标准差。

例 5-9　某糕点厂家研制了一种新口味的糕点。为比较消费者对新老口味糕点口感的满意程度，该厂家随机抽选一组消费者(共 10 人)，让每位消费者先品尝一种口味的糕点，再品尝另一种口味的糕点，两种糕点的品尝顺序是随机的，而后每名消费者要分别对两种口味的糕点进行评分(0~10 分)，评分结果如表 5-6 所示。

表 5-6　10 名消费者对两种口味糕点的评分等级数据　　　　　　　　单位：分

消费者编号	老口味评分	新口味评分
1	4	5
2	3	5
3	6	6
4	2	3
5	4	8
6	7	6
7	4	5
8	5	5
9	9	7
10	8	8

当显著性水平为 0.05 时，检验消费者对两种口味糕点的评分是否存在显著差异。

解：设 μ_1 为消费者对老口味糕点的平均评分，μ_2 为消费者对新口味糕点的平均评分。依题意建立的原假设与备择假设为

$$H_0: \mu_1 - \mu_2 = 0; \quad H_1: \mu_1 - \mu_2 \neq 0$$

利用 SPSS 的操作步骤如下。

第 1 步：选择【分析】→【比较平均值】→【成对样本 T 检验】，进入主对话框。

第 2 步：将两个样本分别移入【变量 1】和【变量 2】即可，单击【选项】按钮，选择所需的置信水平(默认值为 95%)，最后，单击【继续】按钮回到主对话框。最后，单击【确定】按钮。

配对样本检验操作如图 5-7 所示。

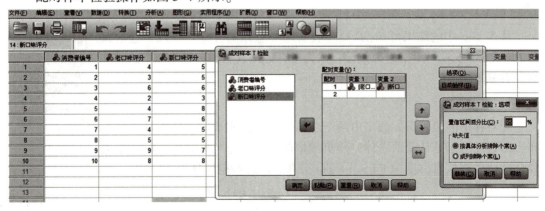

图 5-7　配对样本检验操作

由 SPSS 输出的检验结果如表 5-7 所示。

表 5-7 10 名消费者对两种口味糕点的评分的检验结果

配对样本检验

		配对差值					t	自由度	Sig.（双尾）
		平均值	标准偏差	标准误差平均值	差值95%的置信区间				
					下限	上限			
配对 1	老口味评分-新口味评分	-0.600	1.647	0.521	-1.778	0.578	-1.152	9	0.279

由于双侧检验的 $P = 0.279 > \alpha$，不拒绝原假设，认为没有证据证明消费者对两种口味糕点的评分存在显著差异。

5.3 总体比例的检验

总体比例的检验程序与总体均值的检验类似，本节只介绍大样本情形下的总体比例检验方法。在构造检验统计量时，仍然利用样本比例 p 与总体比例 π 之间的距离等于多少个标准误 σ_p 来衡量。

5.3.1 单个总体比例的检验

由于在大样本情形下统计量 p 近似服从正态分布，而样本比例经标准化后近似服从标准正态分布，检验统计量为

$$z = \frac{p - \pi_0}{\sqrt{\dfrac{\pi_0(1 - \pi_0)}{n}}} \tag{5-12}$$

例 5-10 一家手游公司声称，它们设计的某款手游的玩家中女性超过 70%。为验证这一说法是否属实，该公司管理人员随机抽取了 300 个玩家进行调查，发现有 220 个女性经常玩该款游戏。分别取显著性水平 $\alpha = 0.05$ 和 $\alpha = 0.01$，检验该款手游的玩家中女性的比例是否超过 70%。

解：该公司想证明的是该款手游的玩家中女性的比例是否超过 70%，因此提出的原假设和备择假设为

$$H_0: \pi \leqslant 70\% ; \quad H_1: \pi > 70\%$$

根据抽样结果计算得：

$$p = 225/300 = 75\%$$

由式(5-12)计算得检验统计量为

$$z = \frac{0.75 - 0.7}{\sqrt{\dfrac{0.7 \times (1 - 0.7)}{300}}} = 1.889\ 6$$

由 SPSS 函数 "1 - CDF. NORMAL（1.8896，0，1）" 得右尾检验（或称右侧检验）的

$P = 0.029\ 4$。显著性水平为 0.05 时，由于 $P < 0.05$，拒绝 H_0，证据表明该款手游的玩家中女性的比例超过 70%；显著性水平为 0.01 时，由于 $P > 0.01$，不拒绝 H_0，没有证据表明该款手游的玩家中女性的比例超过 70%。这个例子表明，对于同一个检验，不同的显著性水平将会得出不同的结论。

*5.3.2　两个总体比例之差的检验

两个总体比例之差 $(\pi_1 - \pi_2)$ 的检验思路与一个总体比例的检验类似，要求两个样本都是大样本。当 $n_1 p_1$，$n_1(1 - p_1)$，$n_2 p_2$，$n_2(1 - p_2)$ 都大于或等于 10 时，就可以认为是大样本。根据两个样本比例之差的概率分布，可以得到两个总体比例之差的检验统计量：

$$z = \frac{(p_1 - p_2) - (\pi_1 - \pi_2)}{\sigma_{p_1 - p_2}} \tag{5-13}$$

式中，$\sigma_{p_1 - p_2} = \sqrt{\dfrac{\pi_1(1 - \pi_1)}{n_1} + \dfrac{\pi_2(1 - \pi_2)}{n_2}}$ 是两个样本比例之差概率分布标准差。

由于两个总体的比例 π_1 和 π_2 是未知的，需要利用两个样本比例 p_1 和 p_2 来估计 $\sigma_{p_1 - p_2}$，这时有以下两种情况。

第一种情况是检验两个总体比例之差是否相等，即 $H_0: \pi_1 = \pi_2$。此时 $\pi_1 = \pi_2 = \pi$ 的最佳估计量是将两个样本合并后得到的合并比例 p_0。设 x_1 表示样本 1 中试验成功的次数，x_2 表示样本 2 中试验成功的次数，则合并后的比例为

$$p = \frac{x_1 + x_2}{n_1 + n_2} = \frac{p_1 n_1 + p_2 n_2}{n_1 + n_2} \tag{5-14}$$

这时 $\sigma_{p_1 - p_2}$ 的最佳估计量为

$$\sigma_{p_1 - p_2} = \sqrt{\frac{p(1 - p)}{n_1} + \frac{p(1 - p)}{n_2}} = \sqrt{p(1 - p)\left(\frac{1}{n_1} + \frac{1}{n_2}\right)} \tag{5-15}$$

将式 $(5-15)$ 代入式 $(5-13)$，可以得到两个总体比例之差的检验统计量：

$$z = \frac{p_1 - p_2}{\sqrt{p(1 - p)\left(\dfrac{1}{n_1} + \dfrac{1}{n_2}\right)}} \tag{5-16}$$

第二种情况是检验两个总体比例之差是否等于某个常数，即 $H_0: \pi_1 - \pi_2 = d_0 (d_0 \neq 0)$。这时可直接用两个样本的比例 p_1 和 p_2 作为相应两个总体比例 π_1 和 π_2 的估计量，从而得到两个样本比例之差的检验统计量：

$$z = \frac{(p_1 - p_2) - d_0}{\sqrt{\dfrac{p_1(1 - p_1)}{n_1} + \dfrac{p_2(1 - p_2)}{n_2}}} \tag{5-17}$$

例 5-11　某大学准备针对学生管理出台一项政策，为了解男生和女生对这一政策的看法是否存在差异，分别抽取了 300 名男生和 200 名女生进行调查。男生表示赞成这项政策的比例为 32%，女生表示赞成这项政策的比例为 27%。调查者认为，男生中表示赞成这项政策的比例显著高于女生。取显著性水平为 0.05，样本提供的证据是否支持调查者的看法。

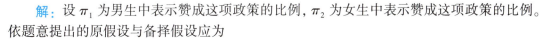

解：设 π_1 为男生中表示赞成这项政策的比例，π_2 为女生中表示赞成这项政策的比例。依题意提出的原假设与备择假设应为

$$H_0: \pi_1 - \pi_2 \leqslant 0; \quad H_1: \pi_1 - \pi_2 > 0$$

两个样本的比例分别为：$p_1 = 32\%$，$p_2 = 27\%$。

由于要检验男生中表示赞成这项政策的比例是否显著高于女生（不是检验两者的差值是多少），选择式（5-16）的计算结果作为检验统计量。首先计算两个样本的合并比例 p：

$$p = \frac{p_1 n_1 + p_2 n_2}{n_1 + n_2} = \frac{300 \times 0.32 + 200 \times 0.27}{300 + 200} = 0.3$$

由式（5-16）计算得检验统计量为

$$z = \frac{0.32 - 0.27}{\sqrt{0.3 \times (1 - 0.3) \times \left(\dfrac{1}{300} + \dfrac{1}{200} \right)}} = 1.212\,7$$

由 SPSS 函数"1-CDF. NORMAL(1.2127，0，1)"得 $P = 0.112\,6 > \alpha$，不拒绝原假设，认为没有证据证明男生中表示赞成这项政策的比例显著高于女生。

例 5-12　生产同一种产品有两种工艺，工艺 1 的生产成本高而次品率较低，工艺 2 的生产成本低而次品率较高。管理人员在选择生产工艺时决定对两种工艺的次品率进行对比，如果工艺 1 比工艺 2 的次品率低 10% 以上，则采用工艺 1，否则就采用工艺 2。管理人员从工艺 1 和工艺 2 生产的产品中各随机抽取 200 件，分别发现有 32 件次品和 74 件次品。用显著性水平 0.01 进行检验，说明管理人员应采用哪种工艺进行生产。

解：设 π_1 为工艺 1 的次品率，π_2 为工艺 2 的次品率。依题意提出的原假设与备择假设应为

$$H_0: \pi_1 - \pi_2 \geqslant 10\%; \quad H_1: \pi_1 - \pi_2 < 10\%$$

两个样本的比例分别为：$p_1 = 16\%$，$p_2 = 37\%$。

由于要检验工艺 1 的次品率是否比工艺 2 低 10%，选择式（5-17）的计算结果作为检验统计量，计算结果为

$$z = \frac{0.16 - 0.37 - 0.1}{\sqrt{\dfrac{0.16 \times (1 - 0.16)}{200} + \dfrac{0.37 \times (1 - 0.37)}{200}}} = -7.311\,3$$

由 SPSS 函数"CDF. NORMAL(-7.3113，0，1)"得 $P = 1.3\mathrm{e} - 13 < \alpha$，拒绝原假设。表明工艺 1 比工艺 2 的次品率显著低 10% 以上，因此采用工艺 1 进行生产。

5.4　总体方差的检验

研究一个总体时，总体方差 σ^2 的检验采用 χ^2 统计量。研究两个总体时，两个总体的方差比（σ_1^2 / σ_2^2）的检验采用 F 统计量。

5.4.1　单个总体方差的检验

在生产和生活的许多领域，仅仅保证观测到的样本均值维持在特定水平范围内并不意

味着整个过程就是正常的，方差的大小是否适度是需要考虑的另一个重要因素。一个方差大的产品自然意味着其质量或性能不稳定。相同均值的产品，方差小的自然要好一些。与总体方差的区间估计类似，总体方差的检验也使用 χ^2 分布。此外，进行总体方差的检验，无论样本量 n 是大还是小，都要求总体服从正态分布。设假设的总体方差为 σ_0^2，则检验的统计量为

$$\chi^2 = \frac{(n-1)s^2}{\sigma_0^2} \tag{5-18}$$

对于给定的显著性水平 α，双侧检验的拒绝域如图 5-8 所示，单侧检验的拒绝域在分布一侧的尾部。

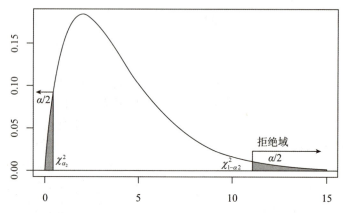

图 5-8　显著性水平为 α 时双侧检验的临界值和拒绝域

例 5-13　一家饮料生产企业采用自动生产线来灌装饮料，每瓶的装填量为 550 mL，但由于受某些不可控因素的影响，每瓶的装填量会有差异。此时，不仅每瓶饮料的平均装填量很重要，装填量的方差 σ^2 也同样重要。如果 σ^2 很大，则会出现装填量太多或太少的情况，这样，要么生产企业成本较高，要么消费者不满意。假定生产标准规定每瓶饮料的装填量的标准差不应超过 5 毫升。企业质检部门抽取了 15 瓶啤酒进行检验，得到样本标准差 $s=4$ mL。以 0.05 的显著性水平检验该啤酒装填量的标准差是否符合要求。

解：依题意提出如下假设：

$$H_0:\ \sigma^2 \leqslant 25;\ H_1:\ \sigma^2 > 25$$

由式(5-18)计算得检验统计量为

$$\chi^2 = \frac{(15-1) \times 4^2}{5^2} = 8.96$$

由于本题为右侧检验，需要计算出 χ^2 分布的右尾概率，由 SPSS 函数"1-CDF. CHISQ (8.96, 14)"得 $P=0.8336 > 0.05$，不拒绝原假设。样本提供的证据还不足以推翻原假设，没有证据表明饮料装填量的标准差不符合要求。

*5.4.2　两个总体方差之比的检验

在对两个总体的方差进行比较时，通常将原假设与备择假设的基本形式表示为两个总体方差比值与数值 1 之间的比较关系。由于两个样本方差比（s_1^2/s_2^2）是两个总体方差比（σ_1^2/σ_2^2）的理想估计量，当样本量为 n_1 和 n_2 的两个样本分别独立地抽两个正态总体时，检

验统计量为

$$F = \frac{s_1^2}{s_2^2} \quad 或 \quad F = \frac{s_2^2}{s_1^2} \tag{5-19}$$

例 5-14　一家公司准备一场庆祝活动，需要采购一批灯具，现计划从两个厂家中选择一家，两个厂家生产的灯具使用寿命差别不大，价格也相近，考虑的主要因素就是灯具使用寿命的方差大小。如果方差相同，就选择距离较近的厂家。因此，公司管理者对两个厂家提供的 10 个样品进行了检测，得到的数据如表 5-8 所示。

表 5-8　两个厂商灯具使用寿命的样本数据　　　　　单位：小时

厂家 1	厂家 2
5 763	5 945
5 851	5 803
5 789	5 864
5 796	5 851
5 818	5 714
5 685	5 943
5 602	5 830
5 841	5 858
5 723	5 922
5 757	5 866

在显著性水平为 0.05 时，检验两个厂商生产的灯具使用寿命的方差是否有显著差异。

解：将厂商 1 作为样本 1，将厂商 2 作为样本 2。现在感兴趣的是两个总体方差是否存在显著差异，因而为双侧检验问题。建立的原假设与备择假设为

$$H_0: \frac{\sigma_1^2}{\sigma_2^2} = 1; \quad H_1: \frac{\sigma_1^2}{\sigma_2^2} \neq 1$$

由样本数据得 $s_1^2 = 5\ 806.278$，$s_2^2 = 4\ 839.822$。

由式(5-19)计算得检验统计量为

$$F = \frac{s_1^2}{s_2^2} = \frac{5\ 806.278}{4\ 839.822} = 1.199\ 6$$

由 SPSS 函数"$2 \times (1 - CDF.F(1.1996, 9, 9))$"得 $P = 0.790\ 8 > \alpha$，不拒绝原假设，认为没有证据证明两个厂商生产的灯具使用寿命的方差有显著差异。

练习题

5.1　对 500 名学生进行的关于使用手机的调查显示，学生平均每天使用手机时间为 8 小时，标准差为 3 小时。据报道，10 年前学生平均每天使用手机的时间是 6 小时。请问，取显著性水平为 0.01，这个调查能否证明学生平均每天使用手机的时间增加了？

5.2 一车床工人需要加工各规格的配件，已知加工一个配件所需的时间服从正态分布，均值为21分钟，标准差为2.2分钟。现希望测定是否由于对工作的厌烦影响了他的工作效率。今测得的数据如表5-9所示。

表5-9 测得的数据 单位：分钟

20.03	19.89	21.33	21.76	20.55	20.88	19.42	19.05
18.21	19.66	20.44	20.13	20.94	18.98	22.05	20.85
19.97	20.90	23.64	25.89	22.42	19.76	19.32	18.22
23.32	17.11	17.55	24.01	23.33	22.95	21.77	22.88

当显著性水平为0.05时，能否认为该配件的平均值显著低于过去的平均值？

5.3 某工厂的经理主张新来的雇员在参加某项工作之前，至少需要培训200小时才能成为独立工作者，为了检验这一主张的合理性，随机选取20名雇员询问他们独立工作之前所经历的培训时间并记录，如表5-10所示。

表5-10 20名雇员独立工作前所经历的培训时间 单位：小时

208	180	232	168	212
208	254	229	230	181
199	213	222	188	189
201	210	195	201	190

(1)假设雇员的培训时间服从正态分布，检验雇员是否能成为独立工作者。①假设总体方差为420小时，$\alpha = 0.01$；②假设总体方差未知，$\alpha = 0.05$。

(2)检验雇员培训时间的方差是否大于400小时，显著性水平为0.05。

5.4 针对中国消费者的一项调查表明，19%的人早餐饮用豆浆。某城市的豆浆生产商认为，该城市居民早餐饮用豆浆的比例更高。为验证这一说法，生产商随机抽取400人作为一个随机样本，其中95人早餐饮用豆浆。在显著性水平为0.05的情况下，检验该生产商的说法是否属实。

5.5 某产品包装车间包装产品有两种包装方法，按原来的经验，两种方法平均包装时间之差不超过3分钟，两种方法包装的独立样本产生所示结果如表5-11。

表5-11 两种方法包装的独立样本的有关计算结果

方法1	方法2
$n_1 = 80$	$n_1 = 60$
$\bar{x}_1 = 7.5$	$\bar{x}_2 = 4$
$s_1 = 0.5$	$s_2 = 0.4$

取显著性水平为0.05，检验两种方法平均包装时间之差是否不超过3分钟。

5.6 为研究小企业经理是否认为自己获得了成功，随机抽取小企业经理进行调查。在随机抽取的150位小企业的女性经理中，认为自己成功的为30人；在对130位男性经理的调查中，认为自己成功的为35人。在显著性水平为0.05的情况下，检验男性与女性经理认为自己成功的人数是否有显著差异。

5.7 为比较新旧两种肥料对农作物产量的影响，以便决定是否使用新肥料，研究者选择了面积相等、土壤等条件相同的 32 个地块，施用新、旧肥料各 16 个地块，得到的产量如表 5-12 所示。

表 5-12 施用新旧两种肥料得到的产量　　　　　　　　　单位：千克

旧肥料		新肥料	
98	102	105	112
103	104	109	100
97	99	111	105
101	90	115	106
95	103	98	117
88	105	107	111
100	106	110	103
105	108	119	119

当显著性水平为 0.05 时，检验：

(1) 施用新肥料获得的平均产量是否显著高于施用旧肥料；

(2) 施用两种肥料获得的产量的方差是否存在显著差异。

类别变量分析

知识目标

- 了解 χ_2 检验的作用；
- 理解类别变量分析的原理；
- 理解不同情形类别变量分析的区别。

能力目标

- 掌握单个类别变量的拟合优度检验方法；
- 掌握两个类别变量的独立性检验方法。

素质目标

- 学习类别数据分析时，要选择合适的数据分析方法；
- 通过本章的学习，学生应能树立正确的人生观、价值观、世界观。

想 一 想

◆众所周知，网络购物满意度与商品质量、价格等诸多因素有关，那么网络购物满意度与消费者所在地区有关系吗？

◆多数人认为，男生更喜欢玩网络游戏，你认为是否成为网络游戏玩家与性别有关吗？

分析实际问题时，人们常常遇到类别变量，如职业、地区、消费者偏好等。类别变量的取值是各个类别，对这些类别的描述性分析主要是计算比例、比率等统计量，而推断性分析则是根据各类别的频数利用 χ^2 分布进行检验，因此也称为 χ^2 检验，其内容包括 χ^2 拟

合优度检验和 χ^2 独立性检验等。

6.1 单个类别变量的拟合优度检验

当只研究一个类别变量时，可以利用 χ^2 检验来判断各类别的观察频数与某一期望频数或理论频数是否一致。例如，各季度的商品销售额是否符合均匀分布，不同地区的离婚率是否有显著差异等，这就是 χ^2 拟合优度检验(Goodness of Fit Test)。该检验利用 χ^2 统计量来判断某个类别变量各类别的观察频数分布与某一期望频数或理论频数是否一致，它也可用于判断各类别的观察频数分布是否符合某一理论分布，如泊松分布或正态分布等。

6.1.1 期望频数相等

6-01 单个类别变量的拟合优度检验(期望频数相等)

为更好地解释拟合优度检验，下面引入一个例子。

例 6-1 某儿童牙膏生产商为研究儿童对不同口味的牙膏是否有存在明显偏好，随机调查了 1 000 名年龄为 6~10 岁儿童对 4 种口味牙膏的偏好情况，得到对不同口味牙膏的偏好数据，如表 6-1 所示。

表 6-1 1 000 名年龄为 6~10 岁儿童对 4 种口味牙膏的偏好数据

牙膏口味	偏好人数
草莓味	323
香橙味	289
菠萝味	215
哈密瓜味	173
合 计	1 000

表 6-1 中的口味就是类别变量，共有 4 个类别，每个类别的偏好人数称为观察频数(Observed Frequency)，即类别变量各取值的实际频数。如果儿童对各类牙膏没有明显偏好，则各类别观察频数应该是相等或近似相等的，也就是不同口味牙膏的儿童人数都是250 人(1 000/4)，这就是各类别的期望频数(Expected Frequency)或理论频数。如果调查者想分析儿童对不同口味牙膏的偏好是否有显著差异，实际上就是检验观察频数与期望频数是否一致。因此，拟合优度检验也称为一致性检验(Test of Homogeneity)。该检验使用的是 χ^2 统计量，这是由英国统计学家卡尔·皮尔逊(Karl Pearson)于 1900 年提出的。因此，拟合优度检验所使用的统计量也称为 Pearson χ^2。其计算公式为

$$\chi^2 = \sum \frac{(f_0 - f_e)^2}{f_e} \tag{6-1}$$

式中，f_0 为观察频数；f_e 为期望频数。该统计量服从自由度为 $(k-1)$ 的 χ^2 分布，k 为类别个数。如果统计量 $\chi^2 = 0$，则表明观察频数与期望频数完全一致；如果 $\chi^2 \neq 0$，则表明观察频数与期望频数之间存在显著差异，且 χ^2 值越大，差异就越显著。

下面我们来检验儿童对牙膏口味的偏好是否有显著差异（$\alpha = 0.05$）。

解：具体步骤如下。

第1步：提出假设。

H_0：观察频数与期望频数无显著差异（无显著偏好）；H_1：观察频数与期望频数有显著差异（有显著偏好）

第2步：计算检验统计量χ^2。如果儿童对不同口味牙膏的偏好无显著差异，则意味着各期望频数相等，即不同口味牙膏的期望频数为250。χ^2统计量的计算如表6-2所示。

表6-2 χ^2统计量的计算

牙膏口味	观察频数 f_0	期望频数 f_e	$(f_0 - f_e)^2 / f_e$
草莓味	323	250	21.316
香橙味	289	250	6.084
菠萝味	215	250	4.900
哈密瓜味	173	250	23.716
合计	1 000	1 000	56.016

第3步：做出决策。$\chi^2 = 56.016$，自由度为$4 - 1 = 3$，由SPSS函数"1−CDF.CHISQ（56.016，3）"得P值（右侧概率）几乎为0，由于$P < \alpha$，拒绝原假设，表明儿童对不同口味牙膏的偏好存在显著差异。

上述检验结果可直接由SPSS输出，下面给出了具体的操作步骤。

第1步：选择【数据】→【个案加权】→【个案加权系数】，弹出【个案加权】对话框，将"人数"移入【频数变量】列表框，单击【确定】按钮，如图6-1所示。

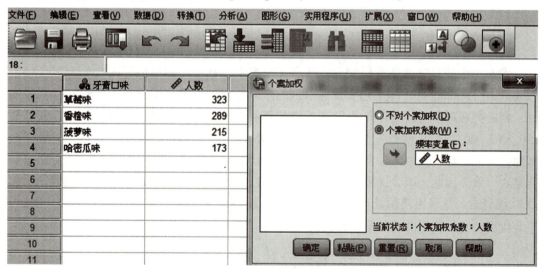

图6-1 【个案加权】对话框

第2步：选择【分析】→【非参数检验】→【卡方】，进入主对话框，如图6-2所示。

第3步：先将频数变量移入【检验变量列表】列表框，再单击【确定】按钮。

图 6-2 【卡方检验】对话框

由 SPSS 输出的检验结果如表 6-3 和表 6-4 所示。

表 6-3 1 000 名儿童对不同口味牙膏偏好的频数分布

牙膏品味	实测个案数	期望个案数	残差
哈密瓜味	173	250. 0	−77. 0
菠萝味	215	250. 0	−35. 0
香橙味	289	250. 0	39. 0
草莓味	323	250. 0	73. 0
总计	1 000	—	—

表 6-4 1 000 名儿童对不同口味牙膏偏好的拟合优度检验

统计类型	人数
卡方	56. 016[a]
自由度	3
渐近显著性	0. 000

注：a. 0 个单元格(0.0%)的期望频率低于 5。期望的最低单元格频率为 250.0。

表 6-3 给出了按从小到大排序的各类口味牙膏的观察频数、相应的期望频数以及观察频数与期望频数的残差值(观察频数−期望频数)。表 6-4 给出了 χ^2 统计量的值、自由度和渐近显著性。由于 $P = 0 < \alpha$，拒绝原假设，表明儿童对牙膏口味的偏好有显著差异。

6.1.2 期望频数不等

在例6-1中，各类别的期望频数是相等的。当各类别的期望频数不相等时，也可以进行拟合优度检验，这时需要先计算出各类别的期望频数。

例6-2 一项社会学研究认为，离婚率的高低与受教育程度有关，而且由于社会经济发展程度及生活方式等因素的影响，不同地区的离婚率也存在一定的差异。针对全国离婚家庭样本的研究发现，在离婚家庭中，受教育程度在小学及以下家庭所占的比例为20%，初中家庭为35%，高中家庭为25%，大学家庭为12%，研究生家庭为8%。在对南方地区300户离婚家庭的调查中，不同受教育程度的离婚家庭的分布如表6-5所示。

6-02 单个类别变量的拟合优度检验（期望频数不等）

表6-5　南方地区不同受教育程度的离婚家庭调查数据　　　　　　　单位：户

受教育程度	离婚家庭数
小学及以下	34
初中	113
高中	96
大学	33
研究生	24
合计	300

检验南方地区不同受教育程度的离婚家庭数与期望频数是否一致（$\alpha = 0.05$）。

解： 具体步骤如下。

第1步：提出假设。这里将全国的调查比例作为期望比例，所关心的问题是南方地区不同受教育程度的离婚家庭数与它的期望频数是否一致，因此提出的假设为

H_0：不同受教育程度的离婚家庭数与期望频数无显著差异；H_1：不同受教育程度的离婚家庭数与期望频数有显著差异

第2步：计算期望频数和检验统计量。虽然期望比例是已知的，但期望频数需要计算。如果南方地区不同受教育程度的离婚家庭数与期望的一样，那么，在300户离婚家庭中，不同受教育程度的离婚家庭所占的比例应该与全国的期望比例一致。因此，用期望比例乘以总的观察频数(样本量)即得到期望频数，计算结果如表6-6表示。

表6-6　南方地区不同受教育程度的离婚家庭的频数分布表

受教育程度	观察频数	期望比例/%	期望频数
小学及以下	34	20	60
初中	113	35	105
高中	96	25	75
大学	33	12	36
研究生	24	8	24
合计	300	100	300

有了期望频数，就可以计算检验的 χ^2 统计量了，结果如表6-7所示。

表 6-7 南方地区不同受教育程度的离婚家庭的拟合优度检验

受教育程度	观察频数 f_0	期望频数 f_e	$(f_0 - f_e)^2/f_e$
小学及以下	34	60	11.266 666 67
初中	113	105	0.609 523 81
高中	96	75	5.88
大学	33	36	0.25
研究生	24	24	0
合计	300	300	18.006 190 48

第 3 步：做出决策。$\chi^2 = 18.006\ 2$，自由度为 $5-1=4$，根据 SPSS 函数"1-CDF.CHISQ (18.006 2, 4)"得 P 值（右侧概率）为 0.001。由于 $P < \alpha$，拒绝原假设，表明南方地区不同受教育程度的离婚家庭数与期望频数有显著差异。

上述检验结果可直接由 SPSS 输出，下面给出了具体操作步骤。

第 1 步：先将各类别的观察频数按升序进行排序，然后指定"观察频数"变量。

第 2 步：选择【数据】→【个案加权】→【个案加权系数】，弹出【个案加权】对话框，将"离婚家庭数"移入【频数变量】列表框，单击【确定】按钮。

第 3 步：选择【分析】→【非参数检验】→【卡方】，进入主对话框，如图 6-3 所示。

第 4 步：将频数变量移入【检验变量列表】列表框。

第 5 步：在【期望值】选项组下选中【值】单选按钮，并将相应的期望比例依次输入文本框内并单击【添加】（每次只能输入 1 个，然后单击【添加】按钮，再输入另一个，再单击【添加】按钮，以此类推）。最后，单击【确定】按钮。

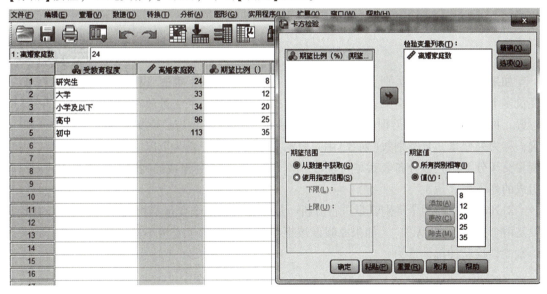

图 6-3 【卡方检验】对话框

SPSS 输出的检验结果如表 6-8 和表 6-9 所示。

表 6-8　南方地区不同受教育程度的离婚家庭的频数分布

学历	实测个案数	期望个案数	残差
研究生	24	24.0	0.0
大学	33	36.0	−3.0
小学及以下	34	60.0	−26.0
高中	96	75.0	21.0
初中	113	105.0	8.0
总计	300		

表 6-9　南方地区不同受教育程度的离婚家庭的拟合优度检验

统计类型	观察频数
卡方	18.006[a]
自由度	4
渐近显著性	0.001

注：a.0 个单元格（0.0%）的期望频率低于 5。期望的最低单元格频率为 24.0。

表 6-9 给出的检验统计量及其显著性水平与手工计算的结果相同。

* 6.2　两个类别变量的独立性检验

对于两个类别变量的推断性分析，主要是检验两个变量是否独立，这就是 χ^2 独立性检验（Test of Independence）。

6.2.1　列联表与 χ^2 独立性检验

6-03 两个类别变量的独立性检验

如果研究的是两个类别变量，每个变量上有多个类别，则通常将两个变量多个类别的频数用交叉表的形式表示出来。其中，一个变量放在行的位置，称为行变量，其类别数（行数）用 r 表示；另一个变量放在列的位置，称为列变量，其类别数（列数）用 c 表示。这种由两个或两个以上类别变量交叉分类的频数分布表就是列联表。一个由 r 行或 c 列组成的列联表也称为由 $r \times c$ 列组成的列联表。

对列联表中的两个类别变量进行分析，通常是判断两个变量是否独立。该检验的原假设是两个变量独立（无关），如果原假设被拒绝，则表明两个变量不独立或两个变量相关。χ^2 独立性检验的统计量为

$$\chi^2 = \sum \sum \frac{(f_0 - f_e)^2}{f_e} \qquad (6-2)$$

式中，f_0 为观察频数；f_e 为期望频数，期望频数的计算公式见式（6-4）。该统计量服从自由度为 $(r-1)(c-1)$ 的 χ^2 分布（r 为行数，c 为列数）。

下面通过一个例子来说明 χ^2 独立性检验的具体过程。

例 6-3 某购物网站想知道在本网站购物客户的所在地区，由此来研究不同地区与网购满意度是否有关。为此，相关工作人员随机抽取了 400 人，调查了他们对该网站的购物满意度，具体情况如表 6-10 所示。

表 6-10 不同地区网购满意度调查数据

满意度	地区			合计
	东部	中部	西部	
满意	109	136	23	268
不满意	25	63	44	132
合计	134	199	67	400

当显著性水平为 0.05 时，检验网购满意度与地区是否独立。

解：第 1 步：提出假设。

H_0：满意度与地区独立；H_1：满意度与地区不独立

第 2 步：计算期望频数与检验统计量。

要计算检验统计量，关键是计算出期望频数。如果两个变量独立，则两个变量各类别交叉项的概率可根据独立事件的概率乘法公式求得。

设给定单元格所在行的合计数为 RT。所在列的合计数为 CT，任意给定单元格（例如第 i 行第 j 列的单元格 $r_i c_j$）的概率为

$$P(r_i c_j) = P(r_i) \cdot P(c_j) = \frac{RT}{n} \cdot \frac{CT}{n} \tag{6-3}$$

用式 (6-3) 乘以总观察频数（样本量 n）可以得到任意单元格的期望频数：

$$f_e = \frac{RT}{n} \cdot \frac{CT}{n} \cdot n \tag{6-4}$$

例如，第 1 个单元格的期望频数为

$$f_1 = \frac{268}{400} \times \frac{134}{400} \times 400 = 89.78$$

按上述步骤计算的各单元格的期望频数如表 6-11 所示。

表 6-11 满意度与地区的单元格期望频数计算表

满意度	地区			合计
	东部	中部	西部	
满意	109 （89.78）	136 （133.33）	23 （44.89）	268
不满意	25 （44.22）	63 （65.67）	44 （22.11）	132
合计	134	199	67	400

将每个单元格的 $(f_0 - f_e)^2 / f_e$ 加起来，便可得到按式 (6-2) 计算的 χ^2 统计量：

$$\chi^2 = \frac{(109 - 89.78)^2}{89.78} + \frac{(136 - 133.33)^2}{133.33} + \frac{(23 - 44.89)^2}{44.89} +$$

$$\frac{(25 - 44.22)^2}{44.22} + \frac{(63 - 65.67)^2}{65.67} + \frac{(44 - 22.11)^2}{22.11}$$

$$= 44.977\ 1$$

第 3 步：做出决策。$\chi^2 = 44.977\ 1$，自由度为 $(2-1)$ × $(3-1) = 2$，根据 SPSS 函数"1-CDF. CHISQ（44.9771, 2）"得 $P = 0.000$。由于 $P < \alpha$，拒绝原假设，认为满意度与地区不独立，或者说满意度与地区有关。

上述检验结果可直接由 SPSS 输出，下面给出了具体的操作步骤。

第 1 步：选择【分析】→【描述统计】→【交叉表】，进入主对话框。

第 2 步：将行变量移入【行】列表框，将列变量移入【列】列表框（行和列可以互换）。

第 3 步：单击【统计】按钮，弹出【交叉表：统计】对话框，并勾选【卡方】复选框，单击【继续】按钮返回主对话框，如图 6-4 所示；单击【单元格】按钮，弹出【交叉表：单元格显示】对话框，在【计数】选项组下勾选【期望】和【实测】复选框，单击【继续】按钮返回主对话框，如图 6-5 所示。

图 6-4 【交叉表：统计】对话框

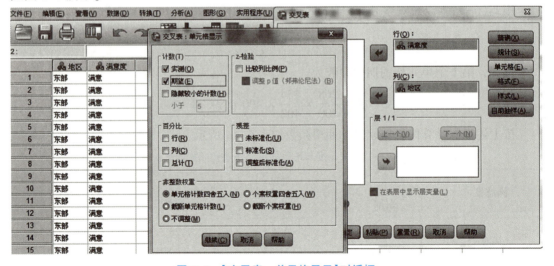

图 6-5 【交叉表：单元格显示】对话框

由 SPSS 输出的检验结果如表 6-12 和表 6-13 所示。

表 6-12 满意度与地区的频数分布表

满意度			地区			总计
			东部	西部	中部	
满意度	不满意	计数	25	44	63	132
		期望计数	44.2	22.1	65.7	132.0
	满意	计数	109	23	136	268
		期望计数	89.8	44.9	133.3	268.0
总计		计数	134	67	199	400
		期望计数	134.0	67.0	199.0	400.0

表 6-13 满意度与地区的 χ^2 独立性检验

检验指标	值	自由度	渐进显著性(双侧)
皮尔逊卡方	44.977[a]	2	0.000
似然比	43.734	2	0.000
有效个案数	400	—	—

注：a. 0 个单元格(0.0%)的期望频数小于 5。最小期望频数为 22.11。

表 6-13 中给出的皮尔逊卡方统计量及渐近显著性与手工计算的结果相同。

6.2.2 应用 χ^2 检验的注意事项

应用 χ^2 检验时，要求样本量应足够大，特别是每个单元格的期望频数不能太小，否则应用 χ^2 检验可能会得出错误的结论。从 χ^2 统计量的公式可以看出，期望频数 f_e 在公式的分母上，如果某个单元格的期望频数过小，则 χ^2 统计量的值就会很大，从而导致拒绝原假设。因此，应用 χ^2 检验时，对单元格的期望频数有以下要求。

(1)如果仅有两个单元格，则单元格的最小期望频数不应小于 5，否则便不能进行 χ^2 检验。

(2)如果有两个以上的单元格，则期望频数小于 5 的单元格不能超过单元格总数的 20%，否则不能进行 χ^2 检验。如果出现期望频数小于 5 的单元格超过单元格总数的 20%，则可以采取合并类别的方法来解决这一问题。

在前面的例子中，每个单元格的期望频数均大于 5，因此可以进行 χ^2 检验。SPSS 输出的结果中会标注期望频数的情况。例如，表 6-13 中标出了单元格的期望频数没有小于 5 的，最小期望频数为 22.11。

* 6.3 两个类别变量的相关性度量

如果 χ^2 独立性检验拒绝了原假设，则表明两个变量不独立，这意味着它们之间存在一定的相关性。这时，可以进一步测度它们之间的关联程度，使用的统计量主要有 φ 系数（φ Coefficient）、Cramer's V 系数（Cramer's V Coefficient）、列联系数（Contingency Coefficient）等，这些系数的计算均以 χ^2 统计量的值为基础。

6.3.1　φ 系数和 Cramer's V 系数

1. φ 系数

φ 系数主要用于 2×2 列联表的相关性度量，计算公式为

$$\varphi = \sqrt{\frac{\chi^2}{n}} \tag{6-5}$$

式中，χ^2 是按式（6-2）计算出的；n 为列联表的总频数，即样本量。

对于 2×2 列联表，φ 系数的取值范围在 0~1 之间。φ 越接近 1，表明两个变量之间的关系越强；越接近 0，表明关系越弱。但是，当列联表的行数或列数大于 2 时，φ 系数会随着行数或列数的增加而变大，而且没有上限。这时，φ 系数的含义不容易解释清楚。

例如，根据例 6-3 的计算结果得到的满意度与地区两个变量之间的 φ 系数为

$$\varphi = \sqrt{\frac{\chi^2}{n}} = \sqrt{\frac{44.9771}{400}} = 0.3353$$

满意度与地区之间的相关系数为 0.3353，而且检验结果是显著的（表 6-13 给出的检验 P 值接近 0），说明两者之间有显著的关系，这与例 6-3 的 χ^2 独立性检验的结论是一致的。

2. Cramer's V 系数

Cramer's V 系数是由克拉默（Cramer）提出的，计算公式为

$$V = \sqrt{\frac{\chi^2}{n\min[(r-1),(c-1)]}} \tag{6-6}$$

式中，χ^2 是按式（6-2）计算出的；n 为列联表的总频数，即样本量；r 为行数，c 为列数，$\min[(r-1),(c-1)]$ 表示 $(r-1)$ 和 $(c-1)$ 中较小的一个。

Cramer's V 系数的取值范围为 0~1。当两个变量独立时，$V = 0$；当两个变量完全相关时，$V = 1$。如果列联表的行数或列数为 2，则 Cramer's V 系数就等于 φ 系数。例如，根据例 6-3 的计算结果得到的满意度与地区两个变量之间的 Cramer's V 系数为

$$V = \sqrt{\frac{\chi^2}{n(2-1)}} = \sqrt{\frac{44.9771}{400 \times 1}} = 0.3353$$

其结果与 φ 系数一致。

6.3.2　列联系数

列联系数主要用于维数大于 2×2 列联表的相关性度量，用 C 表示。其计算公式为

$$C = \sqrt{\frac{\chi^2}{\chi^2 + n}} \tag{6-7}$$

从式 (6-7) 中可以看出，列联系数不可能大于或等于 1。当两个变量独立时，$C = 0$，但即使两个变量完全相关，列联系数也不可能等于 1。因此，对列联系数的含义不容易解释。例如，根据例 6-3 的计算结果得到的满意度与地区两个变量之间的列联系数为

$$C = \sqrt{\frac{44.977\ 1}{44.977\ 1 + 400}} = 0.317\ 9$$

上述 3 个相关性度量的统计量均可以由 SPSS 直接输出，下面给出了具体的操作步骤。

第 1 步：选择【分析】→【描述统计】→【交叉表】，进入主对话框。

第 2 步：将行变量移入【行】列表框，将列变量移入【列】列表框（行和列可以互换）。

第 3 步：单击【统计】按钮，弹出【交叉表：统计】对话框，在【名义】选项组下勾选【列联系数】和【Phi 和克莱姆 V】复选框，单击【继续】按钮返回主对话框，如图 6-6 所示。

由 SPSS 输出的度量结果如表 6-14 所示，相关性度量的 3 个系数的显著性检验结果显著，这表明满意度与地区两个变量不独立，即它们之间存在显著相关性。

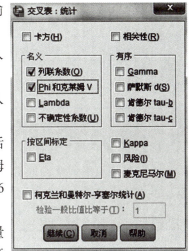

图 6-6　【交叉表：统计】对话框

表 6-14　满意度与地区的相关性度量

系数		值	渐进显著性
名义到名义	Phi	0.335	0.000
	克莱姆 V	0.335	0.000
	列联系数	0.318	0.000
有效个案数		400	—

6.1　一家饮料生产企业想了解近一年中每个月的销售量是否服从均匀分布，以便更加合理地安排生产。该企业的销售部门调查了过去一年中每个月的销售量，得到如表 6-15 所示的数据。

表6-15　某企业过去一年中每个月的销售量　　　　　　　　　　　　单位：箱

月份	销售量
1	1 425
2	1 400
3	1 374
4	1 215
5	1 415
6	1 388
7	1 459
8	1 520
9	1 580
10	1 610
11	1 410
12	1 360

检验不同月份的销售量是否存在差异（$\alpha=0.05$）。

6.2　一家广播电台新推出一档咨询节目，前期预想不同年龄段听众人数如表6-16所示。为了解该档咨询节目的听众比例与预期是否一致，本次随机调查了不同年龄段的听众，并以此来检验起初的想法。

表6-16　前期预想不同年龄段听众人数

年龄段	人数	期望比例/%
20 岁以下	40	16
20~29 岁	220	30
30~39 岁	140	23
40~49 岁	80	17
50 岁以上	20	14

能否认为该档咨询节目的听众与预期比例一致（$\alpha=0.05$）。

6.3　为研究大学生的旷课情况，某学校的老师进行了一次随机调查，得到的学生旷课情况的汇总表如表6-17所示。

表6-17　学生旷课情况

是否旷过课	男生	女生	合计
旷过课	30	34	64
未旷过课	26	50	76
合计	56	84	140

检验旷课与学生性别是否独立（$\alpha=0.05$）。

6.4 为研究上市公司对其股价波动的关注程度，一家研究机构对在主板、中小板和创业板上市的 200 家公司进行了调查，得到如表 6-18 所示的信息。

表 6-18 不同类型上市公司对股价波动的关注程度

上市公司的类型	关注	不关注
主板公司	50	75
中小板公司	30	17
创业板公司	20	8

（1）检验上市公司的类型与对股价波动的关注程度是否独立（$\alpha = 0.05$）。

（2）计算上市公司的类型与股价波动的关注程度这两个变量之间的 φ 系数、Cramer's V 系数和列联系数，并分析其相关程度。

第7章　方差分析

知识目标

- 理解方差分析的原理；
- 理解方差分析的假定及检验的作用；
- 清楚方差分析的适用情形。

能力目标

- 掌握单因子方差分析的方法；
- 掌握双因子方差分析的方法。

素质目标

- 提高学生理论与实践相结合的能力，能将方差分析方法用于统计实验设计与分析，解决实际问题；
- 培养学生养成认真负责、实事求是的工匠精神。

想 一 想

◆ 职工收入受多种因素的影响，如学历、职称、工龄等。那么，应该怎样分析学历和职称对职工收入的影响呢？

◆ 众所周知，某品牌手机销售量受诸多因素影响，如地区、满意度、价格、功能等。要想研究满意度及地区对该品牌手机销售量的影响，应该如何去做呢？

7.1 方差分析的基本原理

方差分析是从 20 世纪 70 年代开始发展起来的一种统计方法，其基本原理是由英国统计学家费希尔在进行实验设计时为解释实验数据而率先引入的。目前，方差分析广泛应用于分析心理学、生物学、工程和医药等的实验数据方面。本章首先介绍方差分析的基本原理，然后介绍单因子方差分析和双因子方差分析方法。

7.1.1 什么是方差分析

方差分析(Analysis of Variance，ANOVA)是分析各类别自变量对数值因变量影响的一种统计方法。自变量对因变量的影响也称为自变量效应(Effect)。由于影响效应的大小体现为因变量的误差里有多少是由自变量造成的，方差分析通过对数据误差的分析来检验这种效应是否显著。为便于理解有关概念，先举一个简单的例子。

例 7-1 为分析水稻品种对产量的影响，一家研究机构挑选了 3 个水稻品种，即品种 1、品种 2、品种 3，然后选择条件和面积相同的 30 个地块，将每个品种在 10 个地块上试种，实验获得产量的数据如表 7-1 所示。

表 7-1　3 个水稻品种产量的实验数据　　　　　　　　　　单位：千克

品种 1	品种 2	品种 3
79	69	74
80	70	77
77	70	75
79	64	74
76	70	76
87	75	87
90	79	85
85	75	82
83	71	85
84	77	85

在表 7-1 中，"水稻品种"是类别变量，称为实验的因子(Factor)，品种 1、品种 2、品种 3 是因子的 3 个不同取值，称为处理(Treatment)或水平(Level)。这里的"地块"就是接受处理的对象或实体，称为实验单元(Experiment Unit)。产量则是因变量，而每个地块获得的产量就是样本观测值。分析水稻品种产量影响的统计方法就是方差分析。

7.1.2 误差分解

怎样分析水稻品种对产量是否有显著影响呢？由于水稻品种对产量的影响效应体现在产量取值的误差里，应从对数据误差的分析入手。方差分析的基本原理就是通过对数据误差的分析来判断类别自变量（水稻品种）对数值因变量（产量）的影响效应是否显著。

应该怎样分析数据的误差呢？从表7-1中可以看出，每个品种（每种处理）各有10个实验数据，这些数据实际上是从每个品种的产量总体中抽出来的一个随机样本，即每个品种各抽取一个样本量为10的随机样本，共获得3个样本的30个实验数据。可以看出，这30个实验数据是不同的，我们把反映全部观测数据的误差称为总误差（Total Error）。本例中，总误差反映了全部30个观测数据误差的大小。

总误差可能是由不同处理（水稻的不同品种）造成的，也可能是由其他随机因素（如抽样的随机性）造成的。由不同处理造成的误差称为处理误差（Treatment Error）或处理效应（Treatment Effect）。在本例中，处理误差反映了不同水稻品种对产量的影响。由于处理误差来自不同的处理，因此有时也称为组间误差（Between-group Error）。由其他随机因素对观测数据造成的误差称为随机误差（Random Error），简称为误差。本例中，随机误差反映了除品种以外的其他随机因素对产量的影响。由于随机误差主要存在于每种处理的内部（当然也可能存在于不同处理之间），有时也称为组内误差（Within-group Error）。

在统计中，数据的误差通常用平方和（Sum of Squares）来表示，记为SS。反映全部数据总误差大小的平方和称为总平方和（Sum of Squares for Total），记为SST。例如，所抽取的全部30个地块的产量之间的误差平方和就是总平方和，它反映了全部产量的总离散程度。反映处理误差大小的平方和称为处理平方和（Treatment Sum of Squares），也称为组间平方和（Between-group Sum of Squares）、残差平方和（Residual of Squares，详见第8章）记为SSA（这里把因子记为A）。例如，不同品种之间产量的误差平方和就是处理平方和。反映随机误差大小的平方和称为误差平方和（Sum of Squares of Error），也称为组内平方和（Within-group Sum of Square）、残差平方和（Residual Sum of Squares，详见第8章）记为SSE。这样，全部数据的总平方和被分解成两部分：一部分是处理平方和SSA，另一部分是误差平方和SSE。很显然，这3个误差平方和的关系为：SST＝SSA+SSE。

数据误差的来源及其分解过程可用图7-1来表示。

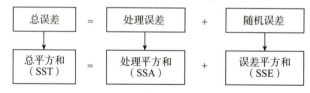

图7-1　数据误差的来源及其分解过程

方差分析就是要分析数据的总误差中有没有处理误差。如果处理（水稻品种）对观测数据（产量）没有显著影响，则意味着没有处理误差。这时，每种处理所对应的总体均值 (μ) 应该相等。如果存在处理误差，则每种处理所对应的总体均值 (μ) 中，至少有一对不相等。因此，就例7-1而言，设3个品种产量的均值分别为 μ_1，μ_2，μ_3，分析品种对产量的影响也就是要检验下面的假设：

H_0：$\mu_1 = \mu_2 = \mu_3$（品种对产量没有显著影响）；H_1：μ_1，μ_2，μ_3 不全相等（品种对产量有显著影响）

7.2　单因子方差分析

只考虑一个因子对观测数据影响的方差分析称为单因子方差分析（One-way Analysis of Variance）。例如，在例 7-1 中，如果只考虑水稻品种对产量的影响，就属于单因子方差分析。

7.2.1　数学模型

设因子 A 有 I 种处理（例如水稻品种有"品种 1""品种 2""品种 3"3 种处理），单因子方差分析可用下面的线性模型来表示：

$$y_{ij} = \mu_i + \varepsilon_{ij} \tag{7-1}$$

式中，y_{ij} 表示第 $i(i = 1, 2, \cdots, I)$ 个处理中的第 j 个观测值；μ_i 表示第 i 个处理的平均观测值；ε_{ij} 表示第 i 个处理中的第 j 个观测值的随机误差。例如，表 7-1 中，品种 1（第 1 个处理）的第 1 个观测值 79（y_{11}），可表示为品种 1 的平均产量（μ_1）加上随机误差（ε_{11}）；品种 2（第 2 个处理）的第 1 个观测值 69，可表示为品种 2 的平均产量（μ_2）加上随机误差（ε_{21}），以此类推。

对于模型（7-1），通常假定 ε_{ij} 是期望值为 0、方差相等的正态随机变量，即 $\varepsilon \sim N(0, \sigma^2)$，这意味着无论 i 取多少，ε_{ij} 均服从期望值为 0、方差为某个假定值的正态分布，ε_{ij} 所对应的就是随机误差。同时，为了能够对观测值（产量）进行预测，假定 $E(y) = \mu_i$，即第 i 个处理的各观测值都等于该处理的平均值。例如，品种 1 的各产量的观测值就是品种 1 的产量的平均值。

设全部观测数的总均值为 μ，第 i 个处理效应用第 i 个处理均值 μ_i 与总均值的差（$\mu_i - \mu$）表示，记为 α_i，即 $\alpha_i = \mu_i - \mu$。这样，第 i 个处理均值被分解成 $\mu_i = \mu + \alpha_i$，模型（7-1）可以用下面的形式表示：

$$y_{ij} = \mu + \alpha_i + \varepsilon_{ij} \tag{7-2}$$

式中，μ 表示不考虑因子（水稻品种）的影响时观测值（产量）的总平均值，它是模型的常数项（截距）；α_i 表示处理为 $i(i = 1, 2, \cdots, I)$ 时对观测值的附加效应。例如，水稻品种为 1 时对平均产量的影响值。α_i 所对应的就是处理误差。例如，假定 $\alpha_1 = 10$，它表示第 1 个品种的平均产量比总的平均产量高出 10 千克。如果 3 个品种的平均产量无显著差异，则表明品种对产量没有附加效应，应当有 $\alpha_1 = \alpha_2 = \alpha_3 = 0$；如果 3 个品种的平均产量有显著差异，则表明品种对产量有附加效应，此时 α_1，α_2，α_3 中至少有一个不等于 0。因此，要检验水稻品种对产量是否有显著影响，即检验假设：

H_0：$\alpha_1 = \alpha_2 = \alpha_3 = 0$（水稻品种对产量的影响不显著）；$H_1$：$\alpha_1$，$\alpha_2$，$\alpha_3$ 至少有一个不等于 0（水稻品种对产量的影响显著）

在单因子方差分析中，上述检验也可等价地表示为

$$H_0：\mu_1 = \mu_2 = \mu_3；H_1：\mu_1, \mu_2, \mu_3 \text{ 不全相等}$$

7.2.2　效应检验

一般地，设因子 A 有 I 种处理，单因子方差分析要检验的假设为

H_0：$\alpha_i = 0(i = 1, 2, \cdots, I)$（处理效应不显著）；$H_1$：$\alpha_i$ 至少有一个不等于 0（处理效应显著）

为构造上述检验的统计量，首先需要计算处理平方和 SSA、误差平方和 SSE，然后将各平方和除以相应的自由度（df），以消除观测数据多少对平方和大小的影响，其结果称为均方（Mean Square）记作 MS，也称为方差（Variance）。最后，将处理均方（记为 MSA，又称残差均方）除以误差均方（Mean-Square Error），记作 MSE，便可得到用于检验处理效应的统计量 F。这一计算过程可以用方差分析表的形式来表示。表 7-2 给出了单因子方差分析表的一般形式。

表 7-2　单因子方差分析表的一般形式

误差来源	平方和	自由度	均方	检验统计量
处理效应	$SSA = \sum\limits_{i=1}^{I} n_i (\bar{y}_i - \bar{y})^2$	$I-1$	$MSA = \dfrac{SSA}{I-1}$	$\dfrac{MSA}{MSE}$
误差	$SSE = \sum\limits_{i=1}^{I} \sum\limits_{j=1}^{n_i} (y_{ij} - \bar{y}_i)^2$	$n-1$	$MSE = \dfrac{SSE}{n-1}$	—
总效应	$SST = \sum\limits_{i=1}^{I} \sum\limits_{j=1}^{n_i} (y_{ij} - \bar{y})^2$	$n-1$	—	—

表 7-2 中的 n 为因变量观测值的个数，例 7-1 中 $n = 30$。n_i 是第 i 个处理的样本量，例 7-1 中 3 个处理的样本量相等，均为 10。$\bar{y}_i = \dfrac{1}{n} \sum\limits_{j=1}^{n_i} y_{ij}(i = 1, 2, \cdots, I)$ 是对应于第 i 个处理的样本均值，$\bar{y}_{ij} = \dfrac{1}{n} \sum\limits_{i=1}^{I} \sum\limits_{j=1}^{n_i} y_{ij}$ 是所有样本数据的总均值。

根据统计量 F 的 P 值（显著性水平 Sig.）做出决策：若 $P < \alpha$，则拒绝原假设，认为 $\alpha_i(i = 1, 2, \cdots, I)$ 不全为 0，表明处理效应显著（因子对观测值有显著影响）。

7-01 单因子方差分析

例 7-2　沿用例 7-1，检验水稻品种对产量的影响是否显著（$\alpha = 0.05$）。

解：由于只有水稻品种一个因子，采用式（7-2）给出的单因子方差分析模型。

设水稻品种对产量的影响效应分别为 α_1（品种 1），α_2（品种 2），α_3（品种 3）。由此提出的检验假设为

H_0：$\alpha_1 = \alpha_2 = \alpha_3 = 0$（品种对产量的影响不显著）；$H_1$：$\alpha_1$，$\alpha_2$，$\alpha_3$ 至少有一个不等于 0（品种对产量的影响显著）

下面利用 SPSS 给出了方差分析的操作步骤。

（1）将表 7-1 的数据转化为长格式（图 7-2），具体操作如下。

第 1 步：选择【数据】→【重构】→【将选定变量重组为个案】，单击【下一步】按钮。

第 2 步：在弹出的【您希望重组多少个变量组？】对话框中选中【一个】单选按钮，单击【下一步】按钮。

第 3 步：在弹出的对话框中，将各品种移入【目标变量】下拉列表，并将目标变量名称

改为"产量"，在【个案组标识】下拉列表中选择【无】，单击【下一步】按钮。

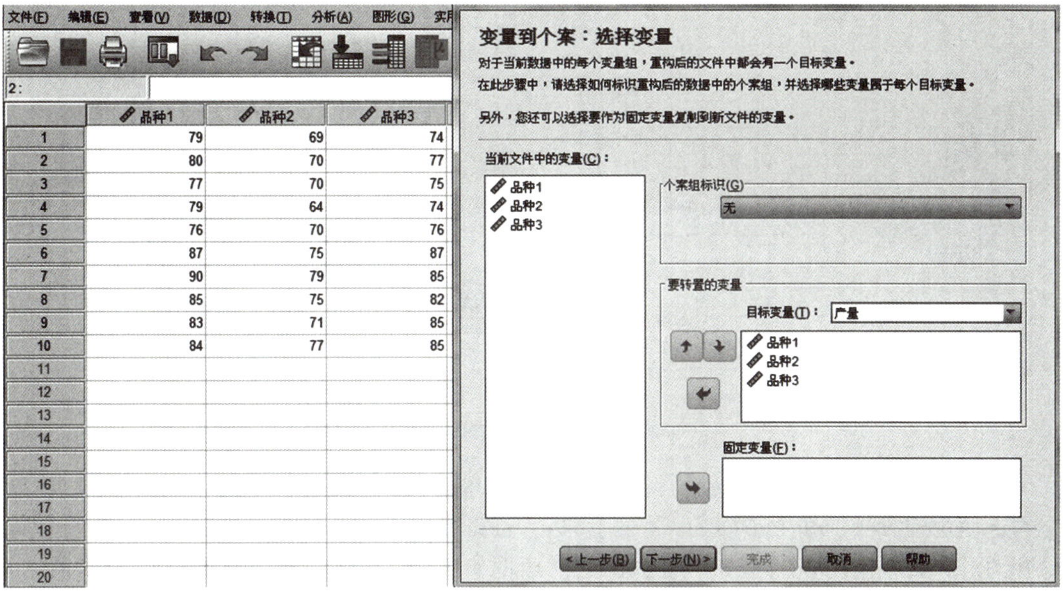

图 7-2 将选定变量重组为个案

第 4 步：在弹出的【索引值具有什么类型？】对话框下选中【变量名】单选按钮，将【名称】下的"索引 1"改为"品种"，单击【完成】按钮，如图 7-3 所示。

图 7-3 创建索引变量

(2) 单因子方差分析的具体步骤如下。

第 1 步：选择【分析】→【比较平均值】→【单因素 ANOVA 检验】，进入主对话框。

第 2 步：将"产量"移入【因变量列表】列表框，将"品种"移入【因子】列表框，单击【确定】按钮，如图 7-4 所示。

图7-4 单因子方差分析

第3步（非必须）：若需要进行多重比较，则单击【事后比较】按钮，在弹出的对话框中勾选使用的方法，如 LSD（最小显著差别）；若需要描述统计量、参数估计、方差齐性检验和图形，则单击【选项】按钮，在弹出的对话框勾选【描述】【方差齐性检验】【平均值图】复选框。

表7-3给出了不同品种水稻的平均产量、标准差和样本量。

表7-3 不同品种水稻的描述统计量

描述

产量

品种	个案数	平均值	标准偏差	标准错误	平均值的95%置信区间		最小值	最大值
					下限	上限		
品种1	10	82.00	4.546	1.438	78.75	85.25	76	90
品种2	10	72.00	4.447	1.406	68.82	75.18	64	79
品种3	10	80.00	5.270	1.667	76.23	83.77	74	87
总计	30	78.00	6.363	1.162	75.62	80.38	64	90

表7-4给出了方差齐性检验，该检验的原假设为方差齐性。表中给出了莱文（Levene）检验的 F 统计量值及其显著性水平。由于显著性水平为 $0.375 > \alpha$，因此不拒绝原假设，表明该数据满足方差齐性。

表7-4 方差齐性的 Levene 检验

	莱文统计	自由度1	自由度2	显著性	
产量	基于平均值	1.018	2	27	0.375

表7-5给出了不同品种水稻因子效应检验的方差分析表。第1行和第2行是对模型中因子效应的检验。分别给出了品种效应和随机误差效应的平方和、自由度、均方、检验统计量 F、显著性水平。第3行总计是总平方和，它等于处理平方和加误差平方和。

从表7-5中可以看出，检验品种因子的显著性水平接近0，因此拒绝原假设，表明 α_i（$i=1$，2，3）至少有一个不等于0，这意味着品种对产量有显著影响，或者说品种对产量的影响效应显著。

表 7-5　不同品种水稻因子效应检验的方差分析表

产量

	平方和	自由度	均方	F	显著性
组间	560.000	2	280.000	12.313	0.000
组内	614.000	27	22.741	—	—
总计	1 174.000	29	—	—	—

表 7-6 给出了不同品种水稻方差分析模型的多重比较结果。品种 1 与品种 2 的检验 P 值接近 0，说明品种 1 与品种 2 的差异是显著的，而且品种 1 的水稻产量比品种 2 的水稻产量平均值高出 10 个单位。品种 2 与品种 3 的检验 P 值为 0.001，说明品种 2 与品种 3 的差异也是显著的，品种 2 的水稻产量比品种 3 的水稻产量平均值要低 8 个单位。而品种 1 与品种 3 的检验 P 值为 0.357，说明品种 1 与品种 3 的差异是不显著的。

表 7-6　不同品种水稻方差分析模型的多重比较

因变量：产量

LSD

(I)品种	(J)品种	平均值差值(I-J)	标准错误	显著性	95%置信区间	
					下限	上限
品种 1	品种 2	10.000 *	2.133	0.000	5.62	14.38
	品种 3	2.000	2.133	0.357	−2.38	6.38
品种 2	品种 1	−10.000 *	2.133	0.000	−14.38	−5.62
	品种 3	−8.000 *	2.133	0.001	−12.38	−3.62
品种 3	品种 1	−2.000	2.133	0.357	−6.38	2.38
	品种 2	8.000 *	2.133	0.001	3.62	12.38

* 表示平均值差值的显著性水平为 0.05。

图 7-5 给出了不同水稻品种产量估计的边际均值。在单因子方差分析中，边际均值就是指各样本的均值。从图 7-5 中可以观察各品种平均产量的差异情况。

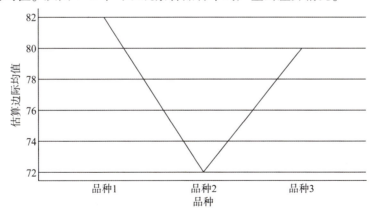

图 7-5　不同水稻品种产量估计的边际均值

7.2.3 多重比较

例 7-2 的检验结果表明，品种对产量有显著影响。但这一检验并未说明究竟哪些品种之间的产量差异显著。为进一步分析这种差异到底出现在哪些品种之间，设品种 1 产量的平均数为 μ_1，品种 2 产量的平均数为 μ_2，品种 3 产量的平均数为 μ_3，进而找出 μ_1 与 μ_2，μ_1 与 μ_3，μ_2 与 μ_3 中究竟哪两个平均数不相等，这种对平均数之间的配对检验就是方差分析中的多重比较（Multiple Comparison）。

多重比较的方法有很多，每种方法的适用场合不完全一样。这里只介绍两种常用方法。

1. LSD 方法

LSD 方法由统计学家费希尔提出，因此也称为费希尔的最小显著差异方法。该方法的适用场合是：研究者事先已经计划好要对某对或某几对平均数进行比较，无论方差分析的结果如何（拒绝或不拒绝 H_0），都要进行比较。例如，在例 7-1 中，假定在分析之前就计划好要对品种 1 和品种 3 进行比较，观察这两个水稻品种的产量之间是否有显著差异，这种情形就适合使用 LSD 方法。

LSD 方法的具体步骤如下。

第 1 步：提出假设。H_0：$\mu_i = \mu_j$；H_1：$\mu_i \neq \mu_j$。

第 2 步：计算检验统计量。如果 H_0 成立，则统计量

$$t_{ij} = \frac{\bar{y}_i - \bar{y}_j}{\sqrt{\mathrm{MSE}\left(\dfrac{1}{n_i} + \dfrac{1}{n_j}\right)}} \tag{7-3}$$

服从自由度为 $(n - I)$ 的 t 分布。式中，$\bar{y}_i$ 和 $\bar{y}_j$ 分别是第 i 个样本和第 j 个样本的平均数；n_i 和 n_j 分别是第 i 个样本和第 j 个样本的样本量；MSE 是方差分析得到的误差均方。

第 3 步：做出决策。计算出统计量的 P 值（使用 SPSS 做检验时，可直接给出 P 值），若 $P < \alpha$，则拒绝 H_0。

使用 LSD 方法做多重比较时，在提出假设的基础上，也可以按下面的步骤进行。

第 1 步：计算 $\bar{y}_i$ 和 $\bar{y}_j$ 的绝对差值，即 $|\bar{y}_i - \bar{y}_j|$。

第 2 步：计算 LSD，其公式为

$$\mathrm{LSD} = t_{\alpha/2}(n - I) \sqrt{\mathrm{MSE}\left(\frac{1}{n_i} + \frac{1}{n_j}\right)} \tag{7-4}$$

式中，$t_{\alpha/2}$ 是自由度为 $(n - I)$ 的 t 分布的临界值。

第 3 步：做出决策。如果 $|\bar{y}_i - \bar{y}_j| > \mathrm{LSD}$，则表示第 i 个处理和第 j 个处理的平均数之间差异显著。

LSD 方法不仅可以检验 $\mu_i - \mu_j = 0$ 的原假设，还可以计算 $\mu_i \neq \mu_j$ 的置信区间。给定显著性水平 α，$\mu_i \neq \mu_j$ 在 $1 - \alpha$ 置信水平下的置信区间为 $(\bar{y}_i - \bar{y}_j) \pm \mathrm{LSD}$，即

$$(\bar{y}_i - \bar{y}_j) \pm t_{\alpha/2}(n - I) \sqrt{\mathrm{MSE}\left(\frac{1}{n_i} + \frac{1}{n_j}\right)} \tag{7-5}$$

而对于第 i 个处理，其总体平均数 μ_i 在 $1 - \alpha$ 置信水平下的置信区间为

$$\bar{y}_i \pm t_{\alpha/2}(n - I) \sqrt{\frac{\mathrm{MSE}}{n_i}} \tag{7-6}$$

例 7-3　沿用例 7-2。假定在试验之前就已经计划好要对品种 1 和品种 3 进行比较，用 LSD 方法比较这两个品种的产量之间是否有显著差异（$\alpha = 0.05$），并计算品种 1 和品种 3 产量差值的 95% 的置信区间。

解：第 1 步：提出假设。

$H_0: \mu_i = \mu_j$；$H_1: \mu_i \neq \mu_j$。

第 2 步：计算 $\bar{y}_i$ 和 $\bar{y}_j$ 的绝对差值，即 $|\bar{y}_i - \bar{y}_j| = 82 - 80 = 2$。

第 3 步：计算 LSD，由 SPSS 函数得 $t_{\alpha/2}(30 - 3) = 2.051\ 8$，则有

$$\text{LSD} = 2.051\ 8 \times \sqrt{22.741 \times \left(\frac{1}{10} + \frac{1}{10}\right)} = 4.375\ 8$$

第 4 步：做出决策。如果 $|\bar{y}_i - \bar{y}_j| = 2 < 4.375\ 8$，则不拒绝 H_0，表明品种 1 与品种 3 的产量之间差异不显著。

品种 1 和品种 3 产量平均数差值的 95% 的置信区间为

$$(82 - 80) \pm 2.051\ 8 \times \sqrt{22.741 \times \left(\frac{1}{10} + \frac{1}{10}\right)} = 2 \pm 4.375\ 8$$

即（-2.375 8，6.375 8）千克。

利用 SPSS 也可得出相同结果，具体操作步骤如下。

第 1 步：选择【分析】→【一般线性模型】→【单变量】，进入主对话框。

第 2 步：将因变量移入【因变量列表】列表框，将自变量移入【因子】列表框。

第 3 步：单击【事后比较】按钮，在弹出的对话框中，将"品种"移入【下列各项的事后检验】列表框，在【假定等方差】选项组下勾选【LSD】复选框，单击【继续】按钮，如图 7-6 所示。

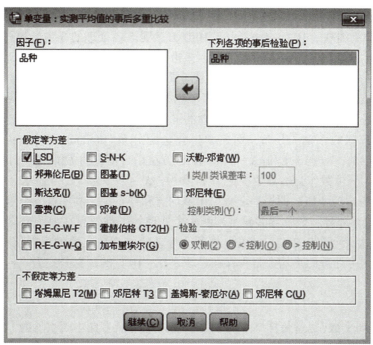

图 7-6　【单变量：实测平均值的事后多重比较】对话框

SPSS 给出的不同水稻品种产量的 LSD 多重比较结果如表 7-7 所示。

表 7-7　不同水稻品种产量的多重比较（LSD 方法）

产量

LSD

(I)品种	(J)品种	均值差值 (I-J)	标准误差	Sig.	95%置信区间	
					下限	上限
品种 1	品种 2	10.00*	2.133	0.000	5.62	14.38
	品种 3	2.00	2.133	0.357	−2.38	6.38
品种 2	品种 1	−10.00*	2.133	0.000	−14.38	−5.62
	品种 3	−8.00*	2.133	0.001	−12.38	−3.62
品种 3	品种 1	−2.00	2.133	0.357	−6.38	2.38
	品种 2	8.00*	2.133	0.001	3.62	12.38

基于观测到的均值。

误差项是均方（误差）= 22.741。

* 为均值差值在 0.05 级别上较显著。

表 7-7 中给出了第 i 个样本和第 j 个样本的平均值差值、平均值的标准误差、检验的显著性水平以及平均值差值的 95% 的置信区间。从显著性水平可以看出，品种 1 和品种 2 的产量之间差异显著，品种 1 和品种 3 的产量之间差异不显著，品种 2 和品种 3 的产量之间差异显著。

2. HSD 方法

HSD（Honestly Significant Difference，真实显著差异），由图基（Jone W. Tukey）于 1953 年提出，因此也称为图基的 HSD 方法。由于 HSD 方法要求各处理的样本量相同，当各处理的样本量不相同时，该方法就不再适用。20 世纪 50 年代中期，克雷默（C. Y. Kramer）对图基的 HSD 方法做了一些修正，使其适用于样本量不同的情形。修正后的 HSD 检验称为 Tukey-Kramer 方法。该方法的适用场合是：研究者事先并未计划进行多重比较，只是在进行方差分析拒绝原假设后，才需要对任意两个处理的平均数进行比较。

HSD 方法依据的不是 t 分布，而是学生化全距分布（Studentized Range Distribution）。该分布有两个参数，分别是 I 和 $(N-I)$。HSD 方法用自由度为 I 和 $(N-I)$ 的学生化全距分布的 $(N-\alpha)$ 分位数作为临界值，记为 q_α 和 $(I, N-I)$。

HSD 方法考虑三个值，即处理个数、误差均方和样本量。利用这三个值和一个临界值 q 确定出一个临界差异，该临界差异是判断两个处理的平均数存在显著差异所必须达到的条件。因此，只要计算出 HSD，就可以将两个处理的平均数之差的绝对值与 HSD 进行比较，从而确定两个处理的平均数是否存在显著差异。HSD 的计算公式为

$$HSD = q_\alpha(I, N-I) \sqrt{\frac{MSE}{2}\left(\frac{1}{n_i} + \frac{1}{n_j}\right)} \tag{7-7}$$

式中，I 是处理的个数（也就是样本平均数的个数）；N 是所有样本观察值的个数；n_i 和 n_j 分别是第 i 个样本和第 j 个样本的样本量；α 是给定的显著性水平；$(N-I)$ 是 MSE 的自由度；$q_\alpha(I, N-I)$ 是学生化全距的临界值（使用 R 软件的"qtukey(1-α, N-I)"函数可获得该临界值）。

当各处理的样本量相同时，即 $n_i = n_j = n$，则 $\sqrt{\dfrac{MSE}{2}\left(\dfrac{1}{n_i}+\dfrac{1}{n_j}\right)} = \sqrt{\dfrac{MSE}{n}}$，式 (7-7) 可简化为

$$HSD = q_\alpha(I,\ N-I)\sqrt{\frac{MSE}{n}} \tag{7-8}$$

采用 HSD 方法也可以得到 $\mu_i - \mu_j$ 的置信区间。设定显著性水平 α，$\mu_i - \mu_j$ 在 $1-\alpha$ 置信水平下的置信区间为 $(\bar{y}_i - \bar{y}_j) \pm HSD$，即

$$(\bar{y}_i - \bar{y}_j) \pm q_\alpha(I,\ N-I)\sqrt{\frac{MSE}{2}\left(\frac{1}{n_i}+\frac{1}{n_j}\right)} \tag{7-9}$$

例 7-4 沿用例 7-2。假定在试验之前并未计划要对任何品种之间的差异进行比较，若方差分析结果拒绝原假设，用 HSD 方法对不同品种的产量平均数做多重比较 ($\alpha = 0.05$)。

解：首先提出假设。$H_0: \mu_i = \mu_j$；$H_1: \mu_i \neq \mu_j$。

然后计算出 HSD。由 R 软件得到的临界值为 3.506 4，计算得：

$$HSD = 3.506\ 4 \times \sqrt{\frac{22.741}{2} \times \left(\frac{1}{10}+\frac{1}{10}\right)} = 5.288$$

再计算出各处理的平均数的绝对差值 $|\bar{y}_i - \bar{y}_j|$，并与 HSD 进行比较做出决策。若 $|\bar{y}_i - \bar{y}_j| > HSD$，则拒绝 H_0。

$|\bar{y}_1 - \bar{y}_2| = |82-72| = 10 > 5.288$，拒绝 H_0，品种 1 和品种 2 的产量之间差异显著。

$|\bar{y}_1 - \bar{y}_3| = |82-80| = 2 < 5.288$，不拒绝 H_0，品种 1 和品种 3 的产量之间差异不显著。

$|\bar{y}_2 - \bar{y}_3| = |72-80| = 8 > 5.288$，拒绝 H_0，品种 2 和品种 3 的产量之间差异显著。

利用 SPSS 也可得出相同的结果，具体操作步骤如下。

第 1 步：选择【分析】→【一般线性模型】→【单变量】，进入主对话框。

第 2 步：将因变量移入【因变量列表】列表框，将自变量移入【因子】列表框。

第 3 步：单击【事后比较】按钮，在弹出的对话框中，将"品种"移入【下列各项的事后检验】列表框，在【假定等方差】选项组下勾选【图基】复选框，单击【继续】按钮，如图 7-7 所示。

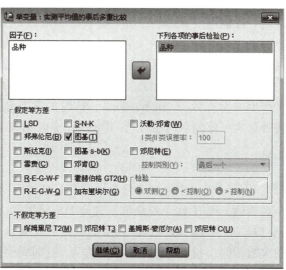

图 7-7 【单变量：实测平均值的事后多重比较】对话框

由 SPSS 给出的不同水稻品种产量的 HSD 多重比较结果及 $\mu_i - \mu_j$ 的置信区间如表7-8 所示。

表 7-8　不同水稻品种产量的 HSD 多重比较结果及 $\mu_i - \mu_j$ 的置信区间

产量

Tukey HSD

(I)品种	(J)品种	均值差值 (I-J)	标准误差	Sig.	95%置信区间	
					下限	上限
品种 1	品种 2	10.00*	2.133	0.000	4.71	15.29
	品种 3	2.00	2.133	0.622	-3.29	7.29
品种 2	品种 1	-10.00*	2.133	0.000	-15.29	-4.71
	品种 3	-8.00*	2.133	0.002	-13.29	-2.71
品种 3	品种 1	-2.00	2.133	0.622	-7.29	3.29
	品种 2	8.00*	2.133	0.002	2.71	13.29

表中数据是基于观测到的均值。

误差项是均方(误差)= 22.741。

*表示均值差值在 0.05 级别上较显著。

表 7-8 给出了第 i 个样本和第 j 个样本的平均值差值、平均值的标准误差、检验的显著性水平以及平均值差值的 95% 置信区间。从显著性水平可以看出，品种 1 和品种 2 的产量之间差异显著，品种 1 和品种 3 的产量之间差异不显著，品种 2 和品种 3 的产量之间差异显著。

*7.3　双因子方差分析

考虑两个类别自变量对数值因变量影响的方差分析称为双因子方差分析（Two-way Analysis Variance）。分析时会出现两种情况：一是只考虑两个因子对因变量的单独影响，即主效应（Main Effect），这时的方差分析称为只考虑主效应的双因子方差分析，或者称为无重复双因子分析（Two-factor without Replication）；二是除两个因子的主效应外，还考虑两个因子的搭配对因变量产生的交互效应（Interaction），这时的方差分析称为考虑交互效应的双因子方差分析，或者称为可重复双因子分析（Two-way with Replication）。

7.3.1　数学模型

设因子 A 有 I 个处理，因子 B 有 J 个处理。两个因子共有 IJ 种不同的处理组合。如果每种处理组合只测得一个观测值，则有 IJ 个观测值，这样的测量属于无重复测量（无重复实验）；如果每种处理组合测得多个观测值，这样的测量就是重复测量（重复实验）。如果每种处理组合重复测量的次数相同，我们将重复次数记为 K，这时两个因子的 IJ 种不同处理组合共有 IJK 个观测值。

如果只考虑主效应，不考虑交互效应，则两个因子的每种处理组合可以只测得一个观

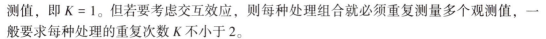

测值，即 $K = 1$。但若要考虑交互效应，则每种处理组合就必须重复测量多个观测值，一般要求每种处理的重复次数 K 不小于 2。

为便于表述，我们引入下列记号。

$\bar{\mu}_{i\cdot}$：因子 A 的第 i 个处理的均值（$i = 1, 2, \cdots, I$）。

$\bar{\mu}_{\cdot j}$：因子 B 的第 j 个处理的均值（$j = 1, 2, \cdots, J$）。

μ：总均值，它是所有处理均值 μ_{ij} 的平均。

α_i：因子 A 的效应。它衡量的是因子 A 的第 i 个处理的均值与总均值的差异程度，即 $\alpha_i = \bar{\mu}_{i\cdot} - \mu$。

β_j：因子 B 的效应。它衡量的是因子 B 的第 j 个处理的均值与总均值的差异程度，即 $\beta_j = \bar{\mu}_{\cdot j} - \mu$。

γ_{ij}：因子 A 的第 i 个处理和因子 B 的第 j 个处理搭配产生的交互效应。它衡量的是因子 A 的第 i 个处理和因子 B 的第 j 个处理搭配（共有 IJ 个）对因变量产生的效应。

ε_{ijk}：误差。随机因子对因变量的影响。

这样，对于任何一个观测值 y_{ijk}，都可以表示成下面的线性组合，即

$$y_{ijk} = \mu + \alpha_i + \beta_j + \gamma_{ij} + \varepsilon_{ijk}, \quad k = 1, 2, \cdots, K \tag{7-10}$$

式中，y_{ijk} 表示因子 A 的第 i 个处理和因子 B 的第 j 个处理组合的第 k 个观测值；μ 表示不考虑因子 A 和因子 B 的影响时观测值总的平均值，它是模型的常数项（截距）；α_i 表示因子 A 的处理为 i 时对观测数据的附加效应，它所对应的就是因子 A 的处理误差；β_j 表示因子 B 的处理为 j 时对观测数据的附加效应，它所对应的就是因子 B 的处理误差；γ_{ij} 表示因子 A 的第 i 个处理和因子 B 的第 j 个处理搭配产生的交互效应；ε_{ijk} 表示因子 A 的第 i 个处理和因子 B 的第 j 个处理组合中的第 k 个观测值的随机误差；同时，假定其服从均值为 0、方差为常数的正态分布。

式（7-10）就是考虑交互效应时双因子方差分析的数学模型。

当交互效应 γ_{ij} 为 0 时，式（7-10）可表达为

$$y_{ijk} = \mu + \alpha_i + \beta_j + \varepsilon_{ijk} \tag{7-11}$$

式（7-11）就是只考虑主效应时双因子方差分析的数学模型，显然它是考虑交互效应的方差分析模型的一个特例。

7.3.2　主效应分析

对于因子 A 的 I 个处理和因子 B 的 J 个处理，要检验因子 A 和因子 B 对因变量的影响效应，也就是检验下面的假设。

检验因子 A 的假设：

H_0：$\alpha_i = 0$（$i = 1, 2, \cdots, I$）（因子 A 的处理效应不显著）；H_1：α_i 至少有一个不等于 0（因子 A 的处理效应显著）

检验因子 B 的假设：

H_0：$\beta_j = 0$（$j = 1, 2, \cdots, J$）（因子 B 的处理效应不显著）；H_1：β_j 至少有一个不等于 0（因子 B 的处理效应显著）

各因子的效应用误差来表示。检验上述假设时，与式（7-11）对应的误差分解过程如图 7-8 所示。

图7-8 只考虑主效应的误差分解过程

根据上述误差分解原理，可以构建用于检验因子 A 和因子 B 主效应的统计量 F_A 和 F_B。

设 y_{ijk} 表示因子 A 的第 i 个处理和因子 B 的第 j 个处理组合的第 k 个观测值，$\bar{y}_{i.}$ 为因子 A 的第 i 个处理的样本均值，$\bar{y}_{.j}$ 为因子 B 的第 j 个处理的样本均值，$\bar{y}_{ij}$ 为对应于因子 A 的第 i 个处理和因子 B 的第 j 个处理组合的样本均值，$\bar{y}$ 为全部 IJK 个观测值的总均值。

各平方和的计算公式如下。

总平方和：$SST = \sum\limits_{i=1}^{I} \sum\limits_{j=1}^{J} \sum\limits_{k=1}^{K} (y_{ijk} - \bar{y})^2$。

因子 A 的平方和：$SSA = JK \sum\limits_{i=1}^{I} (\bar{y}_{i.} - \bar{y})^2$。

因子 B 的平方和：$SSB = IK \sum\limits_{j=1}^{J} (\bar{y}_{.j} - \bar{y})^2$。

交互效应平方和：$SSAB = K \sum\limits_{i=1}^{I} \sum\limits_{j=1}^{J} (\bar{y}_{ij} - \bar{y}_{i.} - \bar{y}_{.j} + \bar{y})^2$。

误差平方和：$SSE = SST - SSA - SSB - SSAB$。

将各平方和（SS）除以相应的自由度 df，得到各均方，再将各处理均方分别除以误差均方，即得到用于检验因子 A 和因子 B 主效应的统计量 F_A 和 F_B。

只考虑效应的双因子方差分析表如表7-9所示。

表7-9 只考虑效应的双因子方差分析表

误差来源	平方和	自由度	均方	检验统计量
因子 A 的处理效应	SSA	$I-1$	$MSA = \dfrac{SSA}{I-1}$	$F_A = \dfrac{MSA}{MSE}$
因子 B 的处理效应	SSB	$J-1$	$MSB = \dfrac{SSB}{J-1}$	$F_B = \dfrac{MSB}{MSE}$
误差	SSE	$IJK - I - J + 1$	$MSE = \dfrac{SSE}{IJK - I - J + 1}$	—
总效应	SST	$IJK - 1$	—	—

注：如果两个因子的每种处理组合只测得一个观测值，即 $K=1$，则误差平方和 SSE 的自由度为：$df = IJ - I - J + 1 = (I-1)(J-1)$。总平方和 SST 的自由度为 $IJ - 1$。

7-02 双因子方差分析

例7-5 假定在例7-1中，除了考虑品种对产量的影响外，还考虑不同肥料对产量的影响。假定有甲、乙两种肥料，这样 3 个水稻品种和 2 种肥料的搭配共有 $3 \times 2 = 6$，即 6 种组合。如果选择 30 个地块进行实验，则每一种搭配可以做 5 次实验，也就是每个品种（处理）的样本量为 5，即相当于每个品种（处理）重复做了 5 次实验，实验取得的数据如表7-10所示。

表 7-10　水稻品种和肥料种类的实验数据　　　　　　　单位：千克

肥料种类	品种 1	品种 2	品种 3
甲	79	69	74
甲	80	70	77
甲	77	70	75
甲	79	64	74
甲	76	70	76
乙	87	75	87
乙	90	79	85
乙	85	75	82
乙	83	71	85
乙	84	77	85

检验水稻品种和肥料种类对产量的影响是否显著（$\alpha = 0.05$）。

解： 设水稻品种为因子 A，施肥种类为因子 B。由于不考虑交互效应，采用式(7-11)：

$$y_{ijk} = \mu + \alpha_i + \beta_j + \varepsilon_{ijk}, \ i = 1, 2, 3; \ j = 1, 2; \ k = 1, 2, 3, 4, 5$$

式中，y_{ijk} 表示第 i 个品种和第 j 种肥料组合的第 k 个观测值，例如，$y_{121} = 87$ 是品种 1 和乙种肥料组合的第 1 个观测值；μ 表示不考虑"品种"和"肥料种类"两个因子影响时产量总的平均值，它是模型的常数项（截距）；α_i 表示品种为 $i(i = 1, 2, 3)$ 时对产量的附加效应，即品种为 i 时对平均产量的影响值，α_i 对应的就是品种的处理误差；β_j 表示肥料种类为 $j(j = 1, 2)$ 时对产量的附加效应，即肥料种类为 j 时对平均产量的影响值，β_j 对应的就是肥料种类的处理误差；ε_{ijk} 表示第 i 个品种和第 j 种肥料组合中的第 $k(k = 1, 2, 3, 4, 5)$ 个观测值的随机误差。

设品种对产量的附加效应分别为 α_1（品种 1），α_2（品种 2）和 α_3（品种 3）；不同肥料对产量的附加效应分别为 β_1（甲种肥料），β_2（乙种肥料）。

检验水稻品种效应的假设为

$H_0: \alpha_1 = \alpha_2 = \alpha_3 = 0$（品种对产量的影响不显著）；$H_1: \alpha_1, \alpha_2, \alpha_3$ 至少有一个不等于 0（品种对产量的影响显著）

检验不同肥料效应的假设为

$H_0: \beta_1 = \beta_2 = 0$（不同肥料对产量的影响不显著）；$H_1: \beta_1, \beta_2$ 至少有一个不等于 0（不同肥料对产量的影响显著）

下面给出了利用 SPSS 进行方差分析的操作步骤。

(1) 将表 7-10 的数据转化为长格式，具体操作如下。

第 1 步：选择【数据】→【重构】→【将选定变量重组为个案】，如图 7-9 所示。单击【下一步】按钮。

第 2 步：在弹出的【您希望重组多少个变量组？】对话框中选中【一个】单选按钮，单击【下一步】按钮。

第 3 步：在弹出的对话框中，将各品种移入【目标变量】下拉列表，并将目标变量名称改为"产量"，在【个案组标识】下拉列表中选择【无】。

图7-9 将选定变量重组为个案

第4步：在弹出的【索引值具有什么类型?】对话框下选中【变量名】单选按钮，将【名称】下的"索引1"改为"品种"，单击【完成】按钮，如图7-10所示。

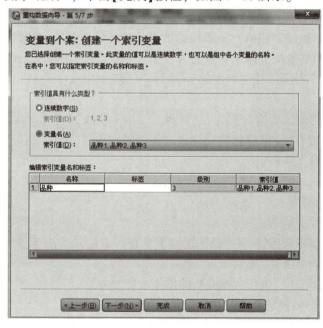

图7-10 创建索引变量

(2) 双因子方差分析的具体步骤如下。

第1步：选择【分析】→【一般线性模型】→【单变量】，进入主对话框，如图7-11所示。

第 2 步：将因变量移入【因变量】列表框，将自变量移入【固定因子】列表框，单击【确定】按钮。

图 7-11　【单变量】对话框

第 3 步：单击【模型】按钮，在弹出的对话框中，选中【构建项】单选按钮；将因子 A（本例为"品种"）和因子 B（本例为"肥料种类"）分别移入【模型】列表框；在【类型】下拉列表框中选择【主效应】；单击【继续】按钮回到主对话框，如图 7-12 所示。

图 7-12　单变量模型设置

第4步(非必须)：若需要均值图，则单击【图】按钮，在弹出的对话框中，将"品种"移入【水平轴】列表框，将"肥料种类"移入【单图】列表框，在【图】下单击【添加】按钮。若需要进行多重比较，则单击【事后比较】按钮，在弹出的对话框中，将"品种"和"肥料种类"分别移入【下列各项的事后检验】列表框，在【假定等方差】选项组下选择一种方法，如LSD。若需要描述统计量、对方差齐性检验、对模型的参数进行估计，则单击【选项】按钮，在弹出的对话框中，在【显示】选项组下勾选【描述统计】【齐性检验】【参数估算值】【残差图】复选框等，如图7-13所示。若需要预测值，则单击【保存】按钮，并在【预测值】选项组下勾选【未标准化】复选框。

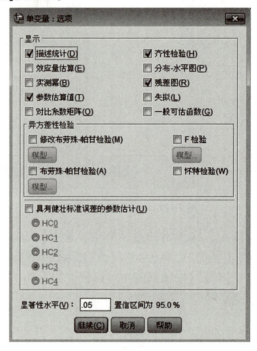

图7-13　单变量选项设置

表7-11给出了品种和肥料种类组合的描述统计量，包括平均产量、标准差和标本量。

表7-11　不同品种和肥料的水稻产量的描述统计量

因变量：产量

肥料种类	品种	均值	标准偏差	N
甲	品种1	78.20	1.643	5
	品种2	68.60	2.608	5
	品种3	75.20	1.304	5
	总计	74.00	4.520	15
乙	品种1	85.80	2.775	5
	品种2	75.40	2.966	5
	品种3	84.80	1.789	5
	总计	82.00	5.398	15

续表

肥料种类	品种	均值	标准偏差	N
总计	品种 1	82.00	4.546	10
	品种 2	72.00	4.447	10
	品种 3	80.00	5.270	10
	总计	78.00	6.363	30

表 7-12 是方差齐性检验表。由于显著性水平为 0.567>α，表明该数据满足方差齐性。

表 7-12 方差齐性检验表

误差方差等同性的 Levene 检验[a]

因变量：产量

F	df_1	df_2	Sig.
0.790	5	24	0.567

检验零假设即所有组中因变量的误差方差均相等。

a. 设计：截距+肥料种类+品种。

表 7-13 给出了品种和肥料种类效应检验的详细结果。表中的第 1 行校正模型是对所使用的方差分析模型的检验。其原假设是：模型中的所有因子(品种和肥料种类)对因变量(产量)无显著影响，即 $\alpha_i = 0 (i = 1, 2, 3)$ 和 $\beta_j = 0 (j = 1, 2)$。由于显著性水平接近 0，表明该模型是显著的。

表 7-13 的第 2 行截距是模型的常数项。其检验的原假设是 $\mu = 0$，即不考虑品种和肥料种类的影响时，产量的平均值为 0，检验结果拒绝了原假设。由于截距在实际分析中没有意义，可以忽略不计。

表 7-13 的第 3 行和第 4 行是对肥料种类和品种因子效应的检验。由于两个因子检验的显著性水平均接近 0，因此拒绝原假设，表明肥料种类和品种对产量均有显著影响。在表 7-13 的下方还给出了模型的多重判定系数 R^2 和调整 R^2，它度量了两个因子(自变量)对因变量的联合效应，其 R^2 可以用来测量两个变量之间的关系强度。R^2 的计算公式为

$$R^2 = \frac{因子 A 效应 + 因子 B 效应}{总效应} = \frac{SSA + SSB}{SST} \tag{7-12}$$

表 7-13 品种和肥料种类效应检验的详细结果

因变量：产量

源	III 型平方和	df	均方	F	Sig.
校正模型	1 040.000[a]	3	346.667	67.264	0.000
截距	182 520.000	1	182 520.000	35 414.328	0.000
肥料种类	480.000	1	480.000	93.134	0.000
品种	560.000	2	280.000	54.328	0.000
误差	134.000	26	5.154	—	—

源	III型平方和	df	均方	F	Sig.
总计	183 694.000	30	—	—	—
校正的总计	1 174.000	29	—	—	—

a. R 方 = 0.886（调整 R 方 = 0.873）。

表 7-14 给出了所用的方差分析模型的参数估计结果。表中的截距是模型 $y_{ijk} = \mu + \alpha_i + \beta_j + \varepsilon_{ijk}$ 中的常数项 μ，它表示不考虑品种和肥料种类的影响时产量总的平均值为 84 千克。下面分别是对品种的影响效应 α_i 和肥料种类 β_j 的估计（有条件的估计）。由于 3 个品种共有 3 个参数，所以在估计模型的参数时，将因子的最后一个处理（本例为"品种 3"）作为参照水平，这相当于强迫 $\alpha_3 = 0$，而另外两个参数（"品种 1"和"品种 2"）的估计值实际上是与参照水平相比较的结果。例如，品种 1 的参数 $\alpha_1 = 2$，表示品种 1 对产量的附加效应；肥料种类的参数 $\beta_1 = -8$，表示甲种肥料对产量的附加效应，以此类推。由于检验的显著性水平均接近 0，故表明因子的各个处理对产量均有显著影响。

表 7-14　方差分析模型的参数估计结果

参数估计

因变量：产量

参数	B	标准误差	t	Sig.	95%置信区间	
					下限	上限
截距	84.000	0.829	101.331	0.000	82.296	85.704
［肥料种类=甲］	−8.000	0.829	−9.651	0.000	−9.704	−6.296
［肥料种类=乙］	0[a]	.	.	.	.	.
［品种=品种 1］	2.000	1.015	1.970	0.060	−0.087	4.087
［品种=品种 2］	−8.000	1.015	−7.880	0.000	−10.087	−5.913
［品种=品种 3］	0[a]	.	.	.	.	.

a 表示此参数为冗余参数，将被设为 0。

表 7-15 是对水稻品种各因子水平的多重比较结果（由于肥料种类只有甲、乙两种处理，因此无须多重比较）。从表中的显著性水平可以看出，品种 1 与品种 2 之间、品种 2 与品种 3 之间均有显著差异，而品种 1 与品种 3 之间无显著差异。

表 7-15　水稻品种各因子水平的多重比较

多个比较产量

LSD

(I)品种	(J)品种	均值差值 (I-J)	标准误差	Sig.	95%置信区间	
					下限	上限
品种 1	品种 2	10.00*	1.015	0.000	7.91	12.09
	品种 3	2.00	1.015	0.060	−0.09	4.09

续表

(I)品种	(J)品种	均值差值 (I-J)	标准误差	Sig.	95%置信区间	
					下限	上限
品种2	品种1	−10.00*	1.015	0.000	−12.09	−7.91
	品种3	−8.00*	1.015	0.000	−10.09	−5.91
品种3	品种1	−2.00	1.015	0.060	−4.09	0.09
	品种2	8.00*	1.015	0.000	5.91	10.09

表中数据是基于观测到的均值。

误差项是均方(误差)= 5.154。

* 表示均值差值在 0.05 级别上较显著。

图 7-14(a)和图 7-14(b)分别给出了品种和肥料种类的边际均值图。图 7-14(a)的横坐标是水稻品种的三个处理,纵坐标是产量的估算边际均值。图 7-14(b)的横坐标是肥料种类的两个处理,纵坐标是产量的估算边际均值(实际上就是样本均值)。

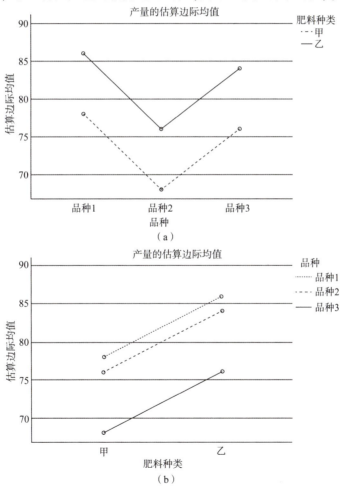

图 7-14 不同品种和肥料产量估计的边际均值图(只考虑主效应)
(a)品种的三个处理与产量;(b)肥料种类的两个处理与产量

由于本例使用的是只考虑主效应的方差分析模型，图7-14中的各条折线是平行的。因为当两个因子间无交互效应时，一个因子各处理间均值的差异不会随另一个因子处理的变化而变化。如果各线明显不平行或各线之间存在交叉，则意味着两个因子的各处理间可能存在交互效应。

7.3.3　交互效应分析

除了考虑不同品种和肥料两个因子的主效应，还考虑两个因子搭配对产量产生的交互作用，则方差分析的模型为式(7-10)。

对于因子A的I个处理和因子B的J个处理，要检验因子A的效应、因子B的效应及两个因子的交互效应，也就是检验下面的假设。

检验因子A的假设：

H_0：$\alpha_i = 0 (i = 1, 2, \cdots, I)$（因子$A$的处理效应不显著）；$H_1$：$\alpha_i$至少有一个不等于0（因子$A$的处理效应显著）

检验因子B的假设：

H_0：$\beta_j = 0 (j = 1, 2, \cdots; J)$（因子$B$的处理效应不显著）；$H_1$：$\beta_j$至少有一个不等于0（因子$B$的处理效应显著）

检验交互效应的假设：

H_0：$\gamma_{ij} = 0$（交互效应不显著）；H_1：γ_{ij}至少有一个不等于0（交互效应显著）

检验上述假设时，与式(7-10)对应的总误差分解过程可用图7-15来表示。

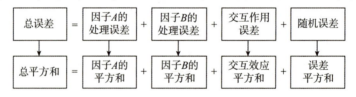

图7-15　考虑交互效应的误差分解过程

根据上述误差分解原理，可以构建用于检验的统计量F_A，F_B，F_{AB}。其原理与只考虑主效应的双因子方差分析类似，其分析过程可用表7-16来表示。

表7-16　考虑主效应及交互效应的双因子方差分析

误差来源	平方和	自由度	均方	检验统计量
因子A的处理效应	SSA	$I - 1$	$MSA = \dfrac{SSA}{I - 1}$	$F_A = \dfrac{MSA}{MSE}$
因子B的处理效应	SSB	$J - 1$	$MSB = \dfrac{SSB}{J - 1}$	$F_B = \dfrac{MSB}{MSE}$
A、B的交互效应	SSAB	$(I - 1)(J - 1)$	$MSAB = \dfrac{SSAB}{(I - 1)(J - 1)}$	$F_{AB} = \dfrac{MSAB}{MSE}$

误差来源	平方和	自由度	均方	检验统计量
误差	SSE	$IJ(K-1)$	$MSE = \dfrac{SSE}{IJ(K-1)}$	—
总效应	SST	$IJK-1$	—	—

例 7-6　沿用例 7-5。检验水稻品种、不同肥料及其交互效应对产量的影响是否显著（$\alpha = 0.05$）。

解： 由于考虑交互作用，采用式（7-10）：

$$y_{ijk} = \mu + \alpha_i + \beta_j + \gamma_{ij} + \varepsilon_{ijk}, \quad i = 1, 2, 3; \ j = 1, 2; \ k = 1, 2, 3, 4, 5$$

式中，y_{ijk} 表示第 i 个品种和第 j 种肥料组合的第 k 个观测值；μ 表示不考虑"品种"和"肥料种类"及"交互效应"影响时产量总的平均值，它是模型的常数项（截距）；α_i 表示品种为 $i(i = 1, 2, 3)$ 时对产量的附加效应，即品种为 i 时对平均产量的影响值；β_j 表示肥料种类为 $j(j = 1, 2)$ 时对产量的附加效应，即肥料种类为 j 时对平均产量的影响值；γ_{ij} 表示水稻品种为 i 和肥料种类为 j 时对产量的交互效应；ε_{ijk} 表示第 i 个品种和第 j 种肥料组合中的第 $k(k = 1, 2, 3, 4, 5)$ 个观测值的随机误差。

设品种对产量的附加效应分别为 α_1（品种 1），α_2（品种 2）和 α_3（品种 3）；不同肥料对产量的附加效应分别为 β_1（甲种肥料），β_2（乙种肥料）。

检验水稻品种效应的假设为

H_0：$\alpha_1 = \alpha_2 = \alpha_3 = 0$（品种对产量的影响不显著）；$H_1$：$\alpha_1$，$\alpha_2$，$\alpha_3$ 至少有一个不等于 0（品种对产量的影响显著）

检验不同肥料效应的假设为

H_0：$\beta_1 = \beta_2 = 0$（不同肥料对产量的影响不显著）；H_1：β_1，β_2 至少有一个不等于 0（不同肥料对产量的影响显著）

检验交互效应的假设为

H_0：$\gamma_{ij} = 0(i = 1, 2, 3; j = 1, 2)$（交互效应不显著）；$H_1$：$\gamma_{ij}$ 至少有一个不等于 0（交互效应显著）

下面给出了利用 SPSS 进行交互效应分析的具体操作步骤。

第 1 步：选择【分析】→【一般线性模型】→【单变量】，进入主对话框。

第 2 步：将因变量移入【因变量】列表框，将自变量移入【固定因子】列表框，单击【确定】按钮。

第 3 步：单击【模型】按钮，在弹出的对话框中，选中【设定】单选按钮；将因子 A（本例为"品种"）和因子 B（本例为"肥料种类"）分别移入【模型】列表框；再将因子 A 与因子 B 同时移入【模型】列表框，在【构建项】下选择【交互】，如图 7-16 所示。最后，单击【继续】按钮回到主对话框。

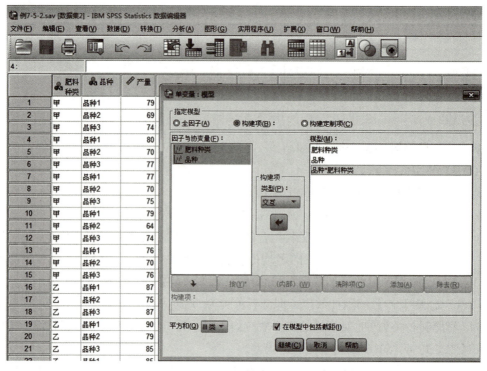

图 7-16　单变量模型设置

第 4 步：单击【EM 平均值】按钮，在弹出的对话框中，将"品种＊肥料种类"移入【显示下列各项的平均值】列表框，单击【继续】按钮返回主对话框（图 7-17），再单击【确定】按钮。若需要均值图，则单击【绘制】按钮，在弹出的对话框中，将"品种"移入【水平轴】列表框，将"肥料种类"移入【单独的线条】列表框，在【图】下单击【添加】，再单击【继续】按钮，返回主对话框，然后单击【确定】按钮。

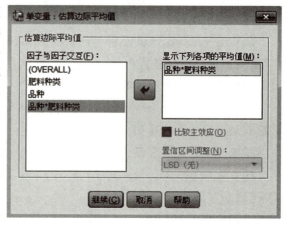

图 7-17　单变量选项设置

使用 SPSS 输出的部分结果如表 7-17 和表 7-18 所示。从表 7-17 可以看出，品种和肥料种类检验的显著性水平小于 0.05，表明两个因子对产量的影响均显著，而两者搭配的交互效应的显著性水平为 0.379，大于 0.05，表明交互效应对产量的影响不显著。

表 7-17　品种和肥料种类搭配的产量均值

因变量：产量

源	Ⅲ型平方和	df	均方	F	Sig.
校正模型	1 050.400[a]	5	210.080	40.792	0.000
截距	182 520.000	1	182 520.000	35 440.777	0.000
品种	560.000	2	280.000	54.369	0.000

源	Ⅲ型平方和	df	均方	F	Sig.
肥料种类	480.000	1	480.000	93.204	0.000
肥料种类 * 品种	10.400	2	5.200	1.010	0.379
误差	123.600	24	5.150	—	—
总计	183 694.000	30	—	—	—
校正的总计	1 174.000	29	—	—	—

a 表示 $R^2 = 0.895$（调整 $R^2 = 0.873$）。

表 7–18　不同品种和肥料交互效应检验

因变量：产量

品种	肥料种类	均值	标准误差	95%置信区间	
				下限	上限
品种 1	甲	78.200	1.015	76.105	80.295
	乙	85.800	1.015	83.705	87.895
品种 2	甲	68.600	1.015	66.505	70.695
	乙	75.400	1.015	73.305	77.495
品种 3	甲	75.200	1.015	73.105	77.295
	乙	84.800	1.015	82.705	86.895

图 7–18(a)和图 7–18(b)分别给出了以品种、肥料种类为横轴时产量的边际均值图。从图 7–18 中可以清楚地看出，各条线之间虽然不平行，但也没有明显的交叉，同样表明交互效应不显著。

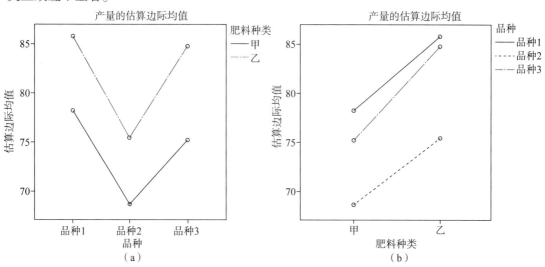

图 7–18　不同品种和肥料产量估计的边际均值图（考虑交互效应）
（a）品种的三个处理与产量；（b）肥料种类的两个处理与产量

需要注意的是，当有两个因子时，考虑交互效应的方差分析与分别对两个因子做单因子方差分析是不同的。两个单因子方差分析实际上是假定两个因子间不存在交互效应，当两个因子间存在交互效应时可能会得出错误结论。因此，当存在两个因子时，应先考虑使用有交互效应的方差分析模型；当交互效应不显著时，再考虑使用只有主效应的方差分析模型，或者考虑使用两个因子的单因子方差分析模型。

*7.4　方差分析的假定及其检验

在方差分析模型中，假设误差项 ε 是期望值为 0、方差相等的正态独立随机变量，即要求具有正态性、方差齐性和独立性，这些假定实际上也是对因变量 y 的假定。在做方差分析之前，应先对这些假定进行检验，考察数据是否适合进行方差分析。

7.4.1　正态性检验

正态性（Normality）假定要求每个处理所对应的总体都应服从正态分布，即对于任意一个处理，其观测值是来自正态分布总体的简单随机样本。比如，在例 7-1 中，要求每个品种的产量必须服从正态分布。检验正态性的方法有图示法和检验法。

1. 图示法

检验正态性的方法之一是绘制因变量的正态概率图。当每个处理的样本量足够大时，可以对每个样本绘制正态概率图来检查每个处理对应的总体是否服从正态分布。但是，当每个处理样本量比例较小时，正态概率图中的点很少，提供的正态性信息很有限。这时，可以将每个处理的样本数据合并后绘制正态概率图来检验正态性。图 7-19 就是根据例 7-1 的数据绘制的每个品种的正态概率图。图 7-20 则是将三个品种的产量数据合并后绘制的正态概率图。

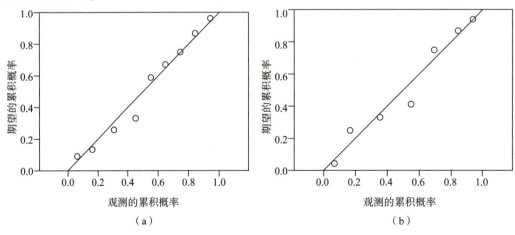

（a）　　　　　　　　　　　　　　　　（b）

图 7-19　例 7-1 中每个品种的正态概率图

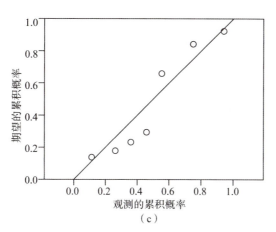

图7-19 例7-1中每个品种的正态概率图（续）
（a）品种1；（b）品种2；（c）品种3

由于图7-19对每个品种绘制的正态概率图只有几个数据点，很难提供正态性的证据。而从三个品种的产量数据合并后绘制的概率图（图7-20）可以看出，水稻产量基本上服从正态分布。

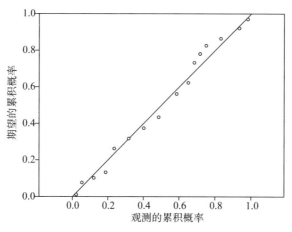

图7-20 例7-1中3个品种数据合并后的正态概率图

2. 检验法

当样本量较小时，正态概率图的应用会受到很大限制，这时可以使用标准的统计检验。例如Shapiro-Wilk（夏皮尔-威尔克）、检验Kolmogorov-Smirnov（柯尔莫可洛夫-斯米洛夫，也称K-S）检验等，均可以做正态性检验。这些检验的原假设是因变量服从正态分布。如果检验获得的P值小于指定的显著性水平，则拒绝原假设，表明总体不服从正态分布；如果P值较大，则不能拒绝原假设，可以认为总体服从正态分布。由于这些检验对正态性的轻微偏离是敏感的，检验往往会导致拒绝原假设。方差分析对正态性的要求相对比较宽松，当正态性略微不满足时，对分析结果的影响不是很大，但实际中仍应谨慎使用。这些检验超出了本书的范围，有兴趣的读者可以参阅专业的统计书籍。

7.4.2 方差齐性检验

方差齐性（Homogeneity Variance）假定要求各处理的总体方差必须相等。例如，在例7-1

中，要求各个品种产量的方差都相同。检验方差齐性可以使用图示的方法（即图示法），也可以使用标准的统计检验方法（即检验法）。

1. 图示法

检验方差齐性的图形有箱线图和残差图等。例如，绘制出每个样本数据的箱线图观察各样本数据的离散程度，如果各样本箱线图的离散程度大体相等，等方差的假定就可能满足。图7-21是例7-1中3个品种产量的箱线图。从图7-22中可以看出，3个品种的产量均没有离群点，离散程度也没有很大的差异。这表明3个品种的产量可能满足等方差的要求。

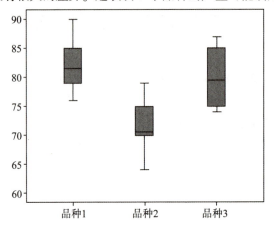

图7-21　例7-1中3个品种产量的箱线图

检验方差齐性的另一图示方法是绘制残差图。残差是实际观测值与预测值的差值，残差除以残差的标准差称为标准化残差。残差图的横坐标是预测值，即每个样本的均值，纵坐标是残差或标准化残差。图7-22是例7-2中方差分析的残差图。从图7-22中可以看出，预测值与标准化残差的残差图中，3个品种的残差都没有离群点，预测值和标准化残差的散点图随机分布在一个水平带之内，而且其离散程度也基本一样，这表明3个品种的产量满足方差齐性的假定。

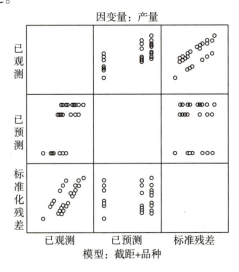

图7-22　例7-2方差分析的残差图

此外，残差图也可以用于评价方差分析模型的拟合效果。如果模型拟合得很好，那么预测值和观测值应当有明显的相关关系，呈现出较强的线性趋势。从图 7-22 中可知，预测值和观测值的散点图具有明显的线性关系，这表明例 7-2 的方差分析没有违背假定的情况，方差分析模型的拟合效果很好。

在方差分析中，对方差齐性的要求相对比较宽松，当方差略有不齐时，对分析结果的影响不是很大。特别是当各处理的样本量相同时，方差分析对不等方差是稳健的。

2. 检验法

当各处理的样本量较小时，利用图示法很难发现离散程度的差异，这时可以使用检验法。此处只介绍 SPSS 提供的 Levene 方差齐性检验方法。

对于 I 个处理，方差齐性检验的假设为

$$H_0: \sigma_1^2 = \sigma_2^2 = \sigma_I^2 ; H_1: \text{ 至少两个方差不同}$$

Levene 方差齐性检验简称 Levene 检验。该检验的统计量为

$$F = \frac{\text{MSA}}{\text{MSE}} \sim F(I-1, \ n-I) \tag{7-13}$$

式中，MSA 和 MSE 是对因变量实施 $y_i' = |y_i - \bar{y}_i|$ 变换后进行方差分析得到的处理均方和残差均方，$\bar{y}_i$ 是第 i 个处理的 y 的均值。

如果 $F > F_\alpha$，或者 $P < \alpha$，则拒绝 H_0，表明各总体的方差不相等。

例 7-7　沿用例 7-2。用 Levene 检验方法检验水稻产量是否满足方差齐性（$\alpha = 0.05$）。

解： 根据表 7-3 的结果可知，3 个品种产量的均值分别为：$\bar{y}_1 = 82$，$\bar{y}_2 = 72$，$\bar{y}_3 = 80$。对每个品种的产量分别减去其均值后取绝对值，再进行方差分析，得到 MSA = 4.133，MSE = 4.059。由式(7-13)得到的统计量为

$$F = \frac{4.133}{4.059} = 1.018$$

相应的 $P = 0.375$，不拒绝原假设，没有证据证明水稻产量方差不同，即水稻产量满足方差齐性。由 SPSS 输出的例 7-2 的 Levene 检验结果如表 7-19 所示。由于 $P = 0.375$，不拒绝原假设，可认为各个品种的水稻产量满足方差齐性。

表 7-19　方差齐性的 Levene 检验

因变量：产量

F	df_1	df_2	Sig.
1.018	2	27	0.375

检验零假设，即在所有组中因变量的误差方差均相等。

除正态性和方差齐性的假定外，方差分析中还有一个重要的假定，即独立性(Independence)。该假定要求每个样本数据来自不同处理的独立样本。例如，在例 7-1 中，3 个品种的产量数据来自不同品种的 3 个独立样本。方差分析对独立性的要求比较严格，若该假设得不到满足，则方差分析的结果往往会受到较大影响。独立性可在实验设计之前予以确定，不需要检验。因为在获取数据之前，对于实验的安排是否独立，研究者是清楚的。

 练 习 题

7.1 一家饮料公司有 3 台机器装填饮料，每瓶饮料的容量为 3.5 升。表 7-20 是从 3 台机器中抽取的装填量样本数据。

表 7-20 从 3 台机器中抽取的装填量样本数据　　　　单位：升

机器 1	机器 2	机器 3
3.55	3.51	3.48
3.51	3.52	3.47
3.52	3.50	3.46
3.54	3.49	3.45
—	3.50	3.50
—	3.52	—

(1) 取显著性水平 0.01，检验不同机器对装填量是否有显著影响。

(2) 分别采用 LSD 方法和 HSD 方法比较哪些机器的填装量之间存在差异。

(3) 对该方差分析正态性和方差齐性进行评估。

7.2 一家培训机构为不同的客户提供创新思维培训。每次培训的内容大体相同，但参加培训的人员有时是高层管理者，有时是中层管理者，有时是基层管理者。该培训机构负责人认为，不同层次的管理者对培训的满意度是不同的，于是随机抽取了经过培训后不同层次管理者的满意度评分，结果如表 7-21 所示(评分标准为 1~10，10 代表非常满意)。

表 7-21 经过培训后不同层次管理者的满意度评分　　　　单位：分

高层管理者	中层管理者	基层管理者
8	7	6
9	8	5
7	8	7
8	10	5
9	8	5
—	10	7
—	9	—

取显著性水平为 0.05，检验管理者的水平不同是否会导致评分的显著差异。

7.3 一所学校因教学需要购进一批电池，现有甲、乙、丙三家电池生产商愿意供货，为比较它们生产的电池质量，从每家生产商随机抽取 5 枚电池，经测试得到其寿命数据，如表 7-22 所示。

表 7-22　不同电池的寿命　　　　　　　　　　　　　　单位：小时

甲生产商	乙生产商	丙生产商
48	30	43
48	26	40
41	28	36
38	32	46
37	24	38

分析三家生产商生产的电池的平均寿命之间有无显著差异（$\alpha = 0.05$）。如果有差异，则用 HSD 方法检验哪些企业之间有差异。

7.4　一家葡萄园想了解不同品种的种子和不同施肥方式对葡萄产量是否有显著差异。因此在 20 块相同面积的土地上分别采用 5 种种子和 3 种施肥方式搭配进行实验，获得的产量数据如表 7-23 所示。

表 7-23　采用不同种子、不同施肥方式的葡萄产量　　　　　　单位：吨

品种	甲方式	乙方式	丙方式
1	8	5.5	6.4
2	9.7	6.5	8.4
3	10.3	8.3	7.4
4	10.2	10	8.5
5	9	10	9.1

检验不同品种的种子和不同施肥方式对产量的影响是否显著（$\alpha = 0.05$）。

7.5　一家食品公司为检验广告媒体和广告方案对产品月销售量的影响，进行了一项测试，考察了 3 种广告方案和 2 种广告媒体获得的产品月销售量数据，结果如表 7-24 所示。

表 7-24　采用不同媒体、不同方案的产品月销售量　　　　　　单位：万箱

方案	广告媒体	
	报纸	电视
A 方案	10	14
	14	10
B 方案	24	28
	16	32
C 方案	12	20
	20	16

检验广告方案、广告媒体及其交互作用对产品月销售量的影响是否显著（$\alpha = 0.05$）。

第 8 章　一元线性回归分析

🎯 知识目标

- 了解相关关系与回归关系的联系；
- 理解一元线性回归分析的含义；
- 理解一元线性回归分析方法的作用。

🖋 能力目标

- 掌握一元线性回归模型构建与检验的方法；
- 能够利用回归模型，进行平均值和个别值的预测。

⬡ 素质目标

- 回归模型的建立应通过统计学检验、经济理论检验、计量经济检验，培养学生一丝不苟、严谨求真的科学精神，要求对模型精雕细琢。

✎ 想 一 想

◆学校食堂的管理者认为，饭菜价格与就餐人数有关，饭菜价格越高，就餐人数越少。你们认为呢？

◆你认为学习时间与考试成绩有关系吗？你的回答是什么？怎样让人信服你的回答？

◆用收入来预测支出，你认为该怎么做？假如你的支出总是大于收入，用收入预测支出的结果是错的吗？如果你支出的误差中只有40%是由收入决定的，你的预测是哪里出了问题？

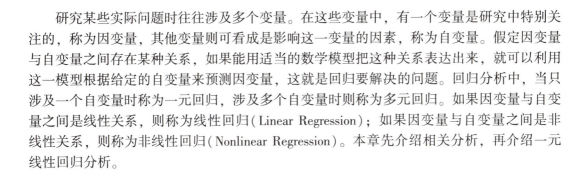

研究某些实际问题时往往涉及多个变量。在这些变量中，有一个变量是研究中特别关注的，称为因变量，其他变量则可看成是影响这一变量的因素，称为自变量。假定因变量与自变量之间存在某种关系，如果能用适当的数学模型把这种关系表达出来，就可以利用这一模型根据给定的自变量来预测因变量，这就是回归要解决的问题。回归分析中，当只涉及一个自变量时称为一元回归，涉及多个自变量时则称为多元回归。如果因变量与自变量之间是线性关系，则称为线性回归（Linear Regression）；如果因变量与自变量之间是非线性关系，则称为非线性回归（Nonlinear Regression）。本章先介绍相关分析，再介绍一元线性回归分析。

8.1　变量间关系的度量

建立回归模型时，首先需要弄清楚变量之间的关系，然后依据变量之间的关系建立适当的模型。分析变量之间的关系需要解决以下问题：①变量之间是否存在关系？②如果存在，它们之间是什么关系？③变量之间的关系强度如何？④样本所反映的变量之间的关系能否代表总体变量之间的关系？

8.1.1　确定变量间的关系

人的身高与体重有关系吗？人的收入水平与他的受教育程度有关系吗？学生的出勤率与成绩有关系吗？如果有，又是怎样的关系？怎样度量它们之间关系的强度呢？

从统计角度看，变量之间的关系大体可分为两种类型，即函数关系和相关关系。函数关系是人们比较熟悉的。设有两个变量 x 和 y，变量 y 随变量 x 一起变化，并完全依赖于 x，当 x 取某个值时，y 依确定的关系取相应的值，则称 y 是 x 的函数，记为 $y = f(x)$。

在实际问题中，有些变量之间的关系并不像函数关系那么简单。例如，家庭收入与家庭消费额这两个变量之间不存在完全确定的关系。也就是说，收入水平相同的家庭，消费额却不同，而消费额相同的家庭，收入水平很大可能不同。这意味着家庭消费额并不能完全由家庭收入这一个因素确定，还受到商品价格、通货膨胀率等其他因素的影响。正是由于影响一个变量的因素有多个，才造成了它们之间关系的不确定性。变量之间这种不确定的关系称为相关关系（Correlation）。

相关关系的特点：一个变量的取值不能由另一个变量唯一确定，当变量 x 取某个值时，变量 y 的取值可能有多个，或者说，当 x 取某个固定的值时，y 的取值对应着一个分布。

例如，学习成绩（y）与学习时间（x）的关系。一般情形下，学习时间长的学生其成绩较好。但实际情况不完全这样，因为学习成绩不完全由学习时间一个因素决定，还受到其他许多因素的影响，如学习效率、课程数量等，因此两者之间属于相关关系。这意味着学习时间相同的学生，其成绩的取值有多个，即当学习时间取某个值时，学习成绩对应着一个分布。

又如，一个人的收入水平（y）与工龄（x）的关系。对于收入水平相同的人，他们的工龄可能不同，因为收入水平虽然与工龄有关系，但并不是由工龄一个因素决定的，还受到受教育年限、业绩水平等诸多因素的影响，两者之间存在相关关系。因此，当工龄取某个值时，收入的取值对应着一个分布。

8.1.2 相关关系的描述

描述相关关系的一个常用工具就是散点图（Scatter Diagram）。对于两个变量 x 和 y，散点图是在二维坐标中画出它们的 n 对数据点 (x_i, y_i)，并通过 n 个点的分布、形状等判断两个变量之间是否有关系、相关的方向及大致的关系强度等。图 8-1 显示了不同形态的散点图。

从图 8-1 中可以看出，图 8-1(a) 和图 8-1(b) 是典型的线性相关关系形态，两个变量的观测点分布在一条直线周围，其中图 8-1(a) 显示一个变量的数值增加，另一个变量的数值也随之增加，因此称为正线性相关。图 8-1(b) 显示一个变量的数值增加，另一个变量的数值则随之减少，因此称为负线性相关。图 8-1(c) 和图 8-1(d) 显示两个变量的观测点完全落在直线上，称为完全线性相关（函数），其中图 8-1(c) 称为完全正线性相关，图 8-1(d) 称为完全负线性相关。图 8-1(e) 显示两个变量之间是非线性关系。图 8-1(f) 中的观测点很分散，无任何规律，表示变量之间没有相关关系。

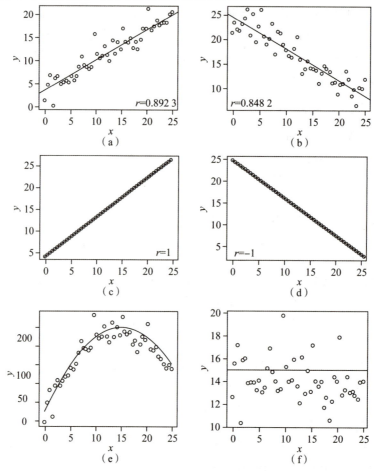

图 8-1　不同形态的散点图

(a)正线性相关；(b)负线性相关；(c)完全正线性相关；(d)完全负线性相关；(e)非线性相关；(f)不相关

例 8-1　为研究我国城镇居民收入与支出之间的关系，随机抽取 15 个地区的城镇居民人均可支配收入与人均消费支出数据（2019 年），如表 8-1 所示。请绘制散点图描述我国城镇居民人均可支配收入与人均消费支出之间的关系。

表8-1　2019年我国15个地区的城镇居民人均可支配收入与人均消费支出数据　单位：元

地区	人均可支配收入	人均消费支出
北京	73 848.5	46 358.2
天津	46 118.9	34 810.7
河北	35 737.7	23 483.1
上海	73 615.3	48 271.6
江苏	51 056.1	31 329.1
浙江	60 182.3	37 507.9
河南	34 201.0	21 971.6
湖北	37 601.4	26 421.8
湖南	39 841.9	26 924.0
广东	48 117.6	34 424.1
广西	34 744.9	21 590.9
重庆	37 938.6	25 785.5
四川	36 153.7	25 367.4
贵州	34 404.2	21 402.4
陕西	36 098.2	23 514.3

（资料来源：中国统计年鉴——2020）

解：15个地区城镇居民人均可支配收入与人均消费支出的散点图如图8-2所示。

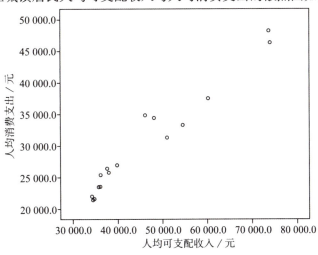

图8-2　15个地区城镇居民人均可支配收入与人均消费支出的散点图

从图8-2中可以看出，随着城镇居民人均可支配收入的增加，人均消费支出也随之增加，两者的数据点近似分布在一条直线的周围，具有正线性相关关系。

8.1.3　关系强度的度量

利用散点图可以判断两个变量之间有无相关关系，并对关系形态做出大致描述，但要准确度量变量间的关系强度，则需要计算相关系数。

1. 相关系数

相关系数（Correlation Coefficient）是度量两个变量之间线性关系强度的统计量。样本相关系数记为 r，计算公式为

$$r = \frac{\sum (x - \bar{x})(y - \bar{y})}{\sqrt{\sum (x - \bar{x})^2 \cdot \sum (y - \bar{y})^2}} \tag{8-1}$$

按式（8-1）计算的相关系数也称为 Pearson 相关系数。

计算相关系数时，假定两个变量之间是线性关系，两个变量都是随机变量，且服从一个联合的双变量正态分布。此外，样本数据中不应有极端值，否则会对相关系数的值有较大影响。相关系数 r 具有如下性质。

（1）r 的取值范围在 -1 和 $+1$ 之间，即 $-1 \leqslant r \leqslant 1$。$r > 0$ 表明 x 与 y 之间存在正线性相关关系；$r < 0$ 表明 x 与 y 之间存在负线性相关关系；$|r| = 1$ 表明 x 与 y 之间为完全线性相关关系（函数关系），其中 $r = 1$ 表示 x 与 y 之间为完全正线性相关关系，$r = -1$ 表示 x 与 y 之间为完全负线性相关关系；$r = 0$ 表明 x 与 y 之间不存在线性相关关系。

（2）r 具有对称性。x 与 y 之间的相关系数 r_{xy} 和 y 与 x 之间的相关系数 r_{yx} 相等，即 $r_{xy} = r_{yx}$。

（3）r 数值的大小与 x 和 y 的原点及尺度无关。改变 x 和 y 的数据原点或计量尺度，并不会改变 r 数值的大小。

（4）r 仅仅是 x 与 y 之间线性关系的一个度量，不能用于描述非线性关系。这意味着，$r = 0$ 只表示两个变量之间不存在线性相关关系，并不表明变量之间没有任何关系，如它们之间可能存在非线性相关关系。当变量之间的非线性相关程度较强时，可能会导致 $r = 0$。因此，当 $r = 0$ 或很小时，不能轻易得出两个变量之间没有关系的结论，而应结合散点图做出合理解释。

（5）r 虽然是两个变量之间线性关系的一个度量，却不一定意味着 x 与 y 一定存在因果关系。

了解相关系数的性质有助于对其实际意义的解释。但根据实际数据计算出的 r，取值一般为 $-1 < r < 1$。$|r| \to 1$ 说明两个变量之间的线性关系强；$|r| \to 0$ 说明两个变量之间的线性关系弱。对于一个具体的 r，根据经验可将相关程度分为以下几种情况：当 $|r| \geqslant 0.8$ 时，可视为高度相关；当 $0.5 \leqslant |r| < 0.8$ 时，可视为中度相关；当 $0.3 \leqslant |r| < 0.5$ 时，可视为低度相关；当 $|r| < 0.3$ 时，说明两个变量之间的相关程度极弱，可视为不相关。但各种解释必须建立在对相关系数的显著性检验的基础上。

2. 相关系数的检验

一般情况下，总体相关系数 ρ 是未知的，通常将样本相关系数 r 作为 ρ 的近似估计值。但由于 r 是根据样本数据计算出来的，它受到样本波动的影响，抽取的样本不同，r 的取值也就不同，因此 r 是一个随机变量。能否根据样本相关系数说明总体的相关程度呢？这需要考察样本相关系数的可靠性，也就是进行显著性检验。

相关系数的显著性检验通常采用费希尔提出的 t 检验，该检验可以用于小样本，也可

以用于大样本，检验的具体步骤如下。

第 1 步：提出假设。

$H_0: \rho = 0$（总体两个变量的线性不显著）；$H_1: \rho \neq 0$（总体两个变量的线性显著）

第 2 步：计算检验的统计量。其计算公式为

$$t = \frac{r\sqrt{n-2}}{\sqrt{1-r^2}} \sim t(n-2) \tag{8-2}$$

第 3 步：进行决策。求出统计量的 P 值，如果 $P < \alpha$，则拒绝 H_0，表明总体的两个变量之间存在显著的线性关系。

例 8-2 沿用例 8-1。计算我国 15 个地区城镇居民人均可支配收入与人均消费支出之间的相关系数，并检验相关系数的显著性（$\alpha = 0.05$）。

解： 使用 SPSS 可以计算相关系数，具体的操作步骤如下。

8-01 相关系数

第 1 步：选择【分析】→【相关】→【双变量】，进入主对话框，如图 8-3 所示。

第 2 步：将各变量移入【变量】列表框后，单击【确定】按钮。

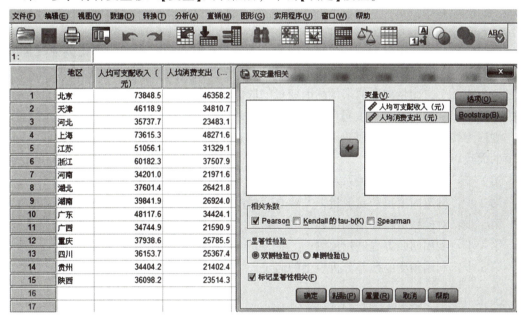

图 8-3 【双变量相关】对话框

由 SPSS 给出的相关分析结果如表 8-2 所示。

表 8-2　15 个地区城镇居民人均可支配收入与人均消费支出的相关系数及其检验　单位：元

相关指标		人均可支配收入	人均消费支出
人均可支配收入	Pearson 相关性	1	0.977**
	显著性（双侧）	—	0.000
	N	15	15

相关指标		人均可支配收入	人均消费支出
人均消费支出(元)	Pearson 相关系数	0.977**	1
	显著性(双侧)	0.000	—
	N	15	15

＊＊代表在 0.01 水平(双侧)上显著相关。

按上述步骤得到的人均可支配收入与人均消费支出之间的相关系数 $r=0.977$，表示人均可支配收入与人均消费支出之间是高度的正线性相关，即随着人均可支配收入的增加，人均消费支出也相应增加。

通过显著性检验可知，双侧检验的显著性 P 值接近 0，r 在 0.05 的显著性水平下显著，表明人均可支配收入与人均消费支出之间存在显著的线性关系。

8.2 一元线性回归模型的估计和检验

回归分析(Regression Analysis)重点考察一个特定的变量(因变量)，而把其他变量(自变量)看作影响这一变量的因素，并通过适当的数学模型将变量间的关系表达出来，进而通过一个或几个自变量的取值来预测因变量的取值。回归分析中，当只涉及一个自变量时称为一元回归，涉及多个自变量时则称为多元回归。如果因变量与自变量之间是线性关系，则称为线性回归；如果因变量与自变量之间是非线性关系，则称为非线性回归。回归建模的大致思路如下。

第 1 步：确定变量间的关系。

第 2 步：确定因变量和自变量，并建立变量间的关系模型。

第 3 步：对模型进行评估和检验。

第 4 步：利用回归方程进行预测。

第 5 步：利用预测的残差分析模型的假定。

8.2.1 一元线性回归模型

1. 回归模型

进行回归分析时，首先需要确定因变量和自变量，然后确定因变量与自变量之间的关系。在回归分析中，被预测或被解释的变量称为因变量(Dependent Variable)，也称响应变量(Response Variable)，用 y 表示；用来预测或解释因变量的一个或多个变量称为自变量(Independent Variable)，也称为解释量(Explaining Variable)，用 x 表示。例如，分析城镇居民人均可支配收入对人均消费支出的影响的目的是要预测一定人均可支配收入条件下的人均消费支出是多少。因此，人均消费支出是被预测的变量，称为因变量，而用来预测人均消费支出的人均可支配收入就是自变量。

当回归中只涉及一个自变量时，称为一元回归，若 y 与 x 之间为线性关系，则称为一

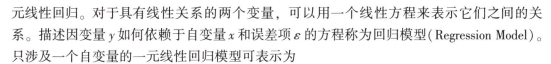

元线性回归。对于具有线性关系的两个变量，可以用一个线性方程来表示它们之间的关系。描述因变量 y 如何依赖于自变量 x 和误差项 ε 的方程称为回归模型（Regression Model）。只涉及一个自变量的一元线性回归模型可表示为

$$y = \beta_0 + \beta_1 x + \varepsilon \tag{8-3}$$

式中，β_0 和 β_1 称为模型的参数。

由式（8-3）可以看出，在一元线性回归模型中，y 是 x 的线性函数（$\beta_0 + \beta_1 x$ 部分）加上误差项 ε。$\beta_0 + \beta_1 x$ 反映了由于 x 的变化而引起的 y 的线性变化。ε 是称为误差项的随机变量，它是除 x 和 y 之间的线性关系以外的随机因素对 y 的影响，是不能由 x 和 y 之间的线性关系所解释的 y 的变异。

建立一元线性回归模型时，首先假定因变量 y 与自变量 x 之间存在线性关系，而且自变量 x 的取值是事先给定的（即假定 x 是非随机的），y 则是随机变量。这意味着，对于任何一个给定的 x 值，y 的取值都对应着一个分布。因此，$E(y) = \beta_0 + \beta_1$ 代表一条直线。但由于单个数据点是从 y 的分布中抽出来的，可能不在这条直线上，必须包含一个误差项 ε 来描述模型的数据点。对于误差项 ε，需要做出以下假定。

（1）正态性。ε 是一个服从正态分布的随机变量，且期望值为 0，即 $E(\varepsilon) = 0$。这意味着在式（8-3）中，由于 β_0 和 β_1 都是常数，有 $E(\beta_0) = \beta_0$，$E(\beta_1) = \beta_1$。因此，对于一个给定的 x 值，y 的期望值为 $E(y) = \beta_0 + \beta_1 x$。这一假定实际上等于假定模型的形式为一条直线。

（2）方差齐性。对于所有的 x 值，ε 的方差 σ^2 都相同。这意味着对于一个特定的 x 值，y 的方差也都等于 σ^2。

（3）独立性。对于一个特定的 x 值，它所对应的 ε 与其他 x 值所对应的 ε 不相关。因此，对于一个特定的 x 值，它所对应的 y 值与其他 x 所对应的 y 值也不相关。这表明，在 x 取某个给定值的情况下，y 的变化由误差项 ε 的方差 σ^2 来决定。当 σ^2 较小时，y 的观测值非常靠近直线；当 σ^2 较大时，y 的观测值将偏离直线。而且对于任何一个给定的 x 值，y 都服从期望值为 $E(y) = \beta_0 + \beta_1 x$、方差为 σ^2 的正态分布，且对于不同的 x 具有相同的方差。

2. 估计的回归方程

回归模型中的参数 β_0 和 β_1 是未知的，需要用样本数据去估计。当用样本统计量 $\hat{\beta}_0$ 和 $\hat{\beta}_1$ 估计模型中的参数 β_0 和 β_1 时，就得到了估计的回归方程（Estimated Regression Equation），它是对根据样本数据求出的回归方程的估计。对于一元线性回归，估计的回归方程为

$$\hat{y}_i = \hat{\beta}_0 + \hat{\beta}_1 x \tag{8-4}$$

式中，$\hat{\beta}_0$ 是估计的回归直线在 y 轴上的截距；$\hat{\beta}_1$ 是直线的斜率，也称为回归系数，它表示 x 每变动一个单位时，y 的平均变动量。

8.2.2　参数的最小平方估计

对于 x 和 y 的 n 对观测值，用于描述其关系的直线有多条，究竟应该用哪条直线来代表两个变量之间的关系呢？我们自然会想到距离各观测点最近的那条直线，用它来代表 x

与 y 之间的关系与实际数据的误差比用其他任何直线都小。德国科学家高斯提出用最小化图中垂直方向的离差平方和来估计参数 β_0 和 β_1，据此确定参数的方法称为最小平方法（Method of Least Squares），也称最小二乘法，它使因变量的观测 y_i 与估计值 $\hat{y}_i$ 之间的离差平均和达到最小来估计 β_0 和 β_1，因此也称为参数的最小平方估计。最小平方法的思想可用图 8-4 表示。

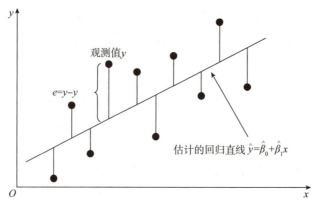

图 8-4　最小平方法示意

用最小平方法拟合的直线且有一些优良的性质。首先，根据最小平方法得到的回归直线能使离差平方和达到最小，虽然这并不能保证它就是拟合数据的最佳直线，但这毕竟是一条与数据拟合良好的直线所应有的性质。其次，由该回归直线可知 β_0 和 β_1 的估计量的抽样分布。最后，在一定条件下，β_0 和 β_1 的最小平方估计量具有性质 $E(\hat{\beta}_0)=\beta_0$，$E(\hat{\beta}_1)=\beta_1$，而且同其他估计量相比，其抽样分布具有较小的标准差。正是基于上述性质，最小平方法被广泛用于回归模型参数的估计。

根据最小平方法，有

$$\sum (y - \hat{y}_i)^2 = \sum (y_i - \hat{\beta}_0 - \hat{\beta}_1 x_i)^2 = \min \tag{8-5}$$

解得：

$$\begin{cases} \hat{\beta}_0 = \dfrac{\sum (x_i - \bar{x})(y_i - \bar{y})}{\sum (x_i - \bar{x})^2} \\ \hat{\beta}_1 = \bar{y} - \hat{\beta}_1 \bar{x} \end{cases} \tag{8-6}$$

由式（8-6）可知，当 $x = \bar{x}$ 时，$\hat{y} = \bar{y}$，即回归直线 $\hat{y}_i = \hat{\beta}_0 + \hat{\beta}_1 x_i$ 通过点 $(\bar{x}, \bar{y})$。

例 8-3　根据例 8-1 的数据，求我国 15 个地区城镇居民人均可支配收入与人均消费支出的回归方程。

8-02 建立回归方程

解：使用 SPSS 可以得到线性回归的部分结果，具体操作步骤如下。

第 1 步：选择【分析】→【回归】→【线性】，进入主对话框，如图 8-5 所示。

第 2 步：将因变量移入【因变量】列表框，将自变量移入【自变量】列表框，单击【确定】按钮。

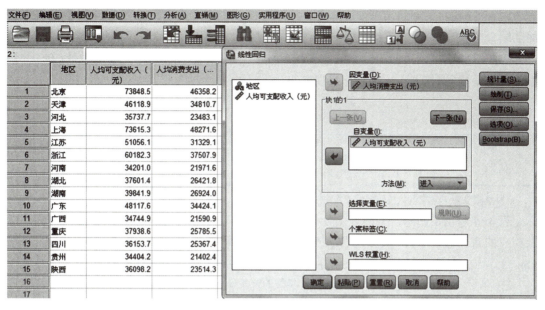

图 8-5　【线性回归】对话框

第 3 步(非必须)：如果需要参数的置信区间，则单击【统计量】按钮，在弹出的对话框的【回归系数】选项组下勾选【估计】【置信区间】【模型拟合度】复选框，选择所要求的置信水平，如图 8-6 所示。如果需要预测，则单击【保存】按钮，在弹出的对话框的【预测值】选项组下勾选【未标准化】(输出点预测值)复选框，在【预测区间】选项组下勾选【平均值】和【单值】(输出置信区间和预测区间)复选框，并选择所要求的置信水平。如果需要预测样本值以外新的自变量取值时的因变量数值，则需要在回归之前将新的自变量取值输入自变量样本值最下面的单元格，然后进行回归。如果需要分析残差，则在【残差】选项组下勾选【未标准化】和【标准化】(输出残差和标准化残差)复选框。如果需要输出标准化残差的直方图和正态概率图，则单击【图】按钮，在弹出的对话框的【标准化残差图】选项组下勾选【直方图】和【正态概率图】复选框。

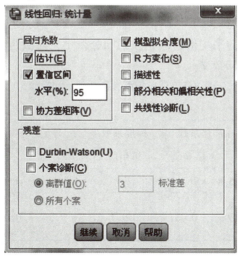

图 8-6　【线性回归：统计量】对话框

由 SPSS 输出的回归结果如表 8-3 ~ 表 8-5 所示。本章内容所涉及的一些结果将在后面陆续介绍。

表 8-3 给出了评估回归模型的主要统计量，包括相关系数（R）、判定系数（R^2）、调整的判定系数（调整 R^2）、估计标准误差等。

表 8-3　评估模型的主要统计量

模型汇总

模型	R	R^2	调整 R^2	估计标准误差
1	0.977[a]	0.955	0.951	1 916.953 2

a 为预测变量：（常量），人均可支配收入（元）。

表 8-4 给出了回归模型的方差分析表，包括回归平方和、残差平方和、总平方和，以及相应的自由度（df）、回归均方、残差均方、检验统计量（F）、F 检验的显著性水平（Sig.）。方差分析表部分主要用于对回归模型的线性关系进行显著性检验。

表 8-4　模型的方差分析表

方差分析[b]

模型		平方和	df	均方	F	Sig.
1	回归	1.010E9	1	1.010E9	274.738	0.000[a]
	残差	47 771 225.798	13	3 674 709.677	—	—
	总计	1.057E9	14	—	—	—

a 为预测变量：（常量），人均可支配收入（元）。

b 为因变量：人均消费支出（元）

表 8-5 是回归模型参数的估计和检验的有关内容，包括回归方程的常数项、非标准化回归系数、常数项和回归系数检验的统计量（t）及相应的显著性水平（Sig.），以及回归系数 95% 的置信区间等。由表 8-5 可知，人均可支配收入与人均消费支出的估计方程为 $\hat{y} = 1\,904.548 + 0.619x$。回归系数 $\hat{\beta}_1 = 0.619$，表示人均可支配收入每变动（增加或减少）1 元，人均消费支出平均变动（增加或减少）0.619 元。截距 $\hat{\beta}_0 = 1\,904.548$ 表示人均可支配收入为 0 元时，人均消费支出的平均值。但是在回归分析中，对截距 $\hat{\beta}_0$ 通常不作实际意义上的解释，除非 x 取 0 时有实际意义。

表 8-5　回归模型参数的估计和检验

系数[a]

模型		非标准化系数		标准系数	t	Sig.	$\hat{\beta}$ 的 95.0% 置信区间	
		$\hat{\beta}_0$	标准误差	试用版			下限	上限
1	（常量）	1 904.548	1 762.579	—	1.081	0.300	-1 903.273	5 712.370
	人均可支配收入/元	0.619	0.037	0.977	16.575	0.000	0.538	0.699

a 为因变量：人均消费支出（元）。

将 x_i 的各个取值代入上述估计方程，可以得到人均消费支出的各个估计值 $\hat{y}_i$。图 8-7

给出了散点图与回归直线的关系。

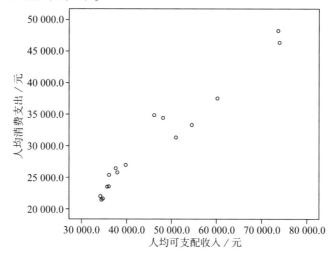

图 8-7　15 个地区城镇居民人均可支配收入与人均消费支出的线性拟合图

8.2.3　模型的拟合优度

回归直线 $\hat{y}_i = \hat{\beta}_0 + \hat{\beta}_1 x_i$ 在一定程度上描述了变量 x 与 y 之间的关系，根据这个方程，可用自变量 x 的取值来预测因变量 y 的取值。但预测的精度取决于回归直线对观测数据的拟合程度。可以想象，如果各观测数据的散点都落在这一直线上，那么这条直线就是对数据的完全拟合，直线充分代表了各个点，此时用 x 来估计 y 是没有误差的。各观测点越是紧密围绕直线，说明直线对观测数据的拟合程度越高，反之则越低。回归直线与各观测点的接近程度称为回归模型的拟合优度（Goodness of Fit）。评价拟合优度需要使用的一个重要统计量就是判定系数（Coefficient of Determination）。

1. 判定系数

判定系数是对回归方程拟合优度的度量。为说明它的含义，需要考察因变量 y 取值的误差。

因变量 y 的取值是不同的，y 取值的这种波动称为误差。误差的产生源于两个方面：一是自变量 x 的取值不同；二是除 x 以外的其他随机因素的影响。对一个具体的观测值来说，误差的大小可以用实际观测值 y 与其均值 $\bar{y}$ 离差 $(y - \bar{y})$ 来表示，如图 8-8 所示。而 n 次观测值的总误差可由这些离差平方和来表示，称为总平方和，有 $\mathrm{SST} = \sum (y_i - \bar{y})^2$。

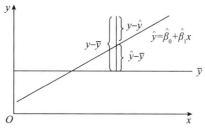

图 8-8　误差分解图

从图 8-8 可以看出，每个观测点的离差都可以分解为：$y - \bar{y} = (y - \hat{y}) + (\hat{y} - \bar{y})$，两边平方并对所有 n 个点求和，有

$$\sum (y_i - \bar{y})^2 = \sum (y_i - \hat{y}_i)^2 + \sum (\hat{y}_i - \bar{y})^2 + 2 \sum (y_i - \hat{y}_i)(\hat{y}_i - \bar{y}) \qquad (8-7)$$

可以证明，$\sum (y_i - \hat{y}_i)(\hat{y}_i - \bar{y}) = 0$，因此有

$$\sum (y_i - \bar{y})^2 = \sum (y_i - \hat{y}_i)^2 + \sum (\hat{y}_i - \bar{y})^2 \qquad (8-8)$$

式(8-8)的左边称为总平方和 SST，它被分解为两个部分：$\sum (\hat{y}_i - \bar{y})^2$ 是回归值 $\hat{y}_i$ 与均值 $\bar{y}$ 的离差平方和，根据回归方程，估计值 $\hat{y}_i = \hat{\beta}_0 + \hat{\beta}_1 x_i$，因此可以把 $\hat{y}_i - \bar{y}$ 看作由于 x 的变化引起的 y 的变化，其平方和 $\sum (\hat{y}_i - \bar{y})^2$ 则反映了 y 的总误差中由于 x 与 y 之间的线性关系引起的 y 的变化部分，它是可以由回归直线来解释的 y_i 的误差部分，称为回归平方和（Regression Sum of Squares），记为 SSR。另一部分 $\sum (y_i - \hat{y}_i)^2$ 是实际观测点与回归值的离差平方和，它是除 x 对 y 的线性影响之外的其他随机因素对 y 的影响，是不能由回归直线来解释的 y_i 的误差部分，称为残差平方和。三个平方和的关系为

$$总平方和(SST) = 回归平方和(SSR) + 残差平方和(SSE) \qquad (8-9)$$

从图 8-8 可以直观地看出，回归直线拟合得好坏取决于回归平方和占总平方和的比例（SSR/SST）的大小。各观测点越靠近直线，SSR/SST 越大，直线拟合得越好。回归平方和占总平方和的比例称为判定系数或决定系数，记为 R^2，其计算公式为

$$R^2 = \frac{SSR}{SST} = \frac{\sum (\hat{y}_i - \bar{y})^2}{\sum (y_i - \bar{y})^2} \qquad (8-10)$$

判定系数 R^2 测度了回归直线对观测数据的拟合程度。若所有观测点都落在直线上，则残差平方和 SSE = 0，$R^2 = 1$，拟合是完全的；如果 y 的变化与 x 无关，此时 $\hat{y} = \bar{y}$，则 $R^2 = 0$。由此可见，R^2 的取值范围是 $[0, 1]$。R^2 越接近 1，回归直线的拟合程度就越高；R^2 越接近 0，回归直线的拟合程度就越低。

在一元线性回归中，相关系数 r 是决定系数的平方根。这一结论可以帮助人们进一步理解相关系数的含义。实际上，相关系数 r 也从另一个角度说明了回归直线的拟合优度。$|r|$ 越接近 1，表明回归直线对观测数据的拟合程度就越高。但用 r 说明回归直线的拟合优度要慎重，因为 r 的值总是大于 R^2 的值（除非 $r = 0$ 或 $|r| = 1$）。例如，当 $r = 0.5$ 时，表面上看相关程度为中度相关，但 $R^2 = 0.25$，这表明自变量 x 只能解释因变量 y 的总误差的 25%。$r = 0.7$ 才能解释近一半的误差，$r < 0.3$ 则意味着只有很少一部分误差可由回归直线来解释。

例如，表 8-3 给出的判定系数 $R^2 = 95.5\%$，其实际意义是：人均消费支出取值的总误差中的 95.5% 可以由人均可支配收入与人均消费支出之间的线性关系来解释。可见，回归方程的拟合程度比较高。

2. 估计标准误差

估计标准误差（Standard Error of Estimate）是残差均方的平方根，也称为估计标准误，

用 s_e 表示。一元线性回归的估计标准误差的计算公式为

$$s_e = \sqrt{\frac{\sum (y_i - \hat{y}_i)^2}{n - k - 1}} = \sqrt{\frac{\text{SSE}}{n - k - 1}} \tag{8-11}$$

式中，k 为自变量的个数，在一元线性回归中，$n - k - 1 = n - 2$。

s_e 是度量各观测点在直线周围分散程度的一个统计量，它反映了实际观测值 y_i 与回归估计值 $\hat{y}_i$ 之间的差异程度。s_e 也是对误差项 ε 的标准差 σ 的估计，它可以视为在排除了 x 对 y 的线性影响后，y 随机波动大小的一个估计量。从实际意义看，s_e 反映了用回归方程预测因变量 y 时预测误差的大小。各观测点越靠近直线，回归直线对各观测点的代表性越好，s_e 就会越小，根据回归方程进行预测也就越准确；若各观测点全部落在直线上，则 $s_e = 0$，此时用自变量来预测因变量是没有误差的。可见，s_e 也从另一个角度说明了回归直线的拟合优度。

例如，表 8-3 给出的估计标准误差 $s_e = 1\,916.953\,2$。其实际意义是：根据人均可支配收入来预测人均消费支出时，平均的预测误差为 1 916.953 2 元。

8.2.4 模型的显著性检验

在建立回归模型之前，已经假定 x 与 y 是线性关系，但这种假定是否成立，需要检验后才能证实。回归分析中的显著性检验主要包括线性关系检验和回归系数检验两个方面的内容。

1. 线性关系检验

线性关系检验简称 F 检验，它用于检验自变量 x 和因变量 y 之间的线性关系是否显著，或者说，它们之间能否用一个线性模型 $y = \beta_0 + \beta_1 x + \varepsilon$ 来表示。检验统计量的构造是以回归平方和(SSR)以及残差平方和(SSE)为基础的。将 SSR 除以其相应自由度(SSR 的自由度是自变量的个数 k，一元线性回归中自由度为 1)后的结果称为回归均方(Mean Square)，记为 MSR；将 SSE 除以其相应自由度(SSE 的自由度为 $n - k - 1$，一元线性回归中的自由度为 $n - 2$)后的结果称为残差均方，记为 MSE。如果原假设成立($H_0: \beta_1 = 0$，两个变量之间的线性关系不显著)，则比值 MSR/MSE 的抽样分布服从分子自由度为 k、分母自由度为 $n - k - 1$ 的 F 分布，即

$$F = \frac{\text{SSR}/k}{\text{SSE}/(n - k - 1)} = \frac{\text{MSR}}{\text{MSE}} \sim F(k, n - k - 1) \tag{8-12}$$

当原假设成立时，MSR/MSE 的值应接近 1；当原假设不成立时，MSR/MSE 的值将变得无穷大。因此，较大的 MSR/MSE 的值将导致拒绝 H_0，此时就可以断定 x 与 y 之间存在显著的线性关系。线性关系检验的具体步骤如下。

第 1 步：提出假设。

$H_0: \beta_1 = 0$(两个变量之间的线性关系不显著)；$H_1: \beta_1 \neq 0$(两个变量之间的线性关系显著)

第 2 步：计算检验统计量 F。

第3步：做出决策。确定显著性水平 α，并根据分子自由度 $df_1 = k$ 和分母自由度 $df_2 = n - k - 1$ 求出统计量的 P 值。若 $P < \alpha$ 则拒绝 H_0，表明两个变量之间的线性关系显著。

例如，表8-4给出了检验统计量 $F = 274.738$，由于显著性水平 Sig. (P 值) 接近 0，拒绝 H_0，表明人均可支配收入与人均消费支出之间的线性关系显著。

2. 回归系数的检验和推断

回归系数检验简称 t 检验，它用于检验自变量 x 对因变量 y 的影响是否显著。在一元线性回归中，由于只有一个自变量，因此回归系数检验与线性关系检验是等价的（在多元线性回归中这两种检验不等价）。其检验假设为

$H_0: \beta_1 = 0$（自变量对因变量的影响不显著）；$H_1: \beta_1 \neq 0$（自变量对因变量的影响显著）

检验统计量的构造是以回归系数 β_1 的抽样分布为基础的。统计证明，$\hat{\beta}_1$ 服从正态分布，期望值为 $E(\hat{\beta}_1) = \beta_1$，标准差的估计量为

$$s_{\hat{\beta}_1} = \frac{s_e}{\sqrt{\sum x_i^2 - \frac{1}{n}\left(\sum x_i\right)^2}} \tag{8-13}$$

将回归系数标准化，就可以得到用于检验回归系数 β_1 的统计量 t。在原假设成立的条件下，$\hat{\beta}_1 - \beta_1 = \hat{\beta}_1$，因此检验统计量为

$$t = \frac{\hat{\beta}_1}{s_{\hat{\beta}_1}} \sim t(n-2) \tag{8-14}$$

确定显著性水平 α，并根据自由度 $df = n - 2$ 计算出统计量的 P 值。若 $P < \alpha$，则拒绝 H_0，表明 x 对 y 的影响是显著的。

例如，表8-5给出了检验统计量 $t = 16.575$。由于显著性水平（Sig.）接近 0，拒绝 H_0，表明人均可支配收入是影响人均消费支出的一个显著性因素。

除对回归系数进行检验外，还可以对其进行估计。回归系数 β_1 在 $1 - \alpha$ 置信水平下的置信区间为

$$\hat{\beta}_1 \pm t_{\alpha/2}(n-2) \frac{s_e}{\sqrt{\sum_{i=1}^{n}(x_i - \bar{x})^2}} \tag{8-15}$$

回归模型中的常数 β_0 在 $1 - \alpha$ 置信水平下的置信区间为

$$\hat{\beta}_0 \pm t_{\alpha/2}(n-2)s_e \sqrt{\frac{1}{n} + \frac{\bar{x}}{\sum_{i=1}^{n}(x_i - \bar{x})^2}} \tag{8-16}$$

例如，表8-5给出的 β_1 的95%的置信区间为 $(0.538, 0.699)$，β_0 的95%的置信区间为 $(-1\,903.273, 5\,712.370)$。其中，$\beta_1$ 的置信区间表示人均可支配收入每变动1元，人均消费支出的平均变动量为 $0.538 \sim 0.699$ 元。

8.3　预　测

回归分析的主要目的之一是根据所建立的回归方程，用给定的自变量来预测因变量。如果对于 x 的一个给定值 x_0，求出 y 的一个预测值 $\hat{y}_0$，就是点估计。在点估计的基础上，可以求出 y 的一个估计区间。估计区间有两种类型：平均值的置信区间和个别值的预测区间。

8.3.1　平均值的置信区间

平均值的置信区间(Confidence Interval)是对 x 的一个给定值 x_0，求出 y 的平均值的估计区间。例如，在例 8-1 中，根据人均可支配收入与人均消费支出的估计方程 $\hat{y}=$ 1 904.548 + 0.619x，求出人均可支配收入为 73 848.5 元(北京)时所有地区人均消费支出的平均值的估计区间，这个区间就是置信区间。

8-03 利用回归方程预测

设 x_0 为自变量 x 的一个给定值，$E(y_0)$ 为给定 x_0 时因变量 y 的期望值。当 $x = x_0$ 时，$\hat{y}_0 = \hat{\beta}_0 + \hat{\beta}_1 x_0$ 就是 $E(y_0)$ 的点估计值。一般来说，不能期望点估计值 $\hat{y}_0$ 精确地等于 $E(y_0)$，因此要用 $\hat{y}_0$ 推断 $E(y_0)$ 的置信区间。根据参数估计的原理，y 的平均值的置信区间等于点估计值±估计误差，即 $\hat{y}_0 \pm E$。E 是由所要求的置信水平的分位数值和点估计值 $(\hat{y}_0)$ 的标准误构成的。用 $s_{\hat{y}_0}$ 表示 $\hat{y}_0$ 的标准差的估计量。统计证明，求 y 的平均值的置信区间时，$s_{\hat{y}_0}$ 的计算公式为

$$s_{\hat{y}_0} = s_e \sqrt{\frac{1}{n} + \frac{(x_0 - \bar{x})^2}{\sum_{i=1}^{n}(x_i - \bar{x})^2}} \tag{8-17}$$

因此，对于给定的 x_0，$E(y_0)$ 在 $1 - \alpha$ 的置信水平下的置信区间为

$$\hat{y}_0 \pm t_{\alpha/2}(n-2)s_e \sqrt{\frac{1}{n} + \frac{(x_0 - \bar{x})^2}{\sum_{i=1}^{n}(x_i - \bar{x})^2}} \tag{8-18}$$

当 $x_0 = \bar{x}$ 时，$\hat{y}_0$ 的标准差的估计量最小，此时有 $s_{\hat{y}_0} = s_e\sqrt{1/n}$。也就是说，当 $x_0 = \bar{x}$ 时，估计是最准确的。x_0 偏离 $\bar{x}$ 越远，y 的平均值的置信区间就越宽，估计的效果也就越差。

8.3.2　个别值的预测区间

个别值的预测区间(Prediction Interval)是对 x 的一个给定值 x_0，求出 y 的一个个别值的估计区间。例如，在例 8-1 中，如果不想估计人均可支配收入为 73 848.5 元(北京)时所有地区人均消费支出平均值的估计区间，而只是想估计人均可支配收入为 73 848.5 元的北京地区人均消费支出的估计区间，这个区间就是个别值的预测区间。

与置信区间类似，y 的个别值的预测区间等于点估计值±估计误差，即 $\hat{y}_0 \pm E$。E 是由所要求的置信水平的分位数值和点估计值 $(\hat{y}_0)$ 的标准误构成的。用 s_{ind} 表示估计 y 的一个

个别值时 $\hat{y}_0$ 的标准差的估计量。统计证明，s_{ind} 的计算公式为

$$s_{ind} = s_e \sqrt{1 + \frac{1}{n} + \frac{(x_0 - \bar{x})^2}{\sum\limits_{i=1}^{n}(x_i - \bar{x})^2}} \qquad (8-19)$$

因此，对于给定的 x_0，y 的一个个别值 y_0 在 $1 - \alpha$ 的置信水平下的预测区间为

$$\hat{y}_0 \pm t_{\alpha/2}(n-2)s_e \sqrt{1 + \frac{1}{n} + \frac{(x_0 - \bar{x})^2}{\sum\limits_{i=1}^{n}(x_i - \bar{x})^2}} \qquad (8-20)$$

与式(8-17)相比，式(8-19)的根号内多加了一个1。因此，即使是对同一个 x_0，这两个区间的宽度也不一样，预测区间要比置信区间宽一些。这两个区间的示意如图 8-9 所示。

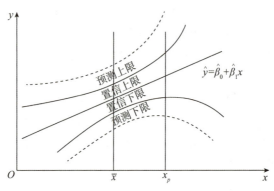

图 8-9　置信区间和预测区间示意

从图 8-9 可以看出，两个区间的宽度不太一样，y 的个别值的预测区间要宽一些。两者的差别表明，估计 y 的平均值比预测 y 的一个个别值更准确。同样，当 $x_0 = \bar{x}$ 时，两个区间也都是最准确的。

例 8-4　沿用例 8-1。求我国 15 个地区城镇居民人均消费支出的 95% 的置信区间和预测区间。

解： 使用 SPSS 可以得到线性回归的部分结果，具体操作步骤如下。

第 1 步：选择【分析】→【回归】→【线性】，进入主对话框。

第 2 步：将因变量移入【因变量】列表框，将自变量移入【自变量】列表框。

第 3 步：单击【保存】按钮，在弹出的对话框的【预测值】选项组下勾选【未标准化】（输出点预测值）复选框，在【预测区间】选项组下勾选【平均值】和【单值】（输出置信区间和预测区间）复选框，并输入所要求的置信水平，如图 8-10 所示。在【残差】选项组下勾选【未标准化】和【标准化】（输出残差和标准化残差）复选框。如果需要输出标准化残差的直方图和正态概率图，则单击【绘制】按钮，在弹出的对话框的【标准化残差图】选项组下勾选【直方图】和【正态概率图】复选框。

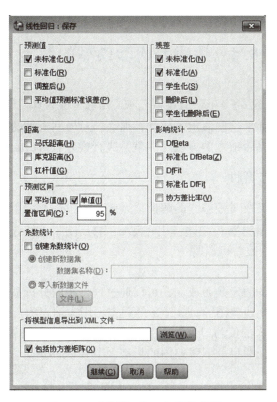

图 8-10　【线性回归：保存】对话框

用 SPSS 给出的 15 个地区城镇居民人均消费支出的 95%的置信区间和预测区间如图 8-11 所示。

排序	地区	人均可支配收入/元	人均消费支出/元	PRE_1	RES_1	ZRE_1	LMCI_1	UMCI_1	LICI_1	UICI_1
1	北京	73 848.5	46 358.2	47 604.2	-1 246.0	-.7	45 066.2	50 142.2	42 747.1	52 461.4
2	天津	46 118.9	34 810.7	30 444.3	4 366.4	2.3	29 373.0	31 515.6	26 166.7	34 722.0
3	河北	35 737.7	23 483.1	24 020.1	-537.0	-.3	22 701.2	25 339.0	19 673.8	28 366.4
4	上海	73 615.3	48 271.6	47 459.9	811.7	.4	44 939.0	49 980.9	42 611.6	52 308.2
5	江苏	51 056.1	31 329.1	33 499.6	-2 170.5	-1.1	32 334.2	34 665.0	29 197.4	37 801.8
6	浙江	60 182.3	37 507.9	39 147.2	-1 639.3	-.9	37 540.3	40 754.1	34 705.0	43 589.3
7	河南	34 201.0	21 971.6	23 069.2	-1 097.6	-.6	21 674.1	24 464.3	18 699.2	27 439.2
8	湖北	37 601.4	26 421.8	25 173.4	1 248.4	.7	23 936.5	26 410.4	20 851.3	29 495.5
9	湖南	39 841.9	26 924.0	26 559.9	364.1	.2	25 403.2	27 716.6	22 260.1	30 859.7
10	广东	48 117.6	34 424.1	31 681.2	2 742.9	1.4	30 588.2	32 774.2	27 398.0	35 964.3
11	广西	34 744.9	21 590.9	23 405.7	-1 814.8	-.9	22 038.4	24 773.1	19 044.5	27 767.0
12	重庆	37 938.6	25 785.5	25 382.1	403.4	.2	24 158.6	26 605.6	21 063.8	29 700.4
13	四川	36 153.7	25 367.4	24 277.6	1 089.8	.6	22 978.0	25 577.1	19 937.1	28 618.0
14	贵州	34 404.2	21 402.4	23 194.9	-1 792.5	-.9	21 810.3	24 579.5	18 828.2	27 561.6
15	陕西	36 098.2	23 514.3	24 243.2	-728.9	-.4	22 941.1	25 545.3	19 902.0	28 584.4

图 8-11　15 个地区城镇居民人均消费支出的 95%的置信区间和预测区间

图 8-11 中的 PRE_1 是点估计值（预测值）；LMCI_1 和 UMCI_1 是平均值的置信区间（SPSS 称为均值的预测区间）的下限和上限；LICI_1 和 UICI_1 是个别值的预测区间的下限和上限。从结果可以看出，预测区间要比置信区间宽一些。

8.4　用残差检验模型的假定

在回归模型 $y = \beta_0 + \beta_1 x + \varepsilon$ 中，假定误差项 ε 是期望值为0、方差相等且服从正态分布的一个独立随机变量。如果这些假定不成立，那么，对模型所做的检验以及预测也就不正确。确定有关 ε 的假定是否成立的方法之一就是进行残差分析（Residual Analysis）。

8.4.1　检验方差齐性

首先介绍残差的含义及对残差图的解读。残差（Residual）是因变量的观测值 y_i 与根据估计的回归方程求出的预测值 $\hat{y}_i$ 之差，用 e 表示，它反映了用估计的回归方程预测 y_i 引起的误差。第 i 个观测值的残差可以写为

$$e_i = y_i - \hat{y}_i \tag{8-21}$$

检验关于误差项 ε 的假定是否成立，可以通过残差图的分析来完成。常用的残差图有关于 x 的残差图、标准化残差图等。关于 x 的残差图用横轴表示自变量 x_i 的值，用纵轴表示对应的残差 e_i，每个 x_i 的值与对应的残差 e_i 用图中的一个点来表示。

为解读残差图，首先考察一下残差图的形态及其反映的信息。图8-12给出了几种不同形态的残差图。

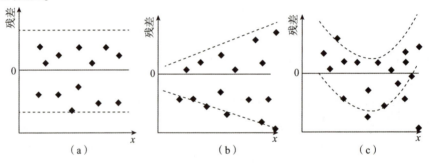

图8-12　几种不同形态的残差图

(a)满意的模式；(b)非常数方差；(c)模型形式不合理

若关于 ε 等方差的假定成立，而且假定描述变量 x 和 y 之间关系的回归模型是合理的，那么残差图中的所有点都应以均值0为中心随机分布在一条水平带中间，如图8-12(a)所示。但如果对所有的 x 值，ε 的方差是不同的，例如，对于较大的 x 值，相应的残差也较大（或对于较大的 x 值，相应的残差较小），如图8-12(b)所示，这就意味着违背了 ε 方差相等的假设。如果残差图如图8-12(c)所示，则表明所选择的回归模型不合理，这时应考虑非线性回归模型。

例8-5　沿用例8-1中的数据。求我国15个地区城镇居民人均消费支出回归的残差，画出残差图，判断所建立的回归模型中关于 ε 等方差的假定是否成立。

解：由SPSS输出的非标准化残差（RES_1）如图8-11中的RES_1列。图8-13所示是15个地区城镇居民人均消费支出与人均可支配收入回归的残差图。

从图8-13中可以看出，多数残差基本位于水平带中间，而且没有任何固定模式，呈随机分布。这表明在城镇居民人均消费支出与人均可支配收入的一元线性回归中，线性假

定以及对 ε 等方差的假定都是成立的。

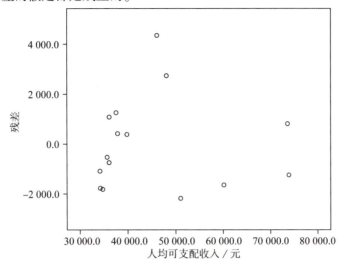

图 8-13 15 个地区城镇居民人均消费支出与人均可支配收入回归的残差图

8.4.2 检验正态性

关于 ε 正态性假定的检验，可以通过标准化残差分析来完成。标准化残差（Standardized Residual）是残差除以它的估计标准误后的结果，用 z_e 表示。第 i 个观测值的标准化残差可以表示为

$$z_{e_i} = \frac{e_i}{s_e} = \frac{y_i - \hat{y}_i}{s_e} \tag{8-22}$$

式中，s_e 是残差的估计标准误。

如果关于 ε 服从正态分布的假定成立，那么标准化残差的分布也应服从正态分布。因此，在标准化残差图中，有 80% 的标准化残差落为 $-1 \sim 1$。根据图 8-11 给出的标准化残差（ZRE_1）绘制的标准化残差图如图 8-14 所示。

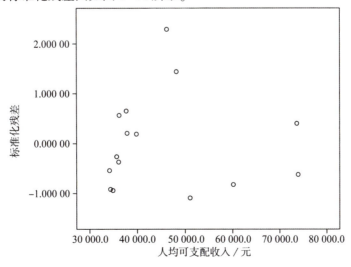

图 8-14 15 个地区城镇居民人均消费支出与人均可支配收入回归的标准化残差图

从图 8-14 可以看出，15 个点中有 12 个点的标准化残差落为 -1 ~ 1，这表明关于 ε 服从正态分布的假定成立。

通过绘制标准化残差的直方图和正态概率图也可以检验残差的正态性假定。15 个地区城镇居民人均消费支出与人均可支配收入回归的标准化残差的直方图和正态概率图分别如图 8-15 和图 8-16 所示。

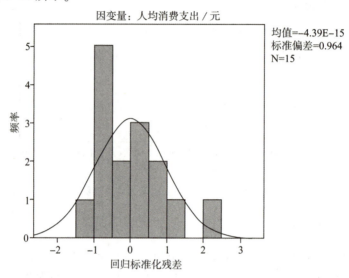

图 8-15　15 个地区城镇居民人均消费支出与人均可支配收入回归的标准化残差的直方图

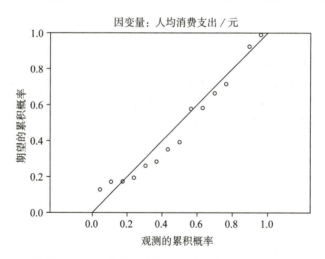

图 8-16　15 个地区城镇居民人均消费支出与人均可支配收入回归的标准化残差的正态概率图

从图 8-11 可以看出，关于 ε 服从正态分布的假定基本上成立。

关于 ε 独立性的检验，通常采用 Durbin-Watson（德宾-沃森）检验，有关这一问题的讨论请参阅介绍回归的书籍。

8.1 某城市 10 家超市营业员人均销售额和利润率资料如表 8-6 所示。

表 8-6 某城市 10 家超市营业员人均销售额和利润率资料

超市序号	人均销售额/万元	利润率/%
1	6	12.6
2	5	10.4
3	8	18.5
4	1	3
5	4	8.1
6	7	16.3
7	6	12.3
8	3	6.2
9	3	6.6
10	7	16.8

(1)绘制该城市 10 家超市营业员人均销售额与利润率的散点图，判断两者之间的关系形态。

(2)计算该城市 10 家超市营业员人均销售额与利润率之间的线性相关系数，分析说明两者之间的关系强度。

8.2 近十年某地区居民对某品牌电视机的需求量与居民收入数据如表 8-7 所示。

表 8-7 近十年某地区居民对某品牌电视机的需求量与居民收入数据

年份	需求量/千台	居民收入/万元
2011	136.2	309.3
2012	138.7	315.5
2013	140.2	318.8
2014	146.8	330.0
2015	149.6	340.2
2016	153.0	350.7
2017	158.2	367.3
2018	163.3	381.3
2019	170.5	406.5
2020	185.9	430.8

(1)绘制该地区居民收入与某品牌电视机需求量的散点图，判断两者之间的关系形态。

(2)计算该地区居民收入与某品牌电视机需求量的相关系数，并分析说明两者之间的关系，再对相关系数的显著性进行检验（$\alpha = 0.05$）。

（3）如果可以，请进行回归分析，建立两者之间的数据表达形式，并对回归系数进行分析。

（4）对回归方程进行显著性检验（$\alpha = 0.05$）。

（5）在置信水平为95%的条件下，当居民收入为330万元时，构建该品牌电视机需求量的置信区间和预测区间。

8.3　某校想研究学生在期末考试之前用于复习的时间和期末考试分数之间的关系，因此抽取了10名学生得到相关数据，具体如表8-8所示。

表8-8　10名学生复习时间与期末考试分数数据

复习时间/小时	20	16	34	23	27	32	18	22	30	25
期末考试分数/分	64	61	84	70	88	92	72	77	65	68

（1）计算10名学生复习时间与考试分数的相关系数，分析说明两者之间的关系。

（2）能否进行回归分析，为什么？

8.4　某物流公司的主管想研究货物的运送距离和运送时间的关系，于是抽取了8辆货车的运货记录，具体数据如表8-9所示。

表8-9　8辆货车的运送距离与运送时间

运送距离/千米	328	210	1 080	560	500	910	1 370	300
运送时间/天	3	1.5	3.5	2.5	1.5	3	4	2

运送距离与运送时间能否进行回归分析？若可以，请按照回归建模的思路进行分析及预测，并绘制关于 x 的残差图，然后判断关于误差项 ε 的假定是否成立。若不可以，请说明原因（$\alpha = 0.05$）。

* 第 9 章　多元线性回归分析

知识目标

- 理解多元线性回归分析方法的作用；
- 理解多重共线性的含义；
- 理解哑变量回归的作用。

能力目标

- 掌握多元线性回归模型构建与检验的方法；
- 掌握多重共线性的处理方法；
- 掌握哑变量回归的方法。

素质目标

- 通过学习多元回归，学生可以准确选择回归变量，能够精准定位目标，既不贪大求全，也不抱残守缺。

想 一 想

◆影响粮食亩产量的因素，除了施肥量之外，还有降雨量、温度等多种因素，那么诸多因素中影响粮食产量的主要因素是什么呢？这些因素都显著吗？应该如何建立模型呢？

◆商业银行希望降低不良贷款率，那么影响不良贷款比率的因素可能是贷款余额、累计应收贷款、货款项目数、固定资产投资额等，如何建立模型呢？模型拟合得好吗？这些因素都是显著因素吗？如果这些因素之间显著相关，将对模型产生哪些影响？

本章将讨论涉及两个及两个以上自变量的回归问题，即多元回归，主要介绍多元线性回归。本章讨论的重点是对多元线性回归的计算机输出结果的解释及其应用。

9.1 多元线性回归模型

在许多实际问题中，影响因变量的因素往往有多个，这种一个因变量同多个自变量的回归就是多元回归（Multiple Regression）。当因变量与各自变量之间为线性关系时，称为多元线性回归（Multiple Linear Regression）。多元线性回归分析的原理与一元线性回归基本相同，但计算上要复杂得多，因此需借助统计软件来完成。多元线性回归建模的大体思路如下。

第 1 步：确定所关注的因变量和影响因变量的 k 个自变量。

第 2 步：假定因变量与 k 个自变量之间为线性关系，并建立变量间的线性关系模型。

第 3 步：对模型进行评估和检验。

第 4 步：判别模型中是否存在多重共线性，如果存在，则进行处理。

第 5 步：利用回归方程进行预测，并利用预测的残差分析，对模型进行假定。

9.1.1 回归模型与回归方程

设因变量为 y，k 个自变量分别为 x_1，x_2，$\cdots$，x_k，描述因变量 y 如何依赖于自变量 x_1，x_2，$\cdots$，x_k 和误差项 ε 的方程，称为多元线性回归模型（Multiple Linear Regression Model）。其一般形式可表示为

$$y = \beta_0 + \beta_1 x_1 + \beta_2 x_2 + \cdots + \beta_k x_k + \varepsilon \tag{9-1}$$

式中，β_0，β_1，β_2，$\cdots$，β_k 是模型的参数；ε 是误差项。

式（9-1）表明，y 是 x_1，x_2，$\cdots$，x_k 的线性函数（$\beta_0 + \beta_1 x_1 + \beta_2 x_2 + \cdots + \beta_k x_k$ 部分）加上误差项 ε。误差项反映了除 x_1，x_2，$\cdots$，x_k 对 y 的线性影响之外的随机因素对 y 的影响，是不能由 x_1，x_2，$\cdots$，x_k 与 y 之间的线性关系所解释的 y 的变异。

在多元线性回归模型中，对误差项 ε 同样有以下 3 个基本的假定。

（1）正态性。ε 是一个服从正态分布的随机变量，且期望值为 0，即 $E(\varepsilon) = 0$。这意味着对于给定的 x_1，x_2，$\cdots$，x_k 的值，y 的期望值为 $E(y) = \beta_0 + \beta_1 x_1 + \beta_2 x_2 + \cdots + \beta_k x_k$。

（2）方差齐性。对于自变量 x_1，x_2，$\cdots$，x_k 的所有值，ε 的方差 σ^2 都相同。

（3）独立性。对于自变量 x_1，x_2，$\cdots$，x_k 的一组特定值，其所对应的 ε 与 x_1，x_2，$\cdots$，x_k 任意一组其他值所对应的 ε 不相关。同样，对于给定的 x_1，x_2，$\cdots$，x_k 的值，因变量 y 也是一个服从正态分布的随机变量。

根据回归模型的假定，有

$$E(y) = \beta_0 + \beta_1 x_1 + \beta_2 x_2 + \cdots + \beta_k x_k \tag{9-2}$$

式（9-2）称为多元线性回归方程（Multiple Linear Regression Equation），它描述了因变量 y 的期望值与自变量 x_1，x_2，$\cdots$，x_k 之间的关系。

一元线性回归在二维坐标系中的图像是一条直线，但多元线性回归的图像很难画出来。为了对式（9-2）的回归方程有直观的了解，可考虑使用含有两个自变量的二元线性回归方程，其形式为

$$E(y) = \beta_0 + \beta_1 x_1 + \beta_2 x_2$$

可以在三维空间中将这个方程的图像画出来。二元线性回归方程的图像在三维空间中是一个平面，如图 9-1 所示。

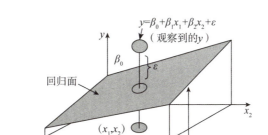

图 9-1　二元线性回归方程示意

回归模型中的参数 β_0，β_1，β_2，$\cdots$，β_k 是未知的，需要利用样本数据去估计。当用样本统计量 $\hat{\beta}_0$，$\hat{\beta}_1$，$\hat{\beta}_2$，$\cdots$，$\hat{\beta}_k$ 去估计模型中的参数 β_0，β_1，β_2，$\cdots$，β_k 时，就得到了估计的多元线性回归方程（Estimated Multiple Linear Regression Equation），其一般形式为

$$\hat{y} = \hat{\beta}_0 + \hat{\beta}_1 x_1 + \hat{\beta}_2 x_2 + \cdots + \hat{\beta}_k x_k \tag{9-3}$$

式中，$\hat{\beta}_0$，$\hat{\beta}_1$，$\hat{\beta}_2$，$\cdots$，$\hat{\beta}_k$ 是参数 β_0，β_1，β_2，$\cdots$，β_k 的估计量；$\hat{y}$ 是因变量 y 的估计量。其中，$\hat{\beta}_1$，$\hat{\beta}_2$，$\cdots$，$\hat{\beta}_k$ 称为回归系数。$\hat{\beta}_1$ 表示当 x_2，x_3，$\cdots$，x_k 不变时，x_1 每改变一个单位因变量 y 的平均改变量；$\hat{\beta}_2$ 表示当 x_1，x_3，$\cdots$，x_k 不变时，x_2 每改变一个单位因变量 y 的平均改变量，其余回归系数的含义类似。

9.1.2　参数的最小二乘估计

多元线性回归模型中，参数 $\hat{\beta}_0$，$\hat{\beta}_1$，$\hat{\beta}_2$，$\cdots$，$\hat{\beta}_k$ 仍然采用最小二乘法来估计，也就是使残差平方和最小，即

$$Q = \sum (y_i - \hat{y}_i)^2 = \sum (y_i - \hat{\beta}_0 - \hat{\beta}_1 x_1 - \hat{\beta}_2 x_2 - \cdots - \hat{\beta}_k x_k)^2 = \min \tag{9-4}$$

由此得到求解 $\hat{\beta}_0$，$\hat{\beta}_1$，$\hat{\beta}_2$，$\cdots$，$\hat{\beta}_k$ 的标准方程组为

$$\begin{cases} \left. \dfrac{\partial Q}{\partial \beta_0} \right|_{\beta_0 = \hat{\beta}_0} = 0 \\ \left. \dfrac{\partial Q}{\partial \beta_1} \right|_{\beta_i = \hat{\beta}_i} = 0 \end{cases} \tag{9-5}$$

其中，$i = 1$，2，$\cdots$，k。

例 9-1　超市的营业收入受多种因素的影响，如客流量、价格、交通便捷程度、服务水平、同业竞争者的数量等。为分析超市营业收入的影响因素，某市场调查公司在某城市随机抽取 20 家超市，调查得到的有关数据如表 9-1 所示。

9-01 多元线性回归方程

表 9-1　20 家超市的调查数据

编号	日均营业收入/万元	周边居民人数/万人	人均购物支出/元	周边居民月平均收入/元	周边超市数/家	距市中心距离/千米
1	50.2	160	166.0	6 004	5	6.5
2	16.5	14	25.0	3 487	11	16.0
3	10.3	87	110.0	5 336	10	18.2

续表

编号	日均营业收入/万元	周边居民人数/万人	人均购物支出/元	周边居民月平均收入/元	周边超市数/家	距市中心距离/千米
4	81.7	151	275.0	7 287	7	10.0
5	8.4	78	19.0	5 311	15	17.5
6	15.9	61	91.0	6 109	8	3.6
7	3.5	52	22.0	4 057	17	18.5
8	25.3	108	116.0	4 161	3	4.0
9	6.9	48	63.5	2 166	10	11.6
10	24.9	132	130.5	11 125	9	14.2
11	70.4	213	160.7	13 937	2	2.5
12	21.6	65	90.0	4 000	18	12.0
13	2.9	12	7.9	2 841	14	12.8
14	5.0	60	62.1	2 794	26	7.8
15	8.3	22	50.8	2 404	34	2.7
16	44.2	115	74.8	6 109	12	3.2
17	76.8	298	170.4	15 571	4	7.6
18	13.1	77	37.4	4 228	11	11.0
19	9.6	89	107.2	3 772	15	28.4
20	46.9	161	160.8	6 451	5	6.2

试建立多元线性回归模型，并解释各回归系数的含义。

解： 利用 SPSS 进行多元线性回归与一元回归类似，具体步骤如下。

第 1 步：选择【分析】→【回归】→【线性】，进入主对话框，如图 9-2 所示。

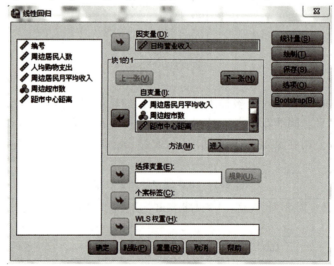

图 9-2 【线性回归】对话框

第2步：将因变量移入【因变量】列表框，将所有自变量移入【自变量】列表框。

第3步：单击【统计量】按钮，在弹出的对话框的【回归系数】选项组下勾选【估计】和【置信区间】复选框，再勾选【模型拟合度】和【共线性诊断】复选框，单击【继续】按钮，返回主对话框，如图9-3所示。

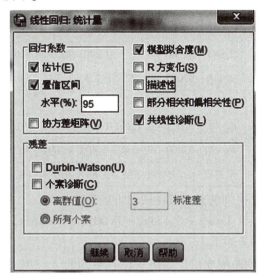

图9-3　【线性回归：统计量】对话框

SPSS输出的多元线性回归结果如表9-2~表9-4所示。

表9-2　模型的主要统计量

模型汇总

模型	R	R^2	调整 R^2	估计标准误差
1	0.936[a]	0.876	0.831	10.466 4

a 为预测变量：（常量），距市中心距离，周边超市数，人均购物支出，周边居民月平均收入，周边居民人数。

表9-3　模型的方差分析表

方差分析[b]

模型		平方和	df	均方	F	Sig.
1	回归	10 813.341	5	2 162.668	19.742	0.000[a]
	残差	1 533.651	14	109.547	—	—
	总计	12 346.992	19	—	—	—

a 为预测变量：（常量），距市中心距离，周边超市数，人均购物支出，周边居民月平均收入，周边居民人数。

b 为因变量：日均营业收入。

表 9-4　模型参数的估计和检验

系数

模型		非标准化系数		标准系数	t	Sig.	B 的 95%置信区间		共线性统计量	
		B	标准误差	试用版			下限	上限	容差	VIF
1	（常量）	2.947	10.927		0.270	0.791	-20.489	26.383	—	—
	周边居民人数	0.116	0.095	0.322	1.225	0.241	-0.087	0.319	0.129	7.758
	人均购物支出	0.173	0.057	0.454	3.045	0.009	0.051	0.295	0.399	2.505
	周边居民月平均收入	0.001	0.001	0.131	0.618	0.546	-0.002	0.004	0.197	5.070
	周边超市数	-0.161	0.400	-0.049	-0.402	0.694	-1.019	0.697	0.587	1.703
	距市中心距离	-0.712	0.375	-0.188	-1.897	0.079	-1.516	0.093	0.902	1.108

根据表 9-4 的结果，得到的多元线性回归方程为

$$\hat{y} = 2.947 + 0.116x_1 + 0.173x_2 + 0.001x_3 - 0.161x_4 - 0.712x_5$$

各回归系数的实际意义如下。

$\hat{\beta}_1 = 0.116$ 表示在人均购物支出、周边居民月平均收入、周边超市数、距市中心距离不变的条件下，周边居民人数每增加 1 万人，日均营业收入平均增加 0.116 万元。

$\hat{\beta}_2 = 0.173$ 表示在周边居民人数、周边居民月平均收入、周边超市数、距市中心距离不变的条件下，人均购物支出每变动 1 元，日均营业收入平均增加 0.173 万元。

$\hat{\beta}_3 = 0.001$ 表示在周边居民人数、人均购物支出、周边超市数、距市中心距离不变的条件下，周边居民月平均收入每增加 1 元，日均营业收入平均增加 0.001 万元。

$\hat{\beta}_4 = -0.161$ 表示在周边居民人数、人均购物支出、周边居民月平均收入、距市中心距离不变的条件下，周边超市数每增加 1 家，日均营业收入平均减少 0.161 万元。

$\hat{\beta}_5 = -0.712$ 表示在周边居民人数、人均购物支出、周边居民月平均收入、周边超市数不变的条件下，距市中心距离每增加 1 千米，日均营业收入平均减少 0.712 万元。

表 9-4 还给出了各个回归系数的置信区间。例如，给出的 β_1 的 95%的置信区间为 $(-0.087, 0.319)$，它的含义是：在人均购物支出、周边居民月平均收入、周边超市数、距市中心距离不变的条件下，周边居民人数每增加 1 万人，日均营业收入平均变动为 -0.087 万~0.319 万元。其他几个回归系数的置信区间的含义类似。

表 9-4 给出的标准化回归系数（Standardized Regression Coefficient）是将因变量和所有自变量都在标准化后进行回归得到的回归系数，用 $\bar{\beta}$ 表示。标准化回归系数 $\bar{\beta}_i$ 的含义是：在其他自变量取值不变的条件下，自变量 x_i（这里是指原始数据）每变动一个标准差，因变量平均变动 $\bar{\beta}_i$ 个标准差。显然，$\bar{\beta}_i$ 的绝对值越大，说明该自变量 x_i 对因变量的影响就越大，相对于其他自变量而言，它对因变量的预测也就越重要。例如，x_1 的标准化回归系数 $\bar{\beta}_1 = 0.332$ 表示：在其他自变量不变的条件下，周边居民人数每改变 1 个标准差，日均营业收入平均改变 0.332 个标准差。其他标准化回归系数的含义类似。按标准化回归系数的绝对值大小排序为：$|\bar{\beta}_2| > |\bar{\beta}_1| > |\bar{\beta}_5| > |\bar{\beta}_3| > |\bar{\beta}_4|$。可见在 5 个自变量中，人均购物支出是预测日均营业收入最重要的变量，周边超市数则是最不重要的变量。

9.2　拟合优度和显著性检验

9.2.1　模型的拟合优度

多元线性回归模型的拟合优度可以用多重判定系数、估计标准误差等统计量来评价。

1. 多重判定系数

在多元线性回归中，因变量的总平方和 $SST = \sum (y_i - \bar{y})^2$ 同样被分解成两部分，即回归平方和 $SSR = \sum (\hat{y}_i - \bar{y})^2$ 与残差平方和 $SSE = \sum (y_i - \hat{y}_i)^2$，显然有 $SST = SSR + SSE$。

多重判定系数（Multiple Coefficient of Determination）是多元线性回归中，回归平方和占总平方和的比例，也记为 R^2，计算公式为

$$R^2 = \frac{SSR}{SST} \tag{9-6}$$

R^2 度量了多元线性回归模型的拟合优度，它表示在因变量 y 的总变差中，被多个自变量共同解释的比例。

在多元线性回归中，由于自变量个数的增加将影响因变量中被估计的回归方程所解释的变差数量，因此增加自变量会使预测误差变小，从而减小残差平方和 SSE。当 SSE 变小时，SSR 就会变大，从而使 R^2 变大。如果模型中增加一个自变量，即使这个自变量在统计上并不显著，R^2 也会变大。因此，为避免因自变量增加而高估 R^2，统计学家提出用样本量 n 和自变量的个数 k 去调整 R^2，计算出调整的多重判定系数（Adjusted Multiple Coefficient of Determination），记为 R_a^2，其计算公式为

$$R_a^2 = 1 - (1 - R^2) \times \frac{n-1}{n-k-1} \tag{9-7}$$

R_a^2 的解释与 R^2 类似，不同的是 R_a^2 同时考虑了样本量 n 和模型中自变量的个数 k 的影响，这就使 R_a^2 的值始终小于 R^2，而且 R_a^2 的值不会由于模型中自变量个数的增加而越来越接近 1。因此，在多元线性回归分析中，通常用调整的多重判定系数来评价回归方程的拟合优度。

R^2 的平方根称为多重相关系数，也称为复相关系数，它度量了因变量同 k 个自变量的总体相关程度。

例如，根据表 9-2 的输出结果，多重判定系数 $R^2 = 0.876 = 87.6\%$。调整的多重判定系数 $R^2 = 0.831 = 83.1\%$，其意义与 R^2 相同，表示在用样本量和模型中自变量的个数进行调整后，在日均营业收入取值的总变差中，被周边居民人数、人均购物支出、周边居民月平均收入、周边超市数和距市中心距离这 5 个自变量解释的比例为 83.1%。多重相关系数 $R = 0.936$，它表示日均营业收入同 5 个自变量的总体相关系数为 0.936，说明相关程度比较高。

2. 估计标准误差

多元线性回归中的估计标准误差是其残差均方的平方根，它是多元回归模型中，误差

项 ε 方差 σ^2 的一个估计量。其计算公式为

$$s_e = \sqrt{\frac{(y_i - \hat{y}_i)^2}{n - k - 1}} = \sqrt{\frac{\text{SSE}}{n - k - 1}} \qquad (9\text{-}8)$$

式中，k 为自变量的个数。

由于 s_e 是预测误差的标准差的估计量，其含义可解释为：根据自变量 x_1，x_2，$\cdots$，x_k 来预测因变量 y 时的平均预测误差。

例如，根据表 9-2 的输出结果，$s_e = 10.466\ 4$。其含义是：根据所建立的多元线性回归方程，用周边居民人数、人均购物支出、周边居民月平均收入、周边超市数和距市中心距离这 5 个自变量预测日均营业收入时，平均的预测误差为 10.466 4 万元。

9.2.2 模型的显著性检验

在一元线性回归中，由于只有一个自变量，F 检验（线性关系检验）与 t 检验（回归系数检验）是等价的。在多元线性回归中，这两种检验不再等价。F 检验主要是检验因变量同多个自变量的整体线性关系是否显著，在 k 个自变量中，只要有一个自变量同因变量的线性关系显著，F 检验就显著，但这并非意味着，每个自变量同因变量的关系都显著。t 检验则是对各个回归系数分别进行检验，以判断各个自变量对因变量的影响是否显著。

1. 线性关系检验

线性关系检验是检验因变量 y 与 k 个自变量之间的关系是否显著，也称为总体显著性检验，具体步骤如下。

第 1 步：提出假设。

H_0：$\beta_1 = \beta_2 = \cdots = \beta_k = 0$；$H_1$：$\beta_1$，$\beta_2$，$\cdots$，$\beta_k$ 至少有一个不等于 0

第 2 步：计算检验统计量 F。

$$F = \frac{\text{SSR}/k}{\text{SSE}/(n - k - 1)} \sim F(k, n - k - 1) \qquad (9\text{-}9)$$

第 3 步：做出决策。给定显著性水平 α，根据分子自由度 k，分母自由度 $n - k - 1$ 计算出统计量的 P 值。若 $P < \alpha$，则拒绝原假设，表明 y 与 k 个自变量之间的线性关系显著。

2. 回归系数检验

要判断各个自变量对因变量的影响是否显著，需要对各回归系数 β_i 分别进行 t 检验，具体步骤如下。

第 1 步：提出假设。对于任意参数 $\beta_i(i = 1, 2, \cdots, k)$，有

$$H_0：\beta_i = 0；H_1：\beta_i \neq 0$$

第 2 步：计算检验统计量 t：

$$t_i = \frac{\hat{\beta}_i}{s_{\hat{\beta}_i}} \sim t(n - k - 1) \qquad (9\text{-}10)$$

式中，$s_{\hat{\beta}_i}$ 是回归系数 $\hat{\beta}_i$ 的抽样分布的标准差计算公式见式(8-13)。

第 3 步：做出决策。给定显著性水平 α，根据自由度 $n - k - 1$ 计算出统计量的 P 值。若 $P < \alpha$，则拒绝原假设，表明回归系数 β_i 显著。

例 9-2　沿用例 9-1。对回归模型的线性关系和回归系数分别进行显著性检验（$\alpha = 0.05$）。

解： 检验线性关系提出的假设如下：

$$H_0: \beta_1 = \beta_2 = \beta_3 = \beta_4 = \beta_5 = 0; \quad H_1: \beta_1, \beta_2, \beta_3, \beta_4, \beta_5 \text{ 至少有一个不等于 } 0$$

表 9-3 中给出的 $F = 19.742$，显著性水平（Sig.）接近 0，因此拒绝 H_0。这表明日均营业收入与周边居民人数、人均购物支出、周边居民月平均收入、周边超市数和距市中心距离之间的线性关系显著。

下面检验回归系数提出的假设如下。对于任意参数 $\beta_i (i = 1, 2, 3, 4, 5)$，有

$$H_0: \beta_i = 0; \quad H_1: \beta_i \neq 0$$

根据表 9-4 的结果可知，$t_1 = 1.225$，$t_2 = 3.045$，$t_3 = 0.618$，$t_4 = -0.402$，$t_5 = -1.897$，相应的显著性水平（Sig.）分别为 0.241，0.009，0.546，0.694 和 0.079。只有 $\hat{\beta}_2$ 所对应的显著性水平小于 0.05，其余 4 个回归系数所对应的显著性水平均大于 0.05，未通过检验。这表明在影响日均营业收入的 5 个自变量中，只有人均购物支出的影响是显著的，其他 4 个自变量的影响均不显著。

当然，要得出上述分析结论还需要其他证据。因为这 4 个自变量没有通过检验，也可能是其他原因造成的。例如，若 5 个自变量之间高度相关，就有可能造成某一个或几个回归系数不能通过检验，但这并不一定意味着没有通过检验的那些自变量对因变量的影响就不显著。实际上，单独做每个自变量与日均营业收入的一元线性回归可以发现，各回归系数检验的显著性水平（Sig.）均接近 0，结果都是显著的（请读者自己去验证）。由于自变量之间相关而形成的这种问题，在统计上称为多重共线性。

9.3　多重共线性

当回归模型中使用两个或两个以上的自变量时，这些自变量往往会提供多余的信息。也就是说，这些自变量之间彼此相关。例如，在例 9-1 建立的回归模型中，使用了 5 个自变量，虽然它们对预测日均营业收入都有作用，但由于这 5 个自变量之间可能存在相关关系，在预测中提供的信息就是重复的。

9-02 多重共线性

9.3.1　多重共线性及其识别和处理

当回归模型中两个或两个以上的自变量彼此相关时，称回归模型中存在多重共线性（Multicolinearity）。在有些问题中使用的自变量之间存在相关关系是一件很平常的事情，但是在回归分析中存在多重共线性会产生某些问题。

1. 多重共线性产生的问题

多重共线性会给回归分析带来以下问题。

（1）变量之间高度相关时，可能会使回归的结果混乱，甚至会把分析引入歧途。

例如，在例 9-1 的回归中，F 检验表明日均营业收入与 5 个自变量之间的线性关系是显著的，而 t 检验表明只有 β_2 显著，其他 4 个回归系数均不显著。这种检验结果看起来矛盾，实则不然。因为 F 检验表明线性关系显著时，只是说明日均营业收入至少同 5 个自变量中的一个线性关系显著，并非意味着同每个自变量的线性关系都显著。事实上，5 个自变量在预测日均营业收入时，可能都有贡献(读者可就 5 个自变量分别进行一元线性回归来验证)，只不过一些自变量的贡献与另一些自变量的贡献相互重叠了。

(2)多重共线性可能对参数估计值的正负号产生影响，特别是 β_i 的正负号有可能同预期的相反，甚至会导致对回归系数的错误估计。因此，当存在多重共线性时，对回归系数的解释要慎重。

2. 多重共线性的识别和处理

识别多重共线性的方法有很多种，有些已超出本书的范围。此处只介绍几种简单的识别方法。

(1)对模型中各自变量之间的相关系数进行显著性检验。如果有一个或多个相关系数显著，就表示模型中所使用的自变量之间显著相关，因此可能存在多重共线性。例如，根据例 9-1 的数据计算各自变量之间的相关系数及其检验结果的具体步骤如下。

第 1 步：单击【分析】→【相关】→【双相关】，在弹出的主对话框中将各自变量移入【变量】列表框，如图 9-4 所示。

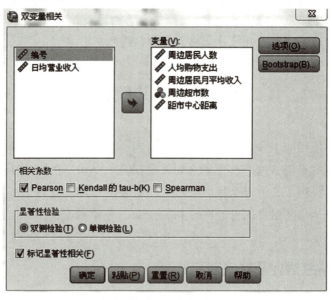

图 9-4 【双变量相关】对话框

第 2 步：单击【确定】按钮。

SPSS 输出结果如表 9-5 所示。检验结果表明，在 5 个自变量中，只有距市中心距离与其他 4 个自变量之间的关系不显著，其他 4 个自变量之间均两两显著相关。因此，例 9-1中建立的多元线性回归模型中可能存在多重共线性。

表9-5　5个自变量的相关系数及其检验

相关性

	分析指标	周边居民人数	人均购物支出	周边居民月平均收入	周边超市数	距市中心距离
周边居民人数	Pearson 相关系数	1	0.749**	0.888**	−0.626**	−0.298
	显著性(双侧)	—	0.000	0.000	0.003	0.203
	N	20	20	20	20	20
人均购物支出	Pearson 相关系数	0.749**	1	0.590**	−0.544*	−0.262
	显著性(双侧)	0.000	—	0.006	0.013	0.265
	N	20	20	20	20	20
周边居民月平均收入	Pearson 相关系数	0.888**	0.590**	1	−0.572**	−0.259
	显著性(双侧)	0.000	0.006	—	0.008	0.271
	N	20	20	20	20	20
周边超市数	Pearson 相关系数	−0.626**	−0.544*	−0.572**	1	0.135
	显著性(双侧)	0.003	0.013	0.008	—	0.572
	N	20	20	20	20	20
距市中心距离	Pearson 相关系数	−0.298	−0.262	−0.259	0.135	1
	显著性(双侧)	0.203	0.265	0.271	0.572	—
	N	20	20	20	20	20

＊＊为在 0.01 水平(双侧)上显著相关。

＊为在 0.05 水平(双侧)上显著相关。

(2)考察各回归系数的显著性。若模型的 F 检验显著，而几乎所有回归系数 β_i 的 t 检验都不显著，则表示模型中可能存在多重共线性。本例的回归结果就出现了这种情况。

(3)分析回归系数的正负号。如果回归系数的正负号与预期的相反，则表示模型中可能存在多重共线性。本例中未出现这种情况。

(4)用容忍度(Tolerance)和方差扩大因子(Variance Inflation Factor)来识别多重共线性。某个自变量的容忍度等于 1 减去以该自变量为因变量、其余 $k-1$ 个自变量为预测变量所得到的线性回归模型的判定系数，即 $1-R_i^2$。容忍度越小，多重共线性越严重。通常认为容忍度小于 0.1 时，存在严重的多重共线性。方差扩大因子(记为 VIF)等于容忍度的倒数，即 $\text{VIF}=\dfrac{1}{1-R_i^2}$。显然，VIF 越大，多重共线性就越严重。一般地，如果 VIF 大于10(严格一些，也可以将 VIF 大于 5 作为标准)，则认为存在严重的多重共线性。例如，从表9-4给出的结果可以看出，容忍度均大于 0.1，VIF 均小于 10，这说明本例建立的回归模型中，多重共线性并不严重。但如果用 VIF 大于 5 作为标准，则本例中周边居民人数和周边居民月平均收入的 VIF 均大于 5，也可以认为这两个变量间存在多重共线性。

一旦发现模型中存在多重共线性，就应采取某种解决措施。至于采取什么样的措施来解决，则要看多重共线性的严重程度。例如，可以将一个或多个相关的自变量从模型中剔除，使保留的自变量尽可能不相关。如果要在模型中保留所有的自变量，则应该避免对单个 $\hat{\beta}_i$ 进行 t 检验，并将对因变量 y 值的推断限定在自变量样本值的范围内。

当自变量间存在多重共线性时，如果在建立模型之前就有选择地确定进入模型的自变量，则可以避免出现多重共线性问题。

9.3.2　变量选择与逐步回归

在建立多元线性回归模型时，不要试图引入更多的自变量，除非确实有必要。究竟应该将哪些自变量引入模型呢？变量的选择方法主要有向前选择法（Forward Selection）、向后剔除法（Backward Elimination）、逐步回归法（Stepwise Regression）等。

1.　向前选择法

向前选择法是从不存在自变量的模型中开始，然后按下面的步骤选择自变量来拟合模型。

（1）分别拟合因变量 y 对 k 个自变量 x_1，x_2，$\cdots$，x_k 的一元线性回归模型，共有 k 个，然后找出 F 值最大（或 P 值最小）的模型及其自变量 x_i，并将该自变量首先引入模型。如果所有模型均无统计上的显著性，则运算过程终止，没有模型被拟合。

（2）在模型已经引入 x_i 的基础上，再分别拟合引入模型外的 $k-1$ 个自变量 x_1，$\cdots$，x_{i-1}，x_{i+1}，$\cdots$，x_k 的回归模型，即自变量组合为 $x_i + x_1$，$\cdots$，$x_i + x_{i-1}$，$x_i + x_{i+1}$，$\cdots$，$x_i + x_k$ 的 $k-1$ 个回归模型。然后分别考察这 $k-1$ 个模型，挑选出 F 值最大（或 P 值最小）的含有两个自变量的模型，并将使 F 值最大（或 P 值最小）的那个自变量 x 引入模型。如果除 x_i 之外的 $k-1$ 个自变量均无统计上的显著性，则运算过程终止。如此反复，直至模型外的自变量均无统计上的显著性为止。

向前选择法的特点：只要某个自变量被选入模型，这个变量就一定会保留在模型中。

2.　向后剔除法

与向前选择法相反，向后剔除法的基本步骤如下。

（1）拟合因变量对所有 k 个自变量的回归模型。然后考察 $p(p < k)$ 个去掉一个自变量的模型（这些模型中的每一个都有 $k-1$ 个自变量），使模型的 SSE 值减小得最少的自变量（F 值最小或 P 值最大）被挑选出来，并将其从模型中剔除。

（2）考察 $p-1$ 个去掉一个自变量的模型（这些模型中的每一个都有 $k-2$ 个自变量），使模型的 SSE 值减小得最少的自变量被挑选出来，并将其从模型中剔除。如此反复，直至剔除一个自变量后不会使 SSE 值显著减小。这时，模型中剩余的自变量都是显著的。

向后剔除法的特点：只要某个自变量从模型中被剔除，这个变量就不会再进入模型。

3.　逐步回归法

逐步回归法是避免多重共线性的有效方法之一，它将上述两种方法结合起来筛选自变量。逐步回归法的前两步与向前选择法相同。不过在新增加一个自变量后，它会对模型中所有的自变量重新考察，看看有没有可能剔除某个自变量。如果在新增加一个自变量后，前面增加的某个自变量对模型的贡献变得不再显著，此时这个自变量就会被剔除。按这个方法不停增加自变量，并考虑剔除以前增加的自变量的可能性，直至增加自变量已经不能导致 SSE 值显著减小(这个过程可通过 *F* 检验来完成)。

逐步回归法的特点:在前面步骤中,增加的自变量在后面的步骤中有可能被剔除,而在前面步骤中剔除的自变量在后面的步骤中也可能重新进入模型。

例 9-3 沿用例 9-1。用逐步回归法,建立日均营业收入与周边居民人数、人均购物支出、周边居民月平均收入、周边超市数和距市中心距离的回归方程。

解:下面给出了利用 SPSS 进行逐步回归的具体操作步骤。

第 1 步:选择【分析】→【回归】→【线性】,进入主对话框。

第 2 步:在对话框中将因变量移入【因变量】列表框,将所有自变量移入【自变量】列表框,并在【方法】下拉列表框中选择【逐步】。

第 3 步:单击【选项】按钮,在弹出的对话框的【步进方法标准】选项组下选中【使用 F 的概率】单选按钮,并在【进入】文本框中输入增加变量所要求的显著性水平(隐含值为 0.05,一般不用改变);在【删除】文本框中输入剔除自变量所要求的显著性水平(隐含值为 0.1,一般不用改变)。单击【继续】按钮回到主对话框,如图 9-5 所示。最后,【确定】按钮。

注:如果需要预测,则单击【保存】按钮,在弹出的对话框的【预测值】选项组下勾选【未标准化】(输出点预测值)复选框;在【预测区间】选项组下勾选【平均值】和【单值】(输出置信区间和预测区间)复选框;并选择所要求的置信水平(隐含值为 95%,一般不用改变)。如果需要进行残差分析,则在【残差】选项组下选中所需的残差。如果需要输出标准化残差的直方图和正态概率图,则单击【图】按钮,在弹出的对话框的【标准化残差图】选项组下勾选【直方图】和【正态概率图】复选框。

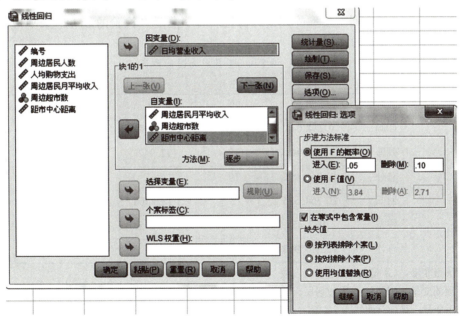

图 9-5 逐步回归步骤

表 9-6 最先引入的自变量是周边居民人数(模型 1),其次是人均购物支出(模型 2),而其他 3 个自变量(周边居民月平均收入、周边超市数和距市中心距离)均被剔除。

表 9-6　变量的进入和移出标准

输入/移去的变量[a]

模型	输入的变量	移去的变量	方法
1	周边居民人数	.	步进（准则：F-to-enter 的概率 <= 0.050，F-to-remove 的概率 >=0.100）
2	人均购物支出	.	步进（准则：F-to-enter 的概率 <= 0.050，F-to-remove 的概率 >=0.100）

a 为因变量：日均营业收入。

表 9-7 给出了两个回归模型的一些主要统计量，包括多重相关系数 R、多重判定系数 R^2、调整的多重判定系数 R_a^2 和估计标准误差 s_e 等。

从表 9-7 可以看到，只含有周边居民人数一个自变量的回归方程，其 $R^2 = 0.748$；含有周边居民人数和人均购物支出两个自变量的回归方程，其调整的 $R^2 = 0.821$，表明两个模型的拟合程度比较高。

表 9-7　两个模型的主要统计量

模型汇总

模型	R	R^2	调整 R^2	估计标准误差
1	0.865[a]	0.748	0.734	13.150 7
2	0.916[b]	0.839	0.821	10.798 8

a 为预测变量：（常量），周边居民人数。

b 为预测变量：（常量），周边居民人数，人均购物支出。

表 9-8 给出了两个回归模型的方差分析表。两个模型 F 检验的显著性水平均接近 0，表明两个模型都是显著的。

表 9-8　两个回归模型的方差分析表

Anova[c]

模型		平方和	df	均方	F	Sig.
1	回归	9 234.044	1	9 234.044	53.394	0.000[a]
	残差	3 112.948	18	172.942	—	—
	总计	12 346.992	19	—	—	—
2	回归	10 364.535	2	5 182.268	44.439	0.000[b]
	残差	1 982.457	17	116.615	—	—
	总计	12 346.992	19	—	—	—

a 为预测变量：（常量），周边居民人数。

b 为预测变量：（常量），周边居民人数，人均购物支出。

c 为因变量：日均营业收入。

表 9-9 给出了两个回归模型参数的估计值，即回归系数和标准化回归系数，以及用于检验的 t 统计量和相应的显著性水平，检验结果均显著。

表 9-9 两个回归模型参数的估计和检验

系数ᵃ

模型		非标准化系数		标准系数	t	Sig.
		B	标准误差	试用版		
1	（常量）	−4.089	5.185		−0.789	0.441
	周边居民人数	0.312	0.043	0.865	7.307	0.000
2	（常量）	−8.615	4.499		−1.915	0.073
	周边居民人数	0.188	0.053	0.523	3.565	0.002
	人均购物支出	0.174	0.056	0.457	3.114	0.006

a 为因变量：日均营业收入。

根据上面的回归结果，可考虑使用二元线性回归模型，其估计方程为

$$\hat{y} = -8.615 + 0.188x_1 + 0.174x_2$$

9.4 利用回归方程进行预测

建立多元线性回归模型后，可根据给定的 k 个自变量，求出自变量 y 的平均值的置信区间和个别值的预测区间。置信区间和预测区间的计算公式复杂，这里不再给出，但利用 SPSS 很容易得到结果。

9-03 利用回归
方程进行预测

例 9-4 沿用例 9-1 中的数据。用逐步回归法得到的回归方程为 $\hat{y} = -8.615 + 0.188x_1 + 0.174x_2$，求日均营业收入 95% 的置信区间和预测区间。

解：由 SPSS 逐步回归得到的 20 家超市日均营业收入 95% 的置信区间和预测区间如图 9-6 所示。

PRE_1	RES_1	ZRE_1	LMCI_1	UMCI_1	LICI_1	UICI_1
50.39208	-.19208	-.01779	42.95465	57.82952	26.42530	74.35887
-1.63022	18.13022	1.67890	-9.88460	6.62415	-25.86297	22.60252
26.90215	-16.60215	-1.53740	21.08741	32.71689	3.38827	50.41603
67.64919	14.05081	1.30114	49.76558	85.53279	38.68517	96.61321
9.38375	-.98375	-.09110	.29935	18.46814	-15.14415	33.91164
18.70023	-2.80023	-.25931	12.30619	25.09427	-4.96356	42.36402
5.00713	-1.50713	-.13956	-2.85487	12.86912	-19.09479	29.10904
31.90170	-6.60170	-.61133	26.53556	37.26784	8.49472	55.30868
11.46947	-4.56947	-.42314	5.06894	17.87000	-12.19608	35.13501
38.94439	-14.04439	-1.30055	33.18692	44.70186	15.44461	62.44417
59.45543	10.94457	1.01349	49.49766	69.41320	34.59083	84.32003
19.27993	2.32007	.21484	13.18480	25.37506	-4.30485	42.86471
-4.98032	7.88032	.72974	-13.82449	3.86385	-29.42026	19.45962
13.48677	-8.48677	-.78590	7.54268	19.43086	-10.05943	37.03297
4.36297	3.93703	.36458	-3.41298	12.13892	-19.71101	28.43696
26.05670	18.14330	1.68011	19.57369	32.53972	2.36872	49.74469
77.15556	-.35556	-.03293	59.78779	94.52333	48.50716	105.80396
12.39470	.70530	.06531	4.99296	19.79644	-11.56103	36.35043
26.79208	-17.19208	-1.59203	21.20819	32.37598	3.33423	50.24994
49.67631	-2.77631	-.25709	42.45837	56.89426	25.77673	73.57590

图 9-6 20 家超市日均营业收入 95% 的置信区间和预测区间

图 9-6 中的 PRE_1 是用周边居民人数和人均购物支出两个自变量得到的日均营业收入的点估计值；RES_1 是预测的残差（$y_i - \hat{y}_i$）；ZRE_1 是标准化残差；LMCI_1 和 UMCI_1 是平均值的置信区间的下限和上限；LICI_1 和 UICI_1 是个别值的预测区间的下限和上限。

图 9-7 和图 9-8 给出了 20 家超市日均营业收入的标准化残差的直方图和正态概率图。从图 9-7 和图 9-8 中可以看出，标准化残差基本服从正态分布。

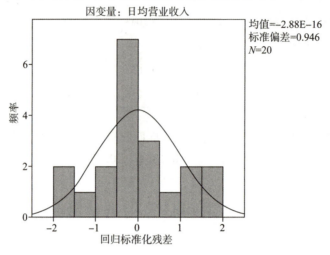

图 9-7　20 家超市日均营业收入的标准化残差的直方图

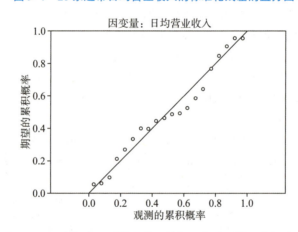

图 9-8　20 家超市日均营业收入的标准化残差的正态概率图

9.5　哑变量回归

前文介绍的回归变量都是数值型的。但在实际中，有时需要利用类别变量来处理问题，例如，性别（男、女），企业所属行业（金融业、建筑业、制造业等）。由于这些类别变量的取值本身是用文字描述的，在把它们引入回归模型时，必须先将文字用代码来表示，这种代码化的类别变量称为哑变量（Dummy Variable）或虚拟变量。当在回归模型中使用哑变量时，称

9-04 哑变量回归

为哑变量回归或虚拟自变量回归。

9.5.1　在模型中引入哑变量

怎样将哑变量引入回归模型呢？当类别变量只有两个水平(取值)时，例如性别(男、女)，可在回归中引入一个哑变量；当类别变量有两个以上水平时，如企业所属行业(金融业、建筑业、制造业等)，需要在回归模型中引入一个以上的哑变量。一般而言，如果类别变量有 k 个水平，则需要在回归模型中引入 $k-1$ 个哑变量。对于有 k 个水平的类别变量，引入的哑变量可表示为

$$x_1 = \begin{cases} 1, & \text{水平 1} \\ 0, & \text{其他水平} \end{cases}, \quad x_2 = \begin{cases} 1, & \text{水平 2} \\ 0, & \text{其他水平} \end{cases}, \quad \cdots, \quad x_{k-1} = \begin{cases} 1, & \text{水平 } k-1 \\ 0, & \text{其他水平} \end{cases}$$

下面通过一个例子说明如何引入哑变量。

例 9–5　为研究统计学成绩与性别之间的关系，随机抽取 10 名学生，得到统计学的考试分数，如表 9–10 所示。

表 9–10　10 名学生统计学的考试分数

考试成绩 y	性别	性别/x
97	女	0
65	男	1
53	男	1
76	女	0
83	女	0
74	男	1
75	女	0
46	男	1
64	女	0
96	女	0

设统计学考试成绩为 y 为将"性别"这一变量引入回归模型，需要引入下面的哑变量：

$$x = \begin{cases} 1, & \text{男性} \\ 0, & \text{女性} \end{cases}$$

对于性别变量的两个水平(男性、女性)，将哪个水平指定为 1，哪个水平指定为 0，完全是任意的。这里将男性指定为 1，将女性指定为 0，从而得到引入哑变量的数据，如表 9–11 的最后一列所示。

9.5.2　含有一个哑变量的回归

下面通过一个例子来说明，将一个哑变量引入回归模型后，应如何解释回归结果。

例 9–6　沿用例 9–1 中的数据。假定在分析影响日均营业收入的因素中，再考虑"交通方便程度"为变量，并设其取值为"方便"和"不方便"。为便于理解，原来的 5 个自变量中只保留人均购物支出一个数值自变量。假定调查得到的数据如表 9–11 所示。

表 9-11　20 家超市的日均营业收入、人均购物支出和交通方便程度数据

编号	日均营业收入/万元	人均购物支出/元	交通方便程度
1	50.2	166.0	方便
2	16.5	25.0	方便
3	10.3	110.0	不方便
4	81.7	275.0	方便
5	8.4	19.0	不方便
6	15.9	91.0	方便
7	3.5	22.0	不方便
8	25.3	116.0	方便
9	6.9	63.5	不方便
10	24.9	130.5	方便
11	70.4	160.7	方便
12	21.6	90.0	方便
13	2.9	7.9	方便
14	5.0	62.1	不方便
15	8.3	50.8	不方便
16	44.2	74.8	方便
17	76.8	170.4	方便
18	13.1	37.4	方便
19	9.6	107.2	不方便
20	46.9	160.8	不方便

建立以下两个模型，并比较引入哑变量和不引入哑变量对回归结果的影响。

（1）日均营业收入与人均购物支出的一元回归模型。

（2）日均营业收入与人均购物支出和交通方便程度的二元回归模型。

解：根据第 8 章所学知识，利用 SPSS 输出的 20 家超市的日均营业收入与人均购物支出的一元回归模型结果如表 9-12~表 9-14 所示。

表 9-12　20 家超市的日均营业收入与人均购物支出回归模型的主要统计量

模型汇总

模型	R	R^2	调整 R^2	估计标准误差
1	0.848[a]	0.719	0.704	13.873 3

a 为预测变量：（常量），人均购物支出。

表 9-12 给出的 $R^2 = 70.4\%$，表明人均购物支出解释了日均营业收入误差的 70.4%；表 9-13 给出的显著性水平（Sig.）接近 0，表明模型显著；表 9-14 给出的回归系数 $\beta_1 = 0.323$，表示人均购物支出每增加 1 元，日均营业收入平均增加 0.323 万元。

表 9-13　20 家超市的日均营业收入与人均购物支出回归模型的方差分析

方差分析[b]

模型		平方和	df	均方	F	Sig.
1	回归	8 882.558	1	8 882.558	46.151	0.000[a]
	残差	3 464.434	18	192.469	—	—
	总计	12 346.992	19	—	—	—

a 为预测变量：（常量），人均购物支出。

b 为因变量：日均营业收入。

表 9-14　20 家超市的日均营业收入与人均购物支出回归模型参数的估计和检验

系数[a]

模型		非标准化系数		标准系数	t	Sig.
		B	标准误差	试用版		
1	（常量）	-4.210	5.558	—	-0.757	0.459
	人均购物支出	0.323	0.048	0.848	6.793	0.000

a 为因变量：日均营业收入。

现在建立引入"交通方便程度"这一类别变量的二元回归模型，看看对回归结果有什么影响。设人均购物支出为 x_1，交通方便程度为 x_2，引入下面的哑变量：

$$x_2 = \begin{cases} 0, & 方便 \\ 1, & 不方便 \end{cases}$$

下面给出了利用 SPSS 进行哑变量回归的操作步骤。

第 1 步：选择【分析】→【一般线性模型】→【单变量】，进入主对话框，如图 9-9 所示。

第 2 步：将因变量移入【因变量】列表框，将哑变量移入【固定因子】列表框；如果模型中含有数值变量，则将数值变量移入【协变量】列表框。

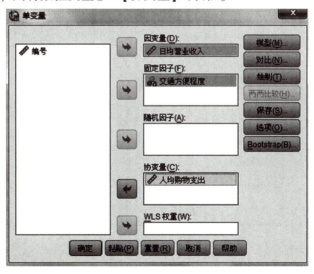

图 9-9　【单变量】对话框

第 3 步：单击【模型】按钮，在弹出的对话框的【指定模型】选项组下选中【设定】单选按钮，将哑变量移入【模型】（若模型中含有数值变量，将其也移入【模型】列表框）列表框；在【构建项】下选择【主效应】（图9-10），再单击【继续】按钮回到主对话框。

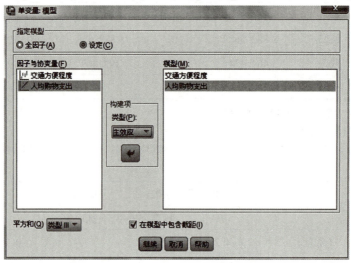

图9-10　【单变量：模型】对话框

第4步：单击【选项】按钮，在弹出的对话框的【显示】选项组下勾选【参数估算值】（估计模型中的参数）复选框（图9-11），再单击【继续】按钮回到主对话框。

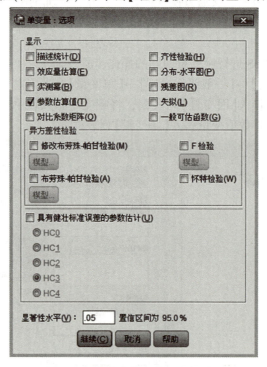

图9-11　【单变量：选项】对话框

第5步：（需要进行预测和残差分析时）单击【保存】按钮，在弹出的对话框的【预测值】选项组下勾选【未标准化】复选框；在【残差】选项组下选择【未标准化】复选框，如图9-12所示。单击【继续】按钮回到主对话框。

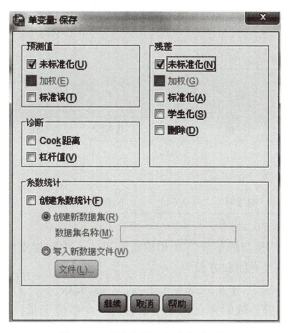

图 9-12　【单变量：保存】对话框

由 SPSS 输出的回归结果如表 9-15 和表 9-16 所示。

表 9-15　20 家超市日均营业收入与人均购物支出和交通方便程度回归的模型检验

主体间效应的检验

因变量：日均营业收入

源	Ⅲ型平方和	df	均方	F	Sig.
校正模型	9 689.982ª	2	4 844.991	30.999	0.000
截距	47.398	1	47.398	0.303	0.589
交通方便程度	807.425	1	807.425	5.166	0.036
人均购物支出	6 786.198	1	6 786.198	43.419	0.000
误差	2 657.010	17	156.295	—	—
总计	27 056.880	20	—	—	—
校正的总计	12 346.992	19	—	—	—

a 为 $R^2 = 0.785$（调整 $R^2 = 0.759$）。

表 9-15 中的第 1 行给出了回归模型的显著性检验。由于显著性水平（Sig.）接近 0，表明日均营业收入与人均购物支出和交通方便程度的二元回归模型显著。"交通方便程度"这一类别变量的效应检验的显著性水平为 0.036，表明它对日均营业收入的影响显著。"人均购物支出"这一类别变量的效应检验的显著性水平接近 0，表明人均购物支出对日均营业收入的影响显著。表的下方给出的调整的判定系数为 0.759，即 75.9%，表明人均购物支出和交通方便程度共同解释了日均营业收入差异的 75.9%，比不加入交通方便程度变量时的 70.4% 高很多，这表明交通方便程度是影响日均营业收入的一个重要因素。

表9-16　20家超市日均营业收入与人均购物支出和交通方便程度回归的参数估计和检验

参数估计

因变量：日均营业收入

参数	β_0	标准误差	t	Sig.	95%置信区间	
					下限	上限
截距	3.980	6.170	0.645	0.527	-9.038	16.999
［交通方便程度=不方便］	-13.521	5.949	-2.273	0.036	-26.071	-0.970
［交通方便程度=方便］	0ª	.	.	.	.	.
人均购物支出	0.294	0.045	6.589	0.000	0.200	0.389

a 为冗余参数，将被设为0。

表9-16 给出了回归模型的参数估计和检验结果。人均购物支出和交通方便程度的回归系数均显著。得到的二元回归方程为

$$\hat{y} = 3.98 + 0.294x_1 - 13.521x_2$$

为解释回归方程中各系数的含义，先考察含有一个数值变量（人均购物支出 x_1）和一个哑变量（交通方便程度 x_2）的回归方程 $E(y) = \beta_0 + \beta_1 x_1 + \beta_2 x_2$。

当方程中含有一哑变量时，为合理地解释 β_1 和 β_2，先考虑 $x_2 = 0$（交通为"方便"）的情形，用 $E(y \mid 方便)$ 表示已知交通为"方便"时的日均营业收入，则有

$$E(y \mid 方便) = \beta_0 + \beta_1 x_1 + \beta_2 \times 0 = \beta_0 + \beta_1 x_1$$

同样，交通为"不方便"（$x_2 = 1$）时，则有

$$E(y \mid 不方便) = \beta_0 + \beta_1 x_1 + \beta_2 \times 1 = (\beta_0 + \beta_2) + \beta_1 x_1$$

通过比较可以看出，这两个方程的斜率都是 β_1，但截距不同。交通为"方便"时，方程的截距是 β_0；交通为"不方便"时，方程的截距是 $\beta_0 + \beta_2$。

β_0 表示交通为"方便"时的期望日均营业收入。

$\beta_0 + \beta_2$ 表示交通为"不方便"时的期望日均营业收入。

β_1 表示人均购物支出每变动1元，交通为"方便"或"不方便"时的日均营业收入的平均增加值。

β_2 表示交通为"不方便"时的期望营业收入与交通为"方便"时的期望营业收入之间的差值，即 $(\beta_0 + \beta_2) - \beta_0 = \beta_2$。

如果 β_2 为正，则表示交通为"不方便"时的日均营业收入高于交通为"方便"时的日均营业收入；如果 β_2 为负，则表示交通为"不方便"时的日均营业收入低于交通为"方便"时的日均营业收入；如果 $\beta_2 = 0$，则表示交通为"不方便"时的日均营业收入与交通为"方便"时的日均营业收入之间没有差别。

根据本例得到的二元回归方程 $\hat{y} = 3.98 + 0.294x_1 - 13.521x_2$ 可知 $\hat{\beta}_0 = 3.98$，表示交通为"方便"时的日均营业收入的期望值为 3.98 万元。

$\hat{\beta}_0 + \hat{\beta}_2 = 3.98 - 13.521 = -9.541$ 表示：交通为"不方便"时，日均营业收入的期望值为 -9.541 万元。

$\hat{\beta}_1 = 0.294$ 表示：人均购物支出每变动1元，交通为"方便"或"不方便"时，日均营业收入的平均增加值为 0.294 万元。

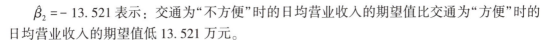

$\hat{\beta}_2 = -13.521$ 表示：交通为"不方便"时的日均营业收入的期望值比交通为"方便"时的日均营业收入的期望值低 13.521 万元。

因此，当 $x_2 = 0$(交通为"方便")时，有

$$\hat{y} = 3.98 + 0.294x_1$$

当 $x_2 = 1$(交通为"不方便")时，有

$$\hat{y} = (3.98 - 13.521) + 0.294x_1 = -9.541 + 0.294x_1$$

实际上，将交通方便程度作为哑变量引入模型，为预测日均营业收入提供了两个方程：一个对应于交通为"方便"时的日均营业收入；另一个对应于交通为"不方便"时和交通为"方便"时的日均营业收入期望值的差值(-13.521 万元)。

根据人均购物支出和交通方便程度预测的日均营业收入及其残差如图 9-13 所示。

编号	日均营业收入	人均购物支出	交通方便程度	PRE_1	RES_1
1	50.2	166.0	方便	52.83	-2.63
2	16.5	25.0	方便	11.34	5.16
3	10.3	110.0	不方便	22.83	-12.53
4	81.7	275.0	方便	84.91	-3.21
5	8.4	19.0	不方便	-3.95	12.35
6	15.9	91.0	方便	30.76	-14.86
7	3.5	22.0	不方便	-3.07	6.57
8	25.3	116.0	方便	38.12	-12.82
9	6.9	63.5	不方便	9.15	-2.25
10	24.9	130.5	方便	42.39	-17.49
11	70.4	160.7	方便	51.27	19.13
12	21.6	90.0	方便	30.47	-8.87
13	2.9	7.9	方便	6.31	-3.41
14	5.0	62.1	不方便	8.74	-3.74
15	8.3	50.8	不方便	5.41	2.89
16	44.2	74.8	方便	25.99	18.21
17	76.8	170.4	方便	54.13	22.67
18	13.1	37.4	方便	14.99	-1.89
19	9.6	107.2	不方便	22.01	-12.41
20	46.9	160.8	不方便	37.78	9.12

图 9-13　根据人均购物支出和交通方便程度预测的日均营业收入及其残差

9.1　其汽车销售公司的管理人员认为每月的销售额是广告费用的函数，想通过广告费用对月销售额做出估计。表 9-17 所示是该公司近半年的月销售额与广告费用数据。

表 9-17　某汽车销售公司近半年的月销售额与广告费用数据　　单位：万元

月销售额	电视广告费用	杂志广告费用
96	5.0	1.5
90	2.0	2.0
95	4.0	1.5

续表

月销售额	电视广告费用	杂志广告费用
92	2.5	2.5
95	3.0	3.3
94	3.5	2.3

(1) 用月销售额作因变量，电视广告费用作自变量，建立估计的回归方程。

(2) 用月销售额作因变量，电视广告费用和杂志广告费用作自变量，建立估计的回归方程，并说明回归系数的意义。

(3) 上述(1)和(2)所建立的估计方程，电视广告费用的系数是否相同？对其回归系数分别进行解释。

(4) 根据(1)和(2)所建立的估计方程，说明它们的 R^2 的意义。

9.2 抽取6块农田，通过试验取得水稻收获量与降雨量和温度的数据，如表9-18所示。

表9-18 6块农田的数据

水稻收获量/(千克·公顷$^{-1}$)	降雨量/毫米	温度/℃
2 200	27	7
3 400	31	6
4 550	43	11
6 700	103	12
7 250	112	14
7 550	114	17

建立水稻收获量对降雨量和温度的二元线性回归方程，并对回归模型的线性关系和回归系数进行检验(显著性水平为0.05)。你认为模型中是否存在多重共性？

9.3 某咨询公司想对某地区的房地产销售价格与地产评估价值、房产评估价值和使用面积建立一个模型，以便对销售价格做出合理预测。为此，这家咨询公司收集了15栋商品房的地产评估数据，如表9-19所示。

表9-19 15栋商品房的地产评估数据

编号	销售价格/(元·米$^{-2}$)	地产评估价值/万元	房产评估价值/万元	使用面积/m^2
1	6 880	600	4 500	18 720
2	4 840	905	2 785	9 290
3	5 560	945	3 147	11 265
4	6 210	1 005	3 950	12 655
5	11 640	1 805	7 280	22 135
6	4 510	845	2 730	9 115
7	3 790	795	2 990	8 995

编号	销售价格/(元·米$^{-2}$)	地产评估价值/万元	房产评估价值/万元	使用面积/m^2
8	8 310	2 305	4 778	18 025
9	5 890	805	3 910	12 035
10	4 740	905	2 930	17 255
11	4 040	725	4 010	10 875
12	4 010	802	3 165	105 295
13	9 690	2 000	5 850	24 545
14	4 540	795	2 348	11 515
15	4 100	810	2 090	11 725

利用 SPSS 进行逐步回归，确定估计方程，并给出销售价格的预测值及其 95% 的置信区间和预测区间。

9.4　为分析某行业中不同性别员工的收入是否存在差异，从该行业中随机抽取 14 名员工，得到的有关数据如表 9-20 所示。

表 9-20　14 名员工收入有关数据

月收入/元	工龄/年	性别
6 548	3.2	男
6 629	3.8	男
4 011	2.7	女
4 229	3.4	女
7 746	3.6	男
10 528	4.1	男
4 018	3.8	女
5 190	3.4	女
5 551	3.3	男
5 985	3.2	女
7 610	3.5	男
6 432	2.9	男
5 215	3.3	女
4 990	2.8	女

利用 SPSS 进行回归，并对结果加以分析，显著性水平为 95%。

9.5　表 9-21 所示是我国 2019 年各地区生产总值和税收额数据。

表 9-21　我国 2019 年各地区生产总值和税收额　　　　　单位：亿元

地区	所属区域	地区生产总值	税收额
北京	东部	35 371.28	12 805.90
天津	东部	14 104.28	3 189.47
河北	东部	35 104.52	4 461.80
山西	中部	17 026.68	2 836.05
内蒙古	西部	17 212.53	2 488.80
辽宁	东北	24 909.45	3 819.00
吉林	东北	11 726.82	1 675.26
黑龙江	东北	13 612.68	1 595.59
上海	东部	38 155.32	13 052.72
江苏	东部	99 631.52	14 064.52
浙江	东部	62 351.74	11 753.90
安徽	中部	37 113.98	4 321.00
福建	东部	42 395.00	4 234.37
江西	中部	24 757.50	3 338.28
山东	东部	71 067.53	8 737.61
河南	中部	54 259.20	5 070.80
湖北	中部	45 828.31	4 073.60
湖南	中部	39 752.12	4 130.55
广东	东部	107 671.07	20 274.20
广西	西部	21 237.14	2 276.50
海南	东部	5 308.93	1 050.31
重庆	西部	23 605.77	2 586.30
四川	西部	46 615.82	5 679.70
贵州	西部	16 769.34	2 377.84
云南	西部	23 223.75	3 423.60
西藏	西部	1 697.82	362.70
陕西	西部	25 793.17	3 419.48
甘肃	西部	8 718.30	1 380.70
青海	西部	2 965.95	391.62
宁夏	西部	3 748.48	530.60
新疆	西部	13 597.11	1 827.20

　　构建税收额与地区生产总值和所属区域(哑变量)的二元线性回归模型，并对模型进行评价和分析。

第 10 章　时间序列预测

知识目标

- 知道时间序列的成分和预测方法；
- 了解不同预测方法的使用情形。

能力目标

- 掌握平稳序列预测的方法；
- 掌握趋势预测的方法；
- 掌握多成分序列预测的方法。

素质目标

- 主张用动态的、发展的、联系的、全面的观点看问题，引导学生坚持唯物辩证法，从而在认识世界和改造世界的过程中坚持发展的观点，探索规律，尊重规律，与时俱进；
- 通过平稳序列的学习，引导学生具体问题具体分析，反对形而上学；
- 通过多成分序列的学习，培养学生系统论的思想。

想 一 想

◆如果某品牌手机的销售量连续 48 个月上升，是否可以认为该品牌手机未来的销售量会继续上升呢？如何预测未来该品牌手机的销售量呢？

◆在过去五年间，某家电企业每年相同季节出现了销售的淡旺季，是否可以从中发现规律，预测该企业下一年的销售情况？

◆每年全国各地多处发生地震，看似没有规律可循，难道每年发生的地震次数真的无法预测吗？应该如何预测每年地震发生次数呢？

时间序列（Times Series）是按时间顺序记录的一组数据。其中，观察的时间可以是年份、季度、月份或其他任何时间形式。为便于表述，本章用 t 表示所观察的时间，$Y_t(t = 1, 2, \cdots, n)$ 表示在时间上的观测值。对于时间序列数据，人们通常关心其未来的变化，也就是要对未来做出预测。例如，某企业明年的利润额可能达到多少？下个月的汽车销售价格会下降多少？你明年的可支配收入会增加吗？若要对未来的结果做出预测，就需要知道它们在过去的一段时间里是如何变化的，这就需要考察时间序列的变化形态，进而建立恰当的模型来进行预测。

10.1 时间序列的成分和预测方法

时间序列预测的关键是找出其过去的变换模式，也就是确定一个时间序列所包含的成分，在此基础上选择恰当的模型进行预测。

10.1.1 时间序列的成分

时间序列的变化可能受一种或几种因素的影响，导致它在不同时间上取值的差异，这些影响因素就是时间序列的组成要素（Components）。一个时间序列通常由 4 种要素组成：趋势（Trend）、季节变动（Seasonal Fluctuation）、循环波动（Cyclical Fluctuation）和不规则波动（Irregular Variations）。

趋势是时间序列在一段较长时期内呈现的持续向上或持续向下的变动。例如，一个地区的 GDP 是逐年增长的，一家企业的生产成本是逐年下降的，这些都是趋势。趋势在一定观察期内可能呈线性变化，但随着时间的推移也可能呈非线性变化。

季节变动是时间序列呈现的以年为周期长度的固定变动模式，这种模式年复一年重复出现。它是诸如气候条件、生产条件、节假日或人们的风俗习惯等各种因素影响的结果。农业生产、交通运输、旅游、商品销售等都有明显的季节变动特征。例如，"双十一"促销活动期间电商平台销售额大幅增加，铁路和航空客运在节假日会迎来客流高峰，"黄金周"假期旅游景点收入剧增，这些都是由季节变化引起的。

循环波动是时间序列呈现的非固定长度的周期性变动。例如，人们经常听到的景气周期、加息周期这类术语就与循环波动有关。循环波动的周期可能会持续一段时间，但与趋势不同，它不是朝着单一方向的持续变动，而是涨落相间的交替波动，例如经济从低谷到高峰，又从高峰慢慢滑入低谷，而后又慢慢回升。它也不同于季节变动，季节变动有比较固定的规律，且变动周期大多为一年，循环波动则无固定规律，变动周期多在一年以上，且周期长短不一。

不规则波动是时间序列中除趋势、季节变动和循环波动之外的随机波动。不规则波动总是夹杂在时间序列中，致使时间序列产生一种波浪形或振荡式变动。

时间序列的 4 个组成部分——趋势 (T)、季节变动（S）、循环波动（C）和不规则波动（I）与观测值的关系可以用加法模型（Additive Model）表示，也可以用乘法模型

（Multiplicative Model）表示。其中较常用的是乘法模型，其表现形式为

$$Y_t = T_t \times S_t \times C_t \times I_t \qquad (10-1)$$

观察时间序列的成分可以从图形分析入手。图 10-1 所示是含有不同成分的时间序列。

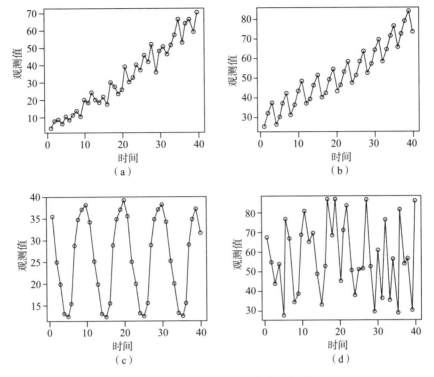

图 10-1　含有不同成分的时间序列

（a）含有趋势成分的时间序列；（b）含有季节变动和趋势成分的时间序列；

（c）含有循环波动成分的时间序列；（d）含有随机波动成分的时间序列

一个时间序列可能由一种成分组成或几种成分组成。通过观察时间序列的图形就可以大致判断时间序列所包含的成分，为选择适当的预测模型奠定基础。

10-01 时间序列
的成分

例 10-1　表 10-1 是我国 2003—2019 年林业、运输业、居民生活、民政行业数据。利用线图观察时间序列的成分和类型。

表 10-1　我国 2003—2019 年林业、运输业、居民生活、民政行业数据

年份	林业总产值/亿元	结婚登记/万对	城镇居民恩格尔系数/%	私人汽车拥有量/万辆
2003	1 239.93	811.4	37.1	1 219.23
2004	1 327.12	867.2	37.7	1 481.66
2005	1 425.54	823.1	36.7	1 848.07
2006	1 610.8	945	35.8	2 333.32
2007	1 889.93	991.4	36.3	2 876.22
2008	2 180.31	1 098.3	37.9	3 501.39

续表

年份	林业总产值/亿元	结婚登记/万对	城镇居民恩格尔系数/%	私人汽车拥有量/万辆
2009	2 324. 39	1 212. 4	36. 5	4 574. 91
2010	2 575. 03	1 241	35. 7	5 938. 71
2011	3 092. 44	1 302. 36	36. 3	7 326. 79
2012	3 406. 97	1 323. 59	36. 2	8 838. 6
2013	3 847. 44	1 346. 93	30. 1	10 501. 68
2014	4 189. 98	1 306. 93	30	12 339. 36
2015	4 358. 45	1 224. 71	29. 7	14 099. 1
2016	4 635. 9	1 142. 82	30. 1	16 330. 2
2017	4 980. 55	1 063. 1	29. 3	18 515. 1
2018	5 432. 61	1 010. 8	34. 8	20 574. 93
2019	5 775. 7	927. 33	27. 6	22 508. 99

（资料来源：中国统计年鉴 2020）

解： 利用 SPSS 制作线图，具体步骤如下。

第 1 步：单击【图形】→【旧对话框】→【折线图】，在弹出的对话框的【图表中的数据为】选项组下选中【单个个案的值】单选按钮，单击【定义】按钮，如图 10-2 所示。

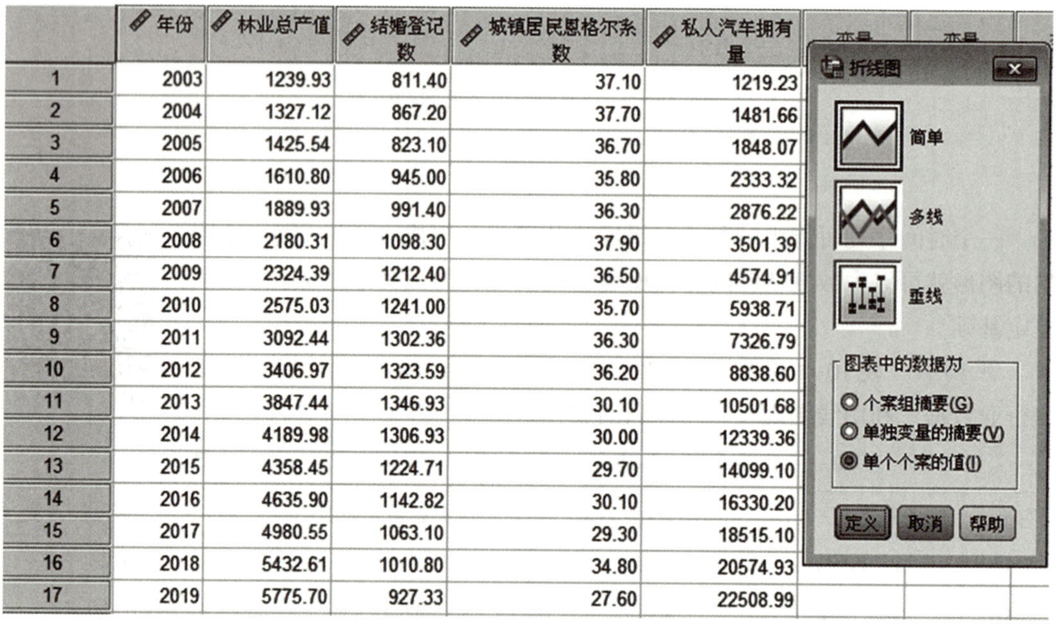

	年份	林业总产值	结婚登记数	城镇居民恩格尔系数	私人汽车拥有量
1	2003	1239.93	811.40	37.10	1219.23
2	2004	1327.12	867.20	37.70	1481.66
3	2005	1425.54	823.10	36.70	1848.07
4	2006	1610.80	945.00	35.80	2333.32
5	2007	1889.93	991.40	36.30	2876.22
6	2008	2180.31	1098.30	37.90	3501.39
7	2009	2324.39	1212.40	36.50	4574.91
8	2010	2575.03	1241.00	35.70	5938.71
9	2011	3092.44	1302.36	36.30	7326.79
10	2012	3406.97	1323.59	36.20	8838.60
11	2013	3847.44	1346.93	30.10	10501.68
12	2014	4189.98	1306.93	30.00	12339.36
13	2015	4358.45	1224.71	29.70	14099.10
14	2016	4635.90	1142.82	30.10	16330.20
15	2017	4980.55	1063.10	29.30	18515.10
16	2018	5432.61	1010.80	34.80	20574.93
17	2019	5775.70	927.33	27.60	22508.99

图 10-2 【折线图】对话框

第 2 步：进入新的对话框，以林业总产值时间序列为例，将“林业总产值(亿元)”移入【折线表示】列表框，在【类别标签】选项组下选中【变量】单选按钮，将“年份”移入【变量】列表框中，再单击【确定】按钮(其他时间序列操作步骤相同)，如图 10-3 所示。

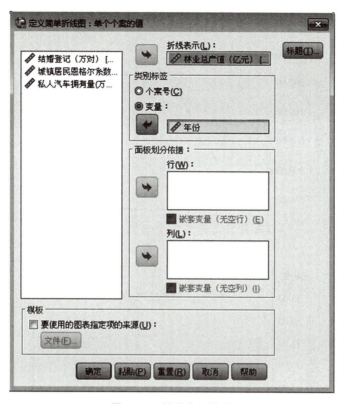

图 10-3　简单线图操作

输出结果如图 10-4 所示。从图 10-4 中可以看出，林业总产值呈现一定的线性趋势；结婚登记数呈现一定的抛物线变化形态；私人汽车拥有量呈现一定的指数变化趋势；城镇居民恩格尔系数则没有明显的趋势，呈现一定的随机波动。

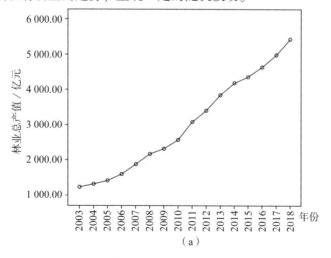

（a）

图 10-4　表 10-1 的 4 个时间序列的线图

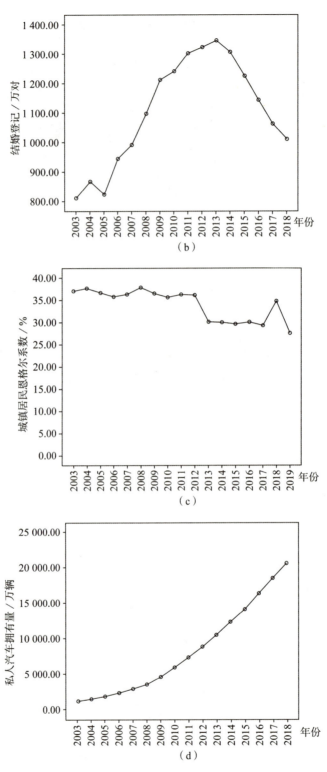

图 10-4　表 10-1 的 4 个时间序列的线图(续)

(a)林业总产值序列；(b)结婚登记数序列；(c)城镇居民恩格尔系数序列；(d)私人汽车拥有量序列

10.1.2　预测方法的选择与评估

选择什么样的方法进行预测，除受时间序列所包含的成分影响外，还取决于所能获得的历史数据的多少。有些方法只用少量的数据就能进行预测，有些方法则要求有较多数据。此外，方法的选择还取决于所要求的预测期的长短，有些方法只能进行短期预测，有些方法则可进行相对长期的预测。

表 10-2 给出了本章要介绍的时间序列预测方法及其适合的数据模式、对数据的要求和预测期等信息。

表 10-2　预测方法的选择

预测方法	适合的数据模式	对数据的要求	预测期
简单指数平滑	平稳序列	5 个以上	短期
Holt(霍尔特)指数平滑	线性趋势	5 个以上	短期至中期
一元线性回归	线性趋势	10 个以上	短期至中期
指数模型	非线性趋势	10 个以上	短期至中期
多项式函数	非线性趋势	10 个以上	短期至中期
Winters(温特斯)指数平滑	趋势和季节变动成分	至少有 4 个周期的季度或月份数据	短期至中期
分解预测	趋势、季节变动和循环波动成分	至少有 4 个周期的季度或月份数据	短期、中期、长期

在选择预测方法并利用该方法进行预测后，需要对所选择的方法进行评估，以确定该方法是否合适。

一种预测方法的好坏取决于预测误差(也称为残差)的大小。预测误差是预测值与观测值的差距。其度量方法有平均误差(Mean Error)、平均绝对误差(Mean Absolute Deviation)、均方误差(Mean Square Error)、平均百分比误差(Mean Percentage Error)和平均绝对百分比误差(Mean Absolute Percentage Error)等，其中较为常用的是均方误差。对于同一时间序列，当有几种可供选择的方法时，以预测误差最小者为宜。

均方误差是残差平方和的平均数，用 MSE 表示，其计算公式为

$$\mathrm{MSE} = \frac{\sum\limits_{i=1}^{n} (Y_i - F_i)^2}{n} \tag{10-2}$$

式中，Y_i 是第 i 期的观测值；F_i 是第 i 期的预测值；n 为预测误差的个数。

此外，为考察所选择预测方法产生的模型是否合适，还可以通过绘制残差图来分析。如果模型正确，则用该模型预测所产生的残差应该以零轴为中心随机分布。残差越接近零轴，且随机分布，说明所选择的模型越好。

10.2　平稳序列的预测

平稳序列是指不含趋势、季节变动和循环波动成分的序列，其波动主要是随机波动成分所致，序列的平均值不随时间的推移而变化，图 10-2(c)显示的就是一个平稳序列。这类序列的预测方法主要有简单平均法(Simple Average)、移动平均法(Moving Average)、简单指数平滑法(Simple Exponential Smoothing)、Box-Jenkins 方法(ARIMA 模型)等。这几种方法通过对时间序列进行平滑，以消除其随机波动，因此也称为平滑法。本节主要介绍简单指数平滑法。

简单指数平滑预测是加权平均的一种特殊形式，它是把 t 期的观测值 Y_t 和 t 期的平滑值 S_t 加权平均作为 $t+1$ 期的预测值。观测值的时间离现时期越远，其权数也随之呈现指数的下降，因此称为指数平滑。

就简单指数平滑而言，$t+1$ 期的预测值是 t 期观测值 Y_t 和 t 期平滑值 S_t 的线性组合，其预测模型为

$$F_{t+1} = \alpha Y_t + (1 - \alpha)S_t \tag{10-3}$$

式中，F_{t+1} 为 $t+1$ 期的预测值；Y_t 为 t 期的观测值；S_t 为 t 期的平滑值；α 为平滑系数($0 \leqslant \alpha \leqslant 1$)。

由于在开始计算时还没有第 1 期的平滑值 S_1，故通常可以设 S_1 等于第 1 期的观测值，即 $S_1 = Y_1$，或者设 $S_t = (Y_1 + Y_2 + Y_3)/3$。在使用 SPSS 进行指数平滑预测时，系统会自动确定一个适当的初始值 S_1。

使用简单指数平滑法预测的关键是确定一个合适的平滑系数 α，因为不同的 α 对预测结果会产生不同的影响。当 $\alpha = 0$ 时，预测值仅仅是重复上一期的预测结果；当 $\alpha = 1$ 时，预测值就是上一期的观测值。α 越接近 1，模型对时间序列变化的反应就越及时，因为它对当前的观测值赋予了比预测值更大的权数。同样，α 越接近 0，意味着对当前的预测值赋予了更大的权数，因此模型对时间序列变化的反应就越慢。一般而言，如果时间序列有较大的随机波动，则宜选较小的 α；如果注重使用近期的值进行预测，则宜选较大的 α。但实际应用时，还应考虑预测误差。预测时，可选择几个 α 进行比较，然后找出最小的预测误差作为最后的 α 值。α 的取值一般不大于 0.5。若 α 大于 0.5 才能接近观测值，通常说明序列有某种趋势或波动过大，不适合用简单指数平滑法进行预测。

简单指数平滑法的优点是只需要少数几个观测值就能进行预测，方法相对简单。其缺点是预测值往往滞后于观测值，而且无法考虑趋势和季节变动成分。

例 10-2　根据表 10-1 中的我国城镇居民恩格尔系数序列，利用简单指数平滑法预测 2020 年的城镇居民恩格尔系数，计算预测误差，并将观测值和预测后的序列绘图进行比较。

解： 利用 SPSS 可进行简单指数平滑预测，操作步骤如下。

第 1 步：需要对观测值序列附加时间变量。选择【数据】→【定义日期和时间】，在弹出的对话框的【个案为】列表框中根据需要选择序列的时间

10-02 平稳序列的预测

形式，如【年份】【年份、季度】【年份、季度、月份】等，然后在【第一个个案为】中指定第一个观测值的开始时间，本例为"2003"，再单击【确定】按钮，如图 10-5 所示。这样，SPSS 就会在观测值序列后加上时间变量，如图 10-6 所示。

图 10-5　【定义日期】对话框

年份	林业总产值	结婚登记数	城镇居民恩格尔...	私人汽车拥有量	YEAR_	DATE_
2003	1239.93	811.40	37.10	1219.23	2003	2003
2004	1327.12	867.20	37.70	1481.66	2004	2004
2005	1425.54	823.10	36.70	1848.07	2005	2005
2006	1610.80	945.00	35.80	2333.32	2006	2006
2007	1889.93	991.40	36.30	2876.22	2007	2007
2008	2180.31	1098.30	37.90	3501.39	2008	2008
2009	2324.39	1212.40	36.50	4574.91	2009	2009
2010	2575.03	1241.00	35.70	5938.71	2010	2010
2011	3092.44	1302.36	36.30	7326.79	2011	2011
2012	3406.97	1323.59	36.20	8838.60	2012	2012
2013	3847.44	1346.93	30.10	10501.68	2013	2013
2014	4189.98	1306.93	30.00	12339.36	2014	2014
2015	4358.45	1224.71	29.70	14099.10	2015	2015
2016	4635.90	1142.82	30.10	16330.20	2016	2016
2017	4980.55	1063.10	29.30	18515.10	2017	2017
2018	5432.61	1010.80	34.80	20574.93	2018	2018
2019	5775.70	927.33	27.60	22508.99	2019	2019

图 10-6　定义日期输出结果

第 2 步：选择【分析】→【时间序列预测】→【创建传统模型】，进入主对话框。

第 3 步：将预测变量移入【因变量】列表框；在【方法】下选择【指数平滑】，单击【条件】按钮，在弹出的对话框的【模型类型】选项组下选中【简单】（进行简单指数平滑预测）单选按钮，单击【继续】按钮返回主对话框，如图 10-7 所示。

注：做 Holt 指数平滑预测时选中【Holt 线性趋势】单选按钮；做 Winter 指数平滑预测时选中【Winters 可加性】或【Winters 相乘性】单选按钮。如果序列的趋势不依赖于序列的水平，则选中【Winters 可加性】单选按钮；如果序列的趋势依赖于序列的水平，则选中【Winters 相乘性】单选按钮。

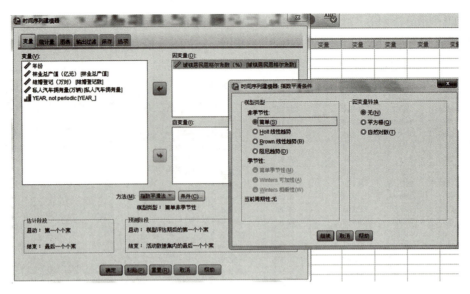

图 10-7　创建时间序列建模器

第4步：切换至【保存】选项卡，在【保存】列下选择需要输出的结果（变量），如【预测值】【置信区间的下限】和【置信区间的上限】【噪声残差】等，如图 10-8 所示。切换至【选项】选项卡，在【预测阶段】选项组下选中【模型评估期后的第一个个案到指定日期之间的个案】单选按钮，进行简单指数平滑和 Holt 指数平滑预测时，在【日期】文本框内输入要预测的时期，如要预测 2020 年的值，就在【年】文本框中输入要预测的年份（如"2020"），如图 10-9 所示。进行 Winters 指数平滑预测时，在【日期】下的【年】文本框中输入要预测的年份，在【季度】文本框中输入要预测的季节值个数，如要预测 2020 年第 1~4 季度的值，在【年】文本框中输入"2020"，在【季度】文本框中输入"4"。

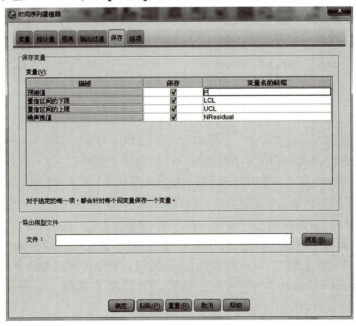

图 10-8　时间序列建模器——保存设置

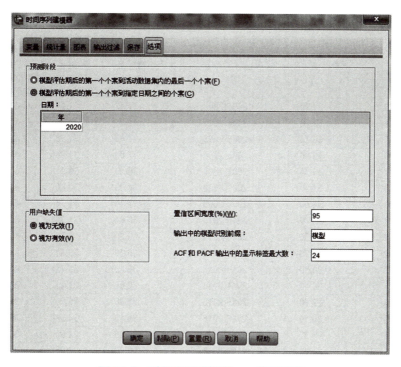

图 10-9 时间序列建模器——选项设置

第 5 步：切换至【图表】选项卡，在【单个模型图】选项组下选择要绘制的变量，如【观察值】【预测值】【拟合值】等（预测值是对未来的预测，拟合值是对历史数据的预测），如图 10-10 所示。

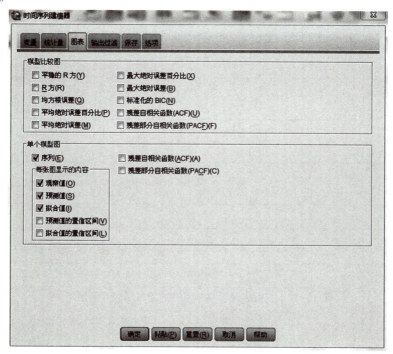

图 10-10 时间序列建模器——图表设置

由 SPSS 输出的结果如图 10-11 所示。观测值和预测值的变化趋势如图 10-12 所示。2020 年我国城镇居民恩格尔系数在 95% 的置信水平下为 24.37%~35.27%。

年份	城镇居民恩格尔…	YEAR_	DATE_	P_城镇居民恩格尔系数_模型_1	LCL_城镇居民恩格尔系数_模型_1	UCL_城镇居民恩格尔系数_模型_1	NResidual_城镇居民恩格尔
2003	37.10	2003	2003	37.12	31.67	42.57	-.02
2004	37.70	2004	2004	37.11	31.66	42.56	.59
2005	36.70	2005	2005	37.43	31.98	42.88	-.73
2006	35.80	2006	2006	37.03	31.58	42.48	-1.23
2007	36.30	2007	2007	36.36	30.91	41.81	-.06
2008	37.90	2008	2008	36.33	30.88	41.78	1.57
2009	36.50	2009	2009	37.19	31.74	42.64	-.69
2010	35.70	2010	2010	36.81	31.36	42.26	-1.11
2011	36.30	2011	2011	36.20	30.75	41.65	.10
2012	36.20	2012	2012	36.26	30.81	41.71	-.06
2013	30.10	2013	2013	36.23	30.78	41.67	-6.13
2014	30.00	2014	2014	32.88	27.43	38.32	-2.88
2015	29.70	2015	2015	31.30	25.85	36.75	-1.60
2016	30.10	2016	2016	30.43	24.98	35.88	-.33
2017	29.30	2017	2017	30.25	24.80	35.70	-.95
2018	34.80	2018	2018	29.73	24.28	35.18	5.07
2019	27.60	2019	2019	32.50	27.05	37.95	-4.90
.		2020	2020	29.82	24.37	35.27	.

图 10-11　城镇居民恩格尔系数的简单指数平滑预测结果

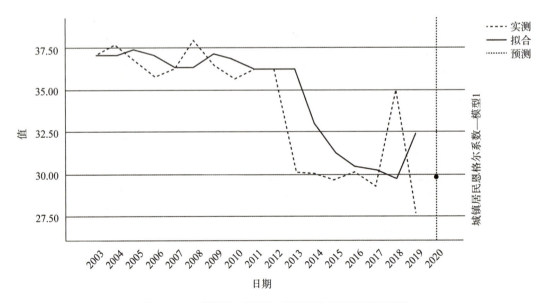

图 10-12　城镇居民恩格尔系数的简单指数平滑预测

10.3　趋势预测

时间序列的趋势可能是线性的，也可能是非线性的。如果序列存在明显的线性趋势，则可使用线性模型进行预测。如果序列存在某种非线性变化形态，则可以使用非线性模型进行预测。

10.3.1　线性趋势预测

线性趋势（Linear Trend）是指时间序列按一个固定的常数（不变的斜率）增长或下降。例如，图 10-2（a）所示的林业总产值序列图就有明显的线性趋势。序列中含有线性趋势时，可使用一元线性回归模型进行预测，也可以使用 Holt 指数平滑模型进行预测。

1. 一元线性回归预测

用 $\hat{y}_t$ 表示 Y_t 的预测值，t 表示时间变量，一元线性回归的预测方程可表示为

$$\hat{y}_t = b_0 + b_1 t \tag{10-4}$$

式中，b_1 是趋势线的斜率，表示时间 t 变动一个单位时观测值的平均变动量。方程中的两个待定系数 b_0 和 b_1，可以根据最小平方法求得。趋势预测的误差，可用线性回归中的估计标准误差来衡量。

例 10-3　沿用例 10-1。用一元线性回归模型预测 2020 年的林业总产值，并计算各年的预测值和预测误差，将观测值和预测值绘图进行比较。

解： 观察图 10-2（a）可以看出，我国林业总产值的变化形态可拟合直线，利用 SPSS 可进行一元线性回归预测，具体步骤如下。

10-03 线性趋势预测（一元线性回归）

第 1 步： 需要对观测值序列附加时间变量。选择【数据】→【定义日期和时间】，在弹出的对话框的【个案为】列表框下根据需要选择序列的时间形式，如【年份】【年份、季度】【年份、季度、月份】等，然后在【第一个个案为】选项组下指定第一个观测值的开始时间，本例为"2003"，再单击【确定】按钮，如图 10-13 所示。这样，SPSS 会在观测值序列后加上时间变量，如图 10-14 所示。

年份	林业总产值	结婚登记数	城镇居民恩格尔...	私人汽车拥有量	变量	变量	变量	变量	变量	变量
2003	1239.93	811.40	37.10	1219.23
2004	1327.12	867.20	37.70	1481.66
2005	1425.54	823.10	36.70	1848.07
2006	1610.80	945.00	35.80	2333.32
2007	1889.93	991.40	36.30	2876.22
2008	2180.31	1098.30	37.90	3501.39
2009	2324.39	1212.40	36.50	4574.91
2010	2575.03	1241.00	35.70	5938.71
2011	3092.44	1302.36	36.30	7326.79
2012	3406.97	1323.59	36.20	8838.60
2013	3847.44	1346.93	30.10	10501.68
2014	4189.98	1306.93	30.00	12339.36
2015	4358.45	1224.71	29.70	14099.10
2016	4635.90	1142.82	30.10	16330.20
2017	4980.55	1063.10	29.30	18515.10
2018	5432.61	1010.80	34.80	20574.93
2019	5775.70	927.33	27.60	22508.99

图 10-13　【定义日期】对话框

	年份	林业总产值	结婚登记数	城镇居民恩格尔系数	私人汽车拥有量	YEAR_	DATE_
1	2003	1239.93	811.40	37.10	1219.23	2003	2003
2	2004	1327.12	867.20	37.70	1481.66	2004	2004
3	2005	1425.54	823.10	36.70	1848.07	2005	2005
4	2006	1610.80	945.00	35.80	2333.32	2006	2006
5	2007	1889.93	991.40	36.30	2876.22	2007	2007
6	2008	2180.31	1098.30	37.90	3501.39	2008	2008
7	2009	2324.39	1212.40	36.50	4574.91	2009	2009
8	2010	2575.03	1241.00	35.70	5938.71	2010	2010
9	2011	3092.44	1302.36	36.30	7326.79	2011	2011
10	2012	3406.97	1323.59	36.20	8838.60	2012	2012
11	2013	3847.44	1346.93	30.10	10501.68	2013	2013
12	2014	4189.98	1306.93	30.00	12339.36	2014	2014
13	2015	4358.45	1224.71	29.70	14099.10	2015	2015
14	2016	4635.90	1142.82	30.10	16330.20	2016	2016
15	2017	4980.55	1063.10	29.30	18515.10	2017	2017
16	2018	5432.61	1010.80	34.80	20574.93	2018	2018
17	2019	5775.70	927.33	27.60	22508.99	2019	2019
18	.	.	.	.	.	2020	2020

图 10-14 【定义日期】输出结果

第 2 步：在"YEAR"和"DATE"两栏数据下分别添加"2020"。

第 3 步：选择【分析】→【回归】→【线性】，进入主对话框，如图 10-15 所示。在主对话框里，将"林业总产值"移入【因变量】列表框，"YEAR"移入【自变量】列表框。

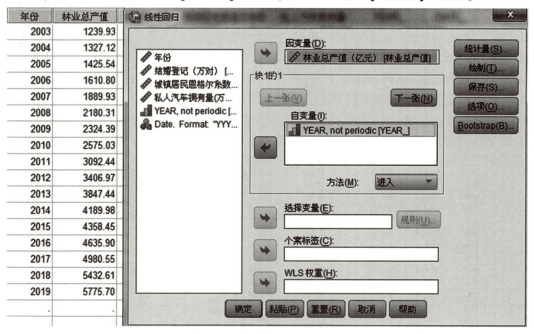

图 10-15 【线性回归】对话框

第 4 步：单击【保存】按钮，在弹出的对话框的【预测值】选项组下勾选【未标准化】复选框，【残差】选项组下勾选【未标准化】复选框，单击【继续】按钮，如图 10-16 所示。

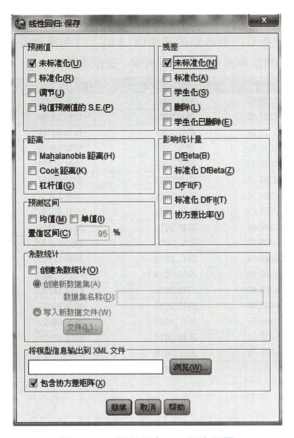

图 10-16 线性回归——保存设置

表 10-3 林业总产值判定系数及估计误差

模型汇总[b]

模型	R	R^2	调整 R^2	估计标准误差
1	0.993[a]	0.985	0.984	190.285 39

a 为预测变量：（常量），YEAR，not periodic。

b 为因变量：林业总产值（亿元）。

表 10-4 林业总产值一元回归方程模型

系数[a]

模型		非标准化系数		标准系数	t	Sig.
		B	标准误差	试用版		
1	（常量）	−594 493.627	18 944.743	—	−31.380	0.000
	年份	297.209	9.421	0.993	31.549	0.000

a 为因变量：林业总产值（亿元）。

由表 10-3 可知，判定系数 $R^2 = 0.985 = 98.5\%$，预测的标准误差为 190.285 39。模型检验的显著性水平（Sig.）接近 0，模型显著。$b_1 = 297.209$，表示时间每变动一年，我国林业总产值平均增加约 297.209 亿元。

由表 10-4 可知，一元线性回归的预测方程为

$$\hat{y}_t = -594\,493.627 + 297.209t$$

图 10-17 给出了林业总产值各年的预测值（PRE_1）和预测误差（RES_1）。图 10-18 所示是林业总产值的观测值和预测值的变化趋势（操作步骤略）。

年份	林业总产值	YEAR_	DATE_	PRE_1	RES_1
2003	1239.93	2003	2003	816.03902	423.89098
2004	1327.12	2004	2004	1113.24804	213.87196
2005	1425.54	2005	2005	1410.45706	15.08294
2006	1610.80	2006	2006	1707.66608	-96.86608
2007	1889.93	2007	2007	2004.87510	-114.94510
2008	2180.31	2008	2008	2302.08412	-121.77412
2009	2324.39	2009	2009	2599.29314	-274.90314
2010	2575.03	2010	2010	2896.50216	-321.47216
2011	3092.44	2011	2011	3193.71118	-101.27118
2012	3406.97	2012	2012	3490.92020	-83.95020
2013	3847.44	2013	2013	3788.12922	59.31078
2014	4189.98	2014	2014	4085.33824	104.64176
2015	4358.45	2015	2015	4382.54725	-24.09725
2016	4635.90	2016	2016	4679.75627	-43.85627
2017	4980.55	2017	2017	4976.96529	3.58471
2018	5432.61	2018	2018	5274.17431	158.43569
2019	5775.70	2019	2019	5571.38333	204.31667
.	.	2020	2020	5868.59235	

图 10-17　林业总产值的一元线性回归预测结果

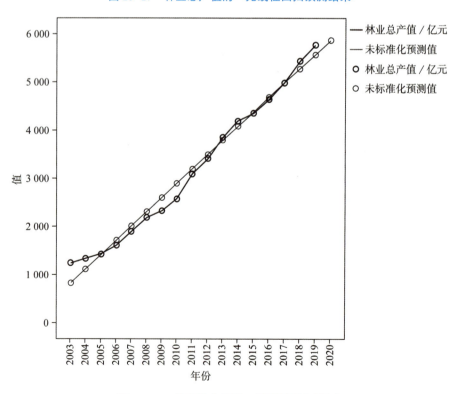

图 10-18　林业总产值的一元线性回归预测

2. Holt 指数平滑预测

Holt 指数平滑预测是以其提出者霍尔特(C. C. Holt)的名字命名的，通常简称为 Holt 模型。当时间序列存在趋势时，简单指数平滑法的预测结果总是滞后于观测值。而 Holt 模型弥补了简单指数平滑法的弱点，它将趋势成分也考虑进来，用平滑值对序列的线性趋势进行修正，建立线性平滑模型进行预测。Holt 模型使用 α 和 γ 两个参数和以下三个方程。

平滑值：

$$S_t = \alpha Y_t + (1 - \alpha)(S_{t-1} + T_{t-1}) \tag{10-5}$$

趋势项更新：

$$T_t = \gamma(S_t - S_{t-1}) + (1 - \gamma)T_{t-1} \tag{10-6}$$

未来第 k 期的预测值：

$$F_{t+k} = S_t + kT_t \tag{10-7}$$

式(10-5)中，S_t 是 t 期的平滑值；Y_t 是 t 期的观测值；α 是平滑系数($0 \leqslant \alpha \leqslant 1$)；$S_{t-1}$ 是 $t-1$ 期的平滑值；T_{t-1} 是 $t-1$ 期的趋势值。式(10-5)实际上是对 t 期平滑值 S_t 的修正，它把上一期的趋势值 T_{t-1} 加到 S_{t-1} 上，这样可以消除因趋势而产生的滞后，使其尽可能接近实际观测值 Y_t。

式(10-6)中，T_t 是 t 期趋势的平滑值；γ 是平滑系数($0 \leqslant \gamma \leqslant 1$)。该方程实际上是对趋势的修正。$T_t$ 被表示成相邻两项平滑值之差($S_t - S_{t-1}$)，如果序列存在趋势，则新的观测值总是高于(上升趋势)或低于(下降趋势)前一期数值，同时由于随机波动的影响，需要用 γ 来平滑($S_t - S_{t-1}$)的趋势，然后将平滑的结果加到前一期趋势的估计值 T_{t-1} 与 $(1 - \gamma)$ 的乘积上。

式(10-7)是用于预测的模型。它是把修正的趋势值 T 加到修正的平滑值 S 上。k 是用于预测的时期数。当 $k=1$ 时，$t+1$ 期的预测值就是 t 期的平滑值 S_t 加上 t 期的修正趋势值 T_t。

在开始计算时，还没有初始的平滑值 S_1，通常可以设 $S_1 = Y_1$，或者设 $S_1 = [(Y_2 - Y_1) + (Y_4 - Y_3)]/2$。在使用 SPSS 进行 Holt 指数平滑预测时，系统会自动确定一个初始值 S_1，以及平滑系数 α 和 γ 的最佳组合。

例 10-4　沿用例 10-1。用 Holt 指数平滑模型预测 2020 年的林业总产值，并将观测值和预测值绘图进行比较；同时，将预测的残差与一元线性回归预测的残差绘图进行比较。

解：利用 SPSS 可进行 Holt 指数平滑预测，具体步骤如下。

第 1 步：需要对观测值序列附加时间变量。选择【数据】→【定义日期和时间】，在列表框【个案为】弹出的对话框下根据需要选择序列的时间形式，如【年份】【年份、季度】【年份、季度、月份】等，然后在【第一个个案为】选项组下指定第一个观测值的开始时间，本例为"2003"，再单击【确定】按钮，如图 10-19 所示。这样，SPSS 会在观测值序列之后加上时间变量了。

10-04 线性趋势预测(Holt 指数平滑)

年份	林业总产值	结婚登记数	城镇居民恩格尔...	私人汽车拥有量	变量	变量	变量	变量	变量	变量
2003	1239.93	811.40	37.10	1219.23						
2004	1327.12	867.20	37.70	1481.66						
2005	1425.54	823.10	36.70	1848.07						
2006	1610.80	945.00	35.80	2333.32						
2007	1889.93	991.40	36.30	2876.22						
2008	2180.31	1098.30	37.90	3501.39						
2009	2324.39	1212.40	36.50	4574.91						
2010	2575.03	1241.00	35.70	5938.71						
2011	3092.44	1302.36	36.30	7326.79						
2012	3406.97	1323.59	36.20	8838.60						
2013	3847.44	1346.93	30.10	10501.68						
2014	4189.98	1306.93	30.00	12339.36						
2015	4358.45	1224.71	29.70	14099.10						
2016	4635.90	1142.82	30.10	16330.20						
2017	4980.55	1063.10	29.30	18515.10						
2018	5432.61	1010.80	34.80	20574.93						
2019	5775.70	927.33	27.60	22508.99						

图 10-19　【定义日期】对话框

第 2 步：选择【分析】→【预测】→【创建传统模型】，进入新的对话框。将"林业总产值"移入【因变量】列表框中，在【方法】下拉列表中选择【指数平滑法】，如图 10-20 所示。单击【条件】按钮，在弹出的对话框的【模型类型】选项组下选中【霍尔特线性趋势】单选按钮，如图 10-21 所示。之后，单击【继续】按钮便可回到主对话框。

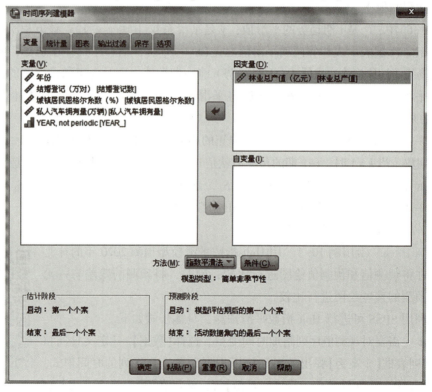

图 10-20　时间序列建模器——变量设置

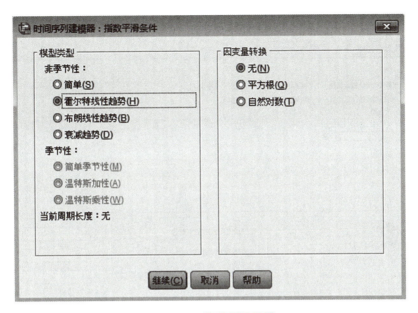

图 10-21　指数平滑设置

第 3 步：切换至【保存】选项卡，在【保存】列下勾选【预测值】和【噪声残值】，如图 10-22 所示；切换至【选项】选项卡，在【预测阶段】选项组下选中【模型评估期后的第一个个案到指定日期之间的个案】单选按钮，在【日期】文本框中输入"2020"，如图 10-23 所示；切换至【图表】选项卡，在【每张图显示的内容】选项组下勾选【观察值】【预测值】【拟合值】复选框，如图 10-24 所示。最后，单击【确定】按钮。

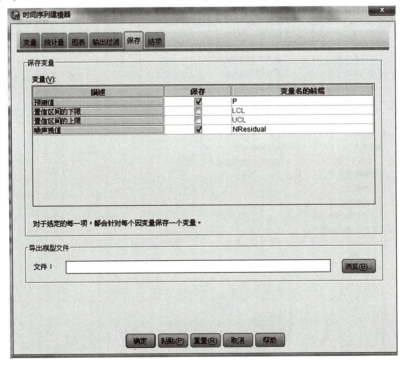

图 10-22　时间序列建模器——保存设置

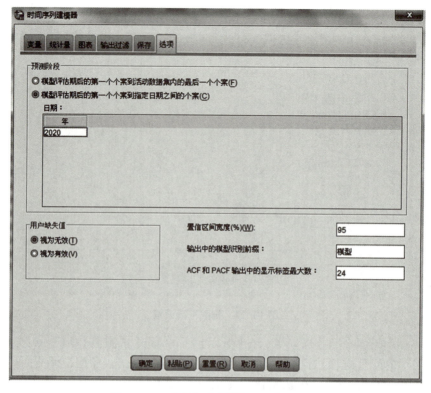

图 10-23　时间序列建模器——选项设置

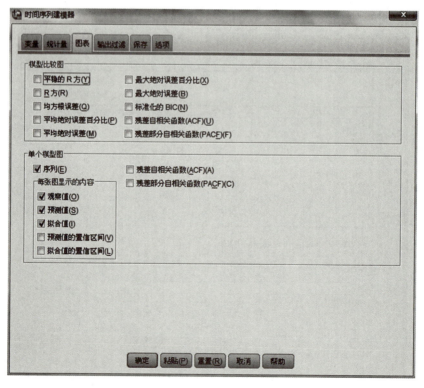

图 10-24　时间序列建模器——图表设置

由 SPSS 输出的结果如图 10-25 所示，包括预测值(P_林业总产值_模型 1)、预测误差(NResidual_林业总产值_模型_1)。图 10-26 给出了观测值和预测值的变化趋势。

林业总产值	YEAR_	P_林业总产值_模型_1	NResidual_林业总产值_模型_1
1239.93	2003	1239.92	.01
1327.12	2004	1384.88	-57.76
1425.54	2005	1448.97	-23.43
1610.80	2006	1538.02	72.78
1889.93	2007	1752.37	137.56
2180.31	2008	2086.51	93.80
2324.39	2009	2414.41	-90.02
2575.03	2010	2522.51	52.52
3092.44	2011	2794.14	298.30
3406.97	2012	3430.81	-23.84
3847.44	2013	3735.85	111.59
4189.98	2014	4220.93	-30.95
4358.45	2015	4551.11	-192.66
4635.90	2016	4642.55	-6.65
4980.55	2017	4917.32	63.23
5432.61	2018	5287.25	145.36
5775.70	2019	5797.43	-21.73
.	2020	6131.85	

图 10-25　林业总产值的 Holt 指数平滑预测结果

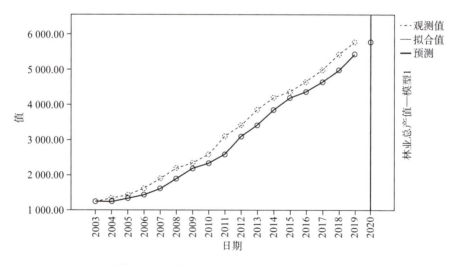

图 10-26　林业总产值的 Holt 指数平滑预测

为了比较使用一元线性回归模型和 Holt 指数平滑模型的预测效果，图 10-27 给出了两种方法预测的残差图。从残差图中可以看出，Holt 指数平滑模型预测的残差比一元线性回归模型预测的残差要小，因此选择 Holt 指数平滑模型预测更合适。

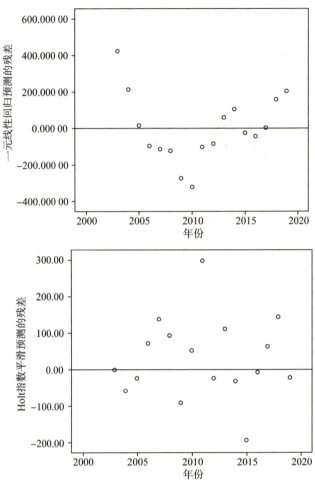

图 10-27　林业总产值一元线性回归预测和 Holt 指数平滑预测的残差图

10.3.2　非线性趋势预测

非线性趋势（Non-linear Trend）有各种复杂的形态。例如，图 10-2（b）和图 10-2（d）就有明显的非线性形态。下面只介绍指数曲线和多阶曲线两种预测方法。

1. 指数曲线

指数曲线（Exponential Curve）用于描述以几何级数递增或递减的现象，即时间序列的观测值 Y_t 按指数规律变化，或者说时间序列的逐期观测值按一定的增长率增大或减小。图 10-2（d）的变化趋势就呈现某种指数变化形态。指数曲线方程为

$$\hat{Y}_t = b_0 \exp(b_1 t) = b_0 \mathrm{E}^{b_1 t} \tag{10-8}$$

式中，b_0，b_1 为待定系数；exp 表示自然对数的反函数；e＝2.718 281 828 459。

指数曲线模型也可以写成下面的算术形式，称为复合曲线：

$$\hat{Y}_t = b_0 b_1^t \tag{10-9}$$

例 10-5　沿用例 10-1 中的数据。用指数曲线预测 2020 年的私人汽车拥有量，并对观测值和预测值绘图进行比较。

解：利用 SPSS 可进行非线性趋势预测，具体的操作步骤如下。

第 1 步：先定义日期，再选择【分析】→【回归】→【曲线估算】，进入主对话框。

10-05 指数曲线

第 2 步：在主对话框中将预测变量移入【因变量】列表框；在【独立】选项组下选中【时间】单选按钮；在【模型】选项组下选择所需的曲线，本例可选【指数】或【复合】，如图 10-28 所示。

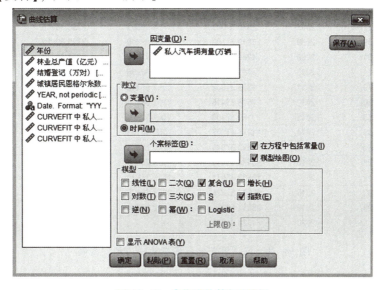

图 10-28　【曲线估算】对话框

第 3 步：单击【保存】按钮，在弹出的对话框的【保存变量】选项组下勾选【预测值】(输出点预测值)、【残差】(输出残差)、【预测区间】(输出 95% 的预测区间)复选框；在【预测个案】选项组下选中【预测范围】单选按钮，在【年】文本框中输入要预测的时期。单击【继续】按钮回到主对话框，如图 10-29 所示。

由以上操作可得表 10-5 中的值，从而求得的指数曲线方程为

$$\hat{Y}_t = 1\ 133.809\mathrm{E}^{0.19t}$$

或者表示为复合曲线形式：

$$\hat{Y}_t = 1\ 133.809 \times 1.209^t$$

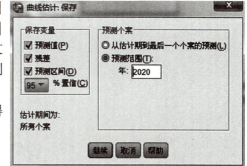

图 10-29　曲线估计——保存设置

表 10-5　私人汽车拥有量指数曲线模型

模型汇总和参数估计值

因变量：私人汽车拥有量(万辆)

方程	模型汇总					参数估计值	
	R^2	F	df_1	df_2	Sig.	常数	b_1
复合	0.985	1 004.111	1	15	0.000	1 133.809	1.209
指数	0.985	1 004.111	1	15	0.000	1 133.809	0.190

图 10-30 给出了私人汽车拥有量各年的预测值(FIT_1)、预测残差(ERR_1)、预测上限(UCL_1)、预测下限(LCL_1)。图 10-31 所示是私人汽车拥有量的观测值和预测值的变化趋势。

私人汽车拥有量	YEAR_	FIT_1	ERR_1	LCL_1	UCL_1
1219.23	2003	1370.97136	-151.74136	1031.47068	1822.21610
1481.66	2004	1657.74171	-176.08171	1252.64565	2193.84276
1848.07	2005	2004.49671	-156.42671	1520.45098	2642.64164
2333.32	2006	2423.78354	-90.46354	1844.50542	3184.98745
2876.22	2007	2930.77389	-54.55389	2236.36248	3840.80652
3501.39	2008	3543.81300	-42.42300	2709.89082	4634.36035
4574.91	2009	4285.08340	289.82660	3281.72887	5595.20316
5938.71	2010	5181.40764	757.30236	3971.82822	6759.35204
7326.79	2011	6265.21882	1061.57118	4804.10332	8170.71663
8838.60	2012	7575.73416	1262.86584	5807.20854	9882.84607
10501.68	2013	9160.37408	1341.30592	7015.46767	11961.06336
12339.36	2014	11076.47807	1262.88193	8469.98593	14485.07323
14099.10	2015	13393.37949	705.72051	10219.98029	17552.14875
16330.20	2016	16194.91441	135.28559	12324.37097	21281.02548
18515.10	2017	19582.45511	-1067.35511	14853.68514	25816.66061
20574.93	2018	23678.57825	-3103.64825	17892.33379	31336.05010
22508.99	2019	28631.50024	-6122.51024	21541.33471	38055.33949
.	2020	34620.44034		25921.56842	46238.51727

图 10-30　私人汽车拥有量指数曲线预测结果

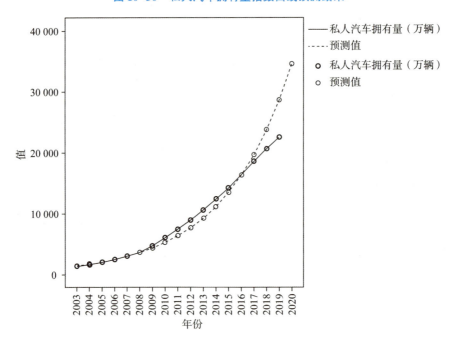

图 10-31　私人汽车拥有量及其指数曲线预测

2. 多阶曲线

有些现象的变化形态比较复杂，它们不是按照某种固定的形态变化，而是有升有降的，在变化过程中可能有几个拐点，这时就需要拟合多项式函数。当只有一个拐点时，可以拟合二阶曲线，即抛物线；当有两个拐点时，需要拟合三阶曲线；当有 $k-1$ 个拐点时，需要拟合 k 阶曲线。k 阶曲线函数的一般形式为

$$\hat{Y}_t = b_0 + b_1 t + b_2 t^2 + \cdots + b_k t^k \tag{10-10}$$

将其线性化后，可根据回归中的最小平方法求得曲线中的系数 b_0，b_1，b_2，$\cdots$，b_k。

例 10-6　沿用例 10-1。分别拟合二阶曲线和三阶曲线，预测 2020 年我国结婚登记数（万对），并将观测值和预测值绘图进行比较，同时将二阶曲线的预测残差与三阶曲线的预测残差绘图进行比较。

10-06 多阶曲线

解：观察图 10-4(b) 可以看出，我国结婚登记数的变化形态可拟合二阶曲线（即抛物线，视为有一个拐点），也可以考虑三阶曲线（视为两个拐点）。这里分别拟合二阶曲线和三阶曲线进行预测，并对预测结果进行比较。

利用 SPSS 进行预测的具体操作步骤如下。

第 1 步：先定义日期，再选择【分析】→【回归】→【曲线估算】，进入主对话框。

第 2 步：在主对话框中将预测变量移入【因变量】列表框；在【独立】选项组下选中【时间】单选按钮；在【模型】选项组下选择所需的曲线，本例应选择二阶曲线【二次】、三阶曲线【三次】，如图 10-32 所示。

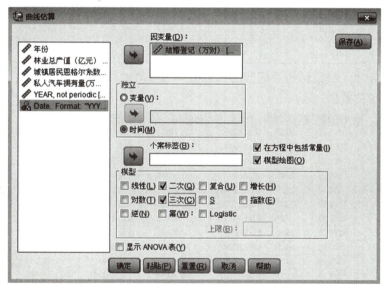

图 10-32　【曲线估算】对话框

第 3 步：单击【保存】按钮，在弹出的对话框的【保存变量】选项组下勾选【预测值】（输出点预测值）、【残差】（输出残差）复选框；在【预测个案】弹出的对话框下选中【预测范围】单选按钮，在【年】文本框中输入要预测的时期。单击【继续】按钮回到主对话框，如图 10-33 所示。

表 10-6 给出了我国结婚登记数的二阶曲线和三阶曲线参数值，从其中得到的二阶曲线方程为

$$\hat{Y}_t = 560.843 + 140.795t - 6.968t^2$$

三阶曲线方程为

$$\hat{Y}_t = 714.805 + 50.759t + 5.187t^2 - 0.45t^3$$

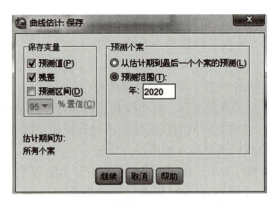

图 10-33　曲线估计——保存设置

表 10-6　结婚登记数二阶曲线和三阶曲线模型

模型汇总和参数估计值

因变量：结婚登记(万对)

方程	模型汇总					参数估计值			
	R^2	F	df_1	df_2	Sig.	常数	b_1	b_2	b_3
二次	0.886	54.497	2	14	0.000	560.843	140.795	−6.968	
三次	0.939	66.911	3	13	0.000	714.805	50.759	5.187	−0.450

图 10-34 给出了我国结婚登记数的二阶曲线和三阶曲线预测及其残差(读者可计算均方误差比较其预测效果)。

结婚登记数	YEAR_	二阶曲线FIT_1	二阶曲线ERR_1	三阶曲线FIT_2	三阶曲线ERR_2
811.40	2003	694.67039	116.72961	770.30052	41.09948
867.20	2004	814.56186	52.63814	833.46939	33.73061
823.10	2005	920.51765	-97.41765	901.61012	-78.51012
945.00	2006	1012.53775	-67.53775	972.02161	-27.02161
991.40	2007	1090.62216	-99.22216	1042.00279	-50.60279
1098.30	2008	1154.77088	-56.47088	1108.85259	-10.55259
1212.40	2009	1204.98392	7.41608	1169.86994	42.53006
1241.00	2010	1241.26127	-.26127	1222.35374	18.64626
1302.36	2011	1263.60294	38.75706	1263.60294	38.75706
1323.59	2012	1272.00892	51.58108	1290.91645	32.67355
1346.93	2013	1266.47922	80.45078	1301.59320	45.33680
1306.93	2014	1247.01382	59.91618	1292.93211	13.99789
1224.71	2015	1213.61275	11.09725	1262.23211	-37.52211
1142.82	2016	1166.27598	-23.45598	1206.79212	-63.97212
1063.10	2017	1105.00353	-41.90353	1123.91106	-60.81106
1010.80	2018	1029.79539	-18.99539	1010.88786	-.08786
927.33	2019	940.65157	-13.32157	865.02144	62.30856
.	2020	837.57206	.	683.61074	.

图 10-34　结婚登记数的二阶曲线和三阶曲线预测结果

图 10-35 给出了我国结婚登记数的观测值和预测值的变化趋势，图 10-36 给出了二阶曲线预测和三阶曲线预测的残差图。从图 10-35 和图 10-36 可以看出，三阶曲线预测的残差明显小于二阶曲线预测的残差。

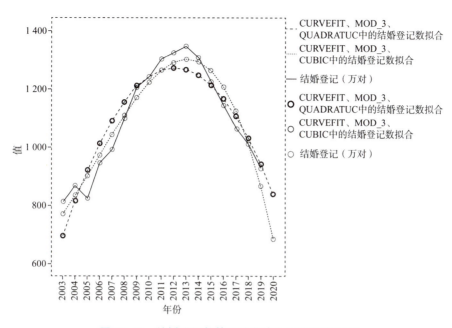

图 10-35　结婚登记数的二阶曲线和三阶曲线预测

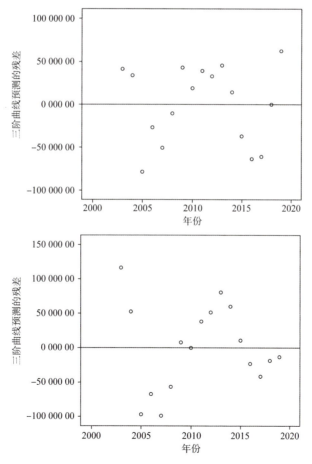

图 10-36　结婚登记数的二阶曲线预测和三阶曲线预测的残差图

*10.4　多成分序列的预测

如果时间序列同时包含趋势、季节变动和随机波动等多种成分，则可以使用 Winters 指数平滑模型和分解法进行预测。

10.4.1　Winters 指数平滑预测

Holt 指数平滑模型适用于对含有趋势成分但不含季节变动成分序列的预测。如果时间序列中既含有趋势成分又含有季节变动成分，则可以使用 Winters 指数平滑模型进行预测，通常将其简称为 Winters 模型。

Winters 指数平滑模型包含 α，γ，δ 三个平滑参数(取值均在 0 和 1 之间，含 0 和 1)和以下 4 个方程。

平滑值：

$$S_t = \alpha \frac{Y_t}{I_{t-L}} + (1 - \alpha)(S_{t-1} + T_{t-1}) \tag{10-11}$$

趋势项更新：

$$T_t = \gamma(S_t - S_{t-1}) + (1 - \gamma)T_{t-1} \tag{10-12}$$

季节项更新：

$$I_t = \delta \frac{Y_t}{S_t} + (1 - \delta)I_{t-L} \tag{10-13}$$

未来第 k 期的预测值：

$$F_{t+k} = (S_t + kT_t)I_{t-L+k} \tag{10-14}$$

式中，L 为季节周期的长度，若 L 为季度数据，则 $L=4$，若 L 为月份数据，则 $L=12$；I 为季节调整因子。

式(10-11)用来求平滑值。Y_t/I_{t-L} 是用季节调整因子 I_{t-L} 除以观测值 Y_t，以消除季节变动。

式(10-12)是对趋势值的修正。用参数 γ 加权趋势增量 $(S_t - S_{t-1})$，用 $1-\gamma$ 加权前期趋势值 T_{t-1}，以此来对趋势值进行修正。

式(10-13)中，Y_t/S_t 是根据季节变动来调整观测值。用参数 δ 加权这一调整值，用 $1-\delta$ 加权前一个季度数据 I_{t-L}，其结果就是 t 期的季节调整因子。

式(10-14)是用于预测的模型。

使用 Winters 模型进行预测，要求数据至少是按季度或月份收集的，而且需要有 4 个以上的季节周期(4 年以上的数据)。

在利用 SPSS 进行 Winters 指数平滑预测时，系统会自动确定一个初始平滑值 S_1，以及平滑系数 α、γ 和 δ 的最佳组合。

例 10-7　表 10-7 是我国 2015—2019 年各月邮政业务总量数据。采用 Winters 指数平滑模型预测 2020 年的邮政业务总量，并将观测值和预测值绘图进行比较。

10 - 07Winters
模型预测

表 10-7　我国 2015—2019 年各月邮政业务总量数据　　　　单位：亿元

时间	邮政业务总量	时间	邮政业务总量	时间	邮政业务总量	时间	邮政业务总量	时间	邮政业务总量
2015 年 1 月	370.8	2016 年 1 月	530.4	2017 年 1 月	578.9	2018 年 1 月	991.9	2019 年 1 月	1 184
2015 年 2 月	243.3	2016 年 2 月	348	2017 年 2 月	602.6	2018 年 2 月	579.3	2019 年 2 月	794.8
2015 年 3 月	369.1	2016 年 3 月	583.3	2017 年 3 月	760	2018 年 3 月	1 010	2019 年 3 月	1 255.6
2015 年 4 月	373.8	2016 年 4 月	572.5	2017 年 4 月	733.9	2018 年 4 月	931.8	2019 年 4 月	1 245.6
2015 年 5 月	392.7	2016 年 5 月	597	2017 年 5 月	805	2018 年 5 月	1 007.2	2019 年 5 月	1 309.3
2015 年 6 月	419.9	2016 年 6 月	607.1	2017 年 6 月	816.9	2018 年 6 月	1 007.8	2019 年 6 月	1 359.2
2015 年 7 月	398.8	2016 年 7 月	584.9	2017 年 7 月	776.8	2018 年 7 月	988.9	2019 年 7 月	1 321.8
2015 年 8 月	417.4	2016 年 8 月	595.2	2017 年 8 月	791.8	2018 年 8 月	983	2019 年 8 月	1 349.2
2015 年 9 月	457	2016 年 9 月	654.2	2017 年 9 月	868.7	2018 年 9 月	1 065.1	2019 年 9 月	1 419.4
2015 年 10 月	468.8	2016 年 10 月	695.5	2017 年 10 月	900.6	2018 年 10 月	1 123.7	2019 年 10 月	1 473.1
2015 年 11 月	597	2016 年 11 月	847.5	2017 年 11 月	1 114.2	2018 年 11 月	1 376.7	2019 年 11 月	1 795.5
2015 年 12 月	569.9	2016 年 12 月	781.6	2017 年 12 月	1 014.1	2018 年 12 月	1 276	2019 年 12 月	1 712.3

（资料来源：中华人民共和国国家邮政局）

解：利用 SPSS 进行 Winters 指数平滑预测的具体步骤如下。

第 1 步：对观测值序列附加时间变量。选择【数据】→【定义日期和时间】，在弹出的对话框的【个案为】列表框中根据需要选择序列的时间形式，本例为【年份、月份】，然后在【第一个个案为】选项组下指定第一个观测值的开始时间，本例为 2015 年 1 月，再单击【确定】按钮，如图 10-37 所示。这样，SPSS 会在观测值序列之后加上时间变量了。

图 10-37　【定义日期】对话框

第 2 步：选择【分析】→【预测】→【创建传统模型】，进入新对话框，将"邮政业务总量"移入【因变量】列表框中，在【方法】下拉列表中选择【指数平滑法】，如图 10-38 所示。单击【条件】按钮，在弹出的对话框的【模型类型】选项组下选择【温特斯加性】(序列的趋势不依赖于序列的水平)复选框，如图 10-39 所示。接下来，单击【继续】按钮，回到主对话框。

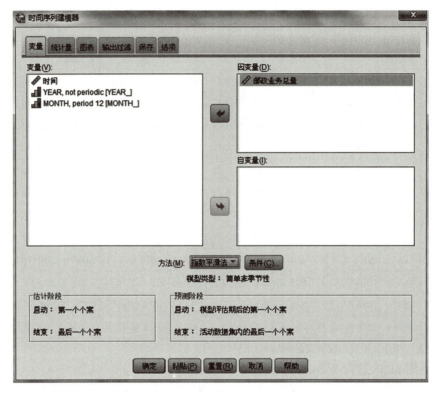

图 10-38　时间序列建模器——变量设置

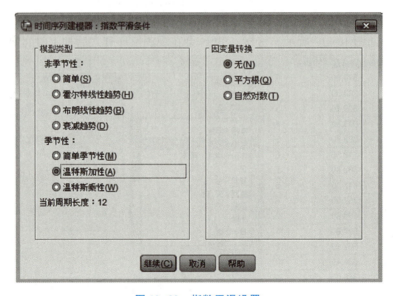

图 10-39　指数平滑设置

　　第3步：切换至【保存】选项卡，在【保存】列下勾选【预测值】和【噪声残值】，如图
10-40 所示；切换至【选项】选项卡，在【预测阶段】选项组下选中【模型评估期后的第一个
个案到指定日期之间的个案】单选按钮，在【日期】的【年】【月】文本框中分别输入"2020"
"12"，如图 10-41 所示；切换至【图表】选项卡，在【每张图显示的内容】选项组下勾选【观
察值】【预测值】【拟合值】复选框，如图 10-42 所示。接下来，单击【确定】按钮。

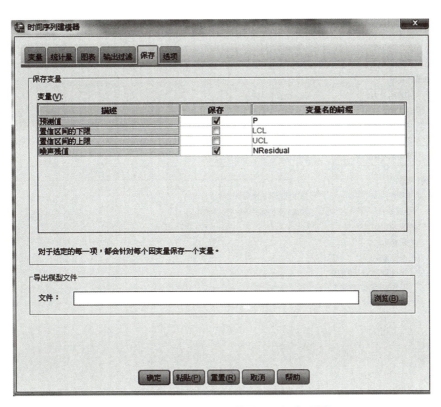

图 10-40 时间序列建模器——保存设置

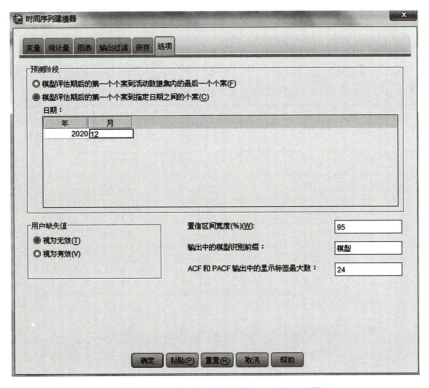

图 10-41 时间序列建模器——选项设置

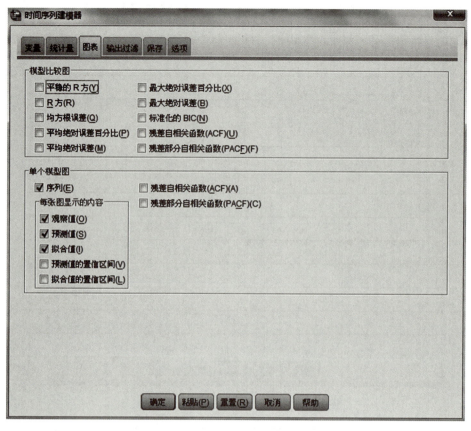

图 10-42 时间序列建模器——图表设置

表 10-8 给出了 SPSS 的输出结果，包括预测值（P_邮政业务总量_模型 1）、预测误差（NResidual_邮政业务总量_模型_1）。图 10-43 给出了观测值和预测值的变化趋势。

表 10-8 我国邮政业务总量的 Winter 指数平滑预测

邮政业务总量	时间	YEAR_	MONTH_	DATE_	P_邮政业务总量_模型_1	NResidual_邮政业务总量_模型_1
370.8	1	2015	1	Jan-15	357.25	13.55
243.3	2	2015	2	Feb-15	128.92	114.38
369.1	3	2015	3	Mar-15	423.90	-54.80
373.8	4	2015	4	Apr-15	380.96	-7.16
392.7	5	2015	5	May-15	420.48	-27.78
419.9	6	2015	6	Jun-15	424.11	-4.21
398.8	7	2015	7	Jul-15	383.60	15.20
417.4	8	2015	8	Aug-15	388.29	29.11
457.0	9	2015	9	Sep-15	449.49	7.51
468.8	10	2015	10	Oct-15	481.37	-12.57

邮政业务总量	时间	YEAR_	MONTH_	DATE_	P_邮政业务总量_模型_1	NResidual_邮政业务总量_模型_1
597.0	11	2015	11	Nov−15	683.49	−86.49
569.9	12	2015	12	Dec−15	578.84	−8.94
530.4	13	2016	1	Jan−16	449.62	80.78
348.0	14	2016	2	Feb−16	235.33	112.67
583.3	15	2016	3	Mar−16	532.47	50.83
572.5	16	2016	4	Apr−16	516.07	56.43
597.0	17	2016	5	May−16	578.66	18.34
607.1	18	2016	6	Jun−16	605.09	2.01
584.9	19	2016	7	Jul−16	580.99	3.91
595.2	20	2016	8	Aug−16	598.45	−3.25
654.2	21	2016	9	Sep−16	666.97	−12.77
695.5	22	2016	10	Oct−16	707.04	−11.54
847.5	23	2016	11	Nov−16	921.01	−73.51
781.6	24	2016	12	Dec−16	831.04	−49.44
578.9	25	2017	1	Jan−17	705.09	−126.19
602.6	26	2017	2	Feb−17	453.86	148.74
760.0	27	2017	3	Mar−17	757.29	2.71
733.9	28	2017	4	Apr−17	730.16	3.74
805.0	29	2017	5	May−17	778.18	26.82
816.9	30	2017	6	Jun−17	800.9	16.00
776.8	31	2017	7	Jul−17	774.84	1.96
791.8	32	2017	8	Aug−17	787.52	4.28
868.7	33	2017	9	Sep−17	853.31	15.39
900.6	34	2017	10	Oct−17	895.78	4.82
1 114.2	35	2017	11	Nov−17	1 111.07	3.13
1 014.1	36	2017	12	Dec−17	1 037.10	−23.00
991.9	37	2018	1	Jan−18	920.14	71.76
579.3	38	2018	2	Feb−18	718.56	−139.26
1 010.0	39	2018	3	Mar−18	972.46	37.54
931.8	40	2018	4	Apr−18	952.58	−20.78
1 007.2	41	2018	5	May−18	996.37	10.83

续表

邮政业务总量	时间	YEAR_	MONTH_	DATE_	P_邮政业务总量_模型_1	NResidual_邮政业务总量_模型_1
1 007. 8	42	2018	6	Jun−18	1 015. 38	−7. 58
988. 9	43	2018	7	Jul−18	982. 95	5. 95
983	44	2018	8	Aug−18	994. 17	−11. 17
1 065. 1	45	2018	9	Sep−18	1 054. 31	10. 79
1 123. 7	46	2018	10	Oct−18	1 092. 70	31. 00
1 376. 7	47	2018	11	Nov−18	1 310. 64	66. 06
1 276	48	2018	12	Dec−18	1 249. 18	26. 82
1 184	49	2019	1	Jan−19	1 145. 45	38. 55
794. 8	50	2019	2	Feb−19	940. 99	−146. 19
1 255. 6	51	2019	3	Mar−19	1 196. 20	59. 4
1 245. 6	52	2019	4	Apr−19	1 183. 69	61. 91
1 309. 3	53	2019	5	May−19	1 249. 98	59. 32
1 359. 2	54	2019	6	Jun−19	1 288. 48	70. 72
1 321. 8	55	2019	7	Jul−19	1 285. 14	36. 66
1 349. 2	56	2019	8	Aug−19	1 319. 16	30. 04
1 419. 4	57	2019	9	Sep−19	1 406. 27	13. 13
1 473. 1	58	2019	10	Oct−19	1 465. 18	7. 92
1 795. 5	59	2019	11	Nov−19	1 698. 01	97. 49
1 712. 3	60	2019	12	Dec−19	1 662. 46	49. 84
—	—	2020	1	Jan−20	1 584. 57	—
—	—	2020	2	Feb−20	1 393. 21	—
—	—	2020	3	Mar−20	1 701. 44	—
—	—	2020	4	Apr−20	1 703. 59	—
—	—	2020	5	May−20	1 780. 53	—
—	—	2020	6	Jun−20	1 826. 69	—
—	—	2020	7	Jul−20	1 824. 97	—
—	—	2020	8	Aug−20	1 864. 26	—
—	—	2020	9	Sep−20	1 956. 04	—
—	—	2020	10	Oct−20	2 021. 71	—
—	—	2020	11	Nov−20	2 261. 75	—
—	—	2020	12	Dec−20	2 212. 56	—

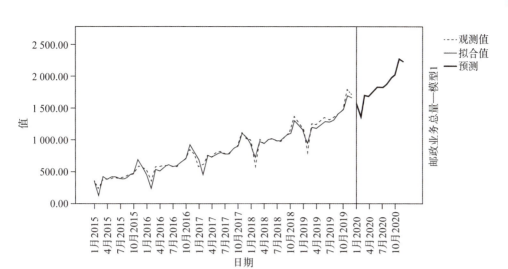

图 10-43　邮政业务总量的 Winters 指数平滑预测

10.4.2　分解预测

分解预测是先将时间序列的各个成分依次分解出来，再进行预测。该方法适合含有趋势、季节变动、循环波动等多种成分序列的预测。由于该方法相对容易理解，结果易于解释，而且在很多情况下能给出很好的预测结果，因此至今仍得到广泛应用。

采用分解法进行预测时，需要先找出季节变动成分，并将其从序列中分离出去，然后建立预测模型进行预测。分解法预测通常按下列步骤进行。

第 1 步：确定并分离季节变动成分。季节变动成分一般用季节指数（Seasonal Index）来表示。将季节变动成分从时间序列中分离出去，即用序列的每一个观测值除以相应的季节指数，从而消除季节变动成分。

第 2 步：建立预测模型，并进行预测。根据消除季节变动成分后的序列建立预测模型。当消除季节变动成分后的序列呈现出线性趋势时，可用一元线性回归模型预测；当其呈现出非线性趋势时，可选择适当的非线性模型进行预测。

第 3 步：计算出最后的预测值。将第 2 步得到的预测值乘以相应的季节指数，得到最终的预测值。

下面通过一个例子，说明分解法预测的过程。

例 10-8　沿用例 10-7 中的数据。采用分解法预测 2020 年各月的邮政业务总量，并将观测值和预测值绘图进行比较，同时将预测的残差与 Winters 指数平滑预测的残差绘图进行比较。

解：利用 SPSS 进行分解预测的具体步骤如下。

第 1 步：对观测值序列附加时间变量。选择【数据】→【定义日期和时间】，在弹出的对话框的【个案为】列表框中根据需要选择序列的时间形式，本例为【年份、月份】，然后在【第一个个案为】选项组下指定第一个观测值的开始时间，本例为 2015 年 1 月，再单击【确定】按钮，如图 10-44 所示。这样，SPSS 会在观测值序列之后加上时间变量了。

图 10-44 【定义日期】对话框

第 2 步：确定并分离季节变动成分。选择【分析】→【时间序列预测】→【季节性分解】，进入新对话框"将邮政业务总量"移入【变量】列表框中，在【模型类型】选项组下选中【乘性】单选按钮，在【移动平均值权重】选项组下选中【所有点相等】单选按钮，如图 10-45 所示。单击【保存】按钮，在弹出的对话框的【创建变量】选项组下选中【添加到文件】单选按钮。单击【继续】按钮，回到主对话框。接下来，单击【确定】按钮。

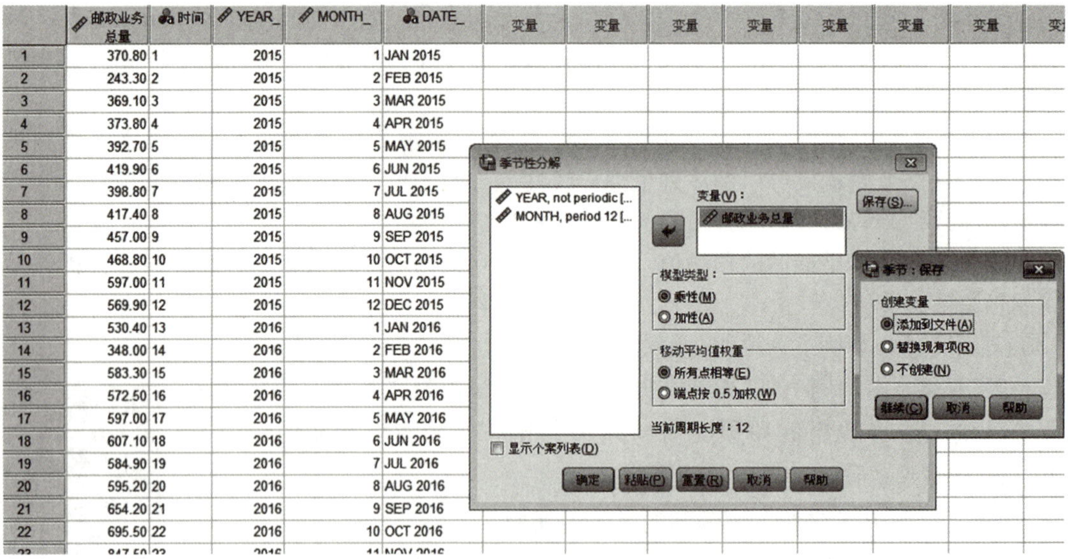

图 10-45 周期性分解

表 10-9 给出了我国邮政业务总量的分解数据，即随机误差（ERP_1）、季节性调整序列（SAS_1）、季节调整因子（SAF_1）以及趋势和循环波动成分（STC_1）。显然，邮政业务总量＝随机误差×季节性调整序列×季节调整因子×趋势和循环波动成分。

表 10-9　邮政业务总量的分解

邮政业务总量	时间	DATE_	ERR_1	SAS_1	SAF_1	STC_1
370.8	1	JAN 2015	1.011 18	364.828 7	1.016 37	360.796 8
243.3	2	FEB 2015	1.018 46	370.469 4	0.656 73	363.753 4
369.1	3	MAR 2015	0.962 93	355.962 0	1.036 91	369.666 6
373.8	4	APR 2015	1.009 68	383.747 2	0.974 08	380.069 5
392.7	5	MAY 2015	0.982 83	385.851 0	1.017 75	392.592 0
419.9	6	JUN 2015	1.013 13	415.288 7	1.011 10	409.907 1
398.8	7	JUL 2015	0.993 22	421.740 9	0.945 60	424.620 6
417.4	8	AUG 2015	1.012 40	444.366 3	0.939 32	438.922 6
457.0	9	SEP 2015	1.000 85	451.201 9	1.012 85	450.818 9
468.8	10	OCT 2015	0.980 51	456.030 2	1.028 00	465.092 9
597.0	11	NOV 2015	0.996 60	481.230 3	1.240 57	482.871 3
569.9	12	DEC 2015	1.013 06	508.514 8	1.120 71	501.960 8
530.4	13	JAN 2016	1.002 25	521.858 6	1.016 37	520.684 7
348.0	14	FEB 2016	0.982 35	529.894 6	0.656 73	539.414 0
583.3	15	MAR 2016	1.006 26	562.537 6	1.036 91	559.035 4
572.5	16	APR 2016	1.018 84	587.734 8	0.974 08	576.864 8
597.0	17	MAY 2016	0.992 87	586.587 8	1.017 75	590.798 1
607.1	18	JUN 2016	0.994 65	600.432 9	1.011 10	603.661 7
584.9	19	JUL 2016	1.001 91	618.546 3	0.945 60	617.366 5
595.2	20	AUG 2016	0.999 31	633.653 1	0.939 32	634.093 3
654.2	21	SEP 2016	0.992 03	645.899 9	1.012 85	651.090 7
695.5	22	OCT 2016	1.011 66	676.555 0	1.028 00	668.759 7
847.5	23	NOV 2016	1.022 54	683.153 5	1.240 57	668.096 9
781.6	24	DEC 2016	1.013 71	697.412 1	1.120 71	687.980 4
578.9	25	JAN 2017	0.806 67	569.577 6	1.016 37	706.088 8
602.6	26	FEB 2017	1.212 90	917.570 3	0.656 73	756.511 6
760.0	27	MAR 2017	0.955 83	732.948 1	1.036 91	766.820 2
733.9	28	APR 2017	0.964 07	753.429 9	0.974 08	781.511 7
805.0	29	MAY 2017	1.009 73	790.960 2	1.017 75	783.336 8
816.9	30	JUN 2017	1.003 63	807.929 0	1.011 10	805.006 9
776.8	31	JUL 2017	0.997 10	821.485 3	0.945 6	823.873 5
791.8	32	AUG 2017	1.002 03	842.954 6	0.939 32	841.243 2

邮政业务总量	时间	DATE_	ERR_1	SAS_1	SAF_1	STC_1
868.7	33	SEP 2017	0.998 50	857.678 5	1.012 85	858.966 8
900.6	34	OCT 2017	0.999 61	876.068 2	1.028 00	876.406 2
1 114.2	35	NOV 2017	0.999 18	898.135 3	1.240 57	898.876 2
1 014.1	36	DEC 2017	0.990 63	904.869 1	1.120 71	913.432 3
991.9	37	JAN 2018	1.048 90	975.926 7	1.016 37	930.431 8
579.3	38	FEB 2018	0.944 23	882.091 7	0.656 73	934.188 1
1 010.0	39	MAR 2018	1.023 51	974.049 4	1.036 91	951.676 0
931.8	40	APR 2018	0.992 32	956.596 2	0.974 08	963.997 7
1 007.2	41	MAY 2018	1.001 27	989.633 6	1.017 75	988.377 1
1 007.8	42	JUN 2018	0.989 68	996.732 5	1.011 10	1 007.127 0
988.9	43	JUL 2018	1.015 87	1 045.786 0	0.945 60	1 029.451 0
983.0	44	AUG 2018	0.999 41	1 046.507 0	0.939 32	1 047.121 0
1 065.1	45	SEP 2018	0.986 94	1 051.587 0	1.012 85	1 065.497 0
1 123.7	46	OCT 2018	1.005 20	1 093.091 0	1.028 00	1 087.442 0
1 376.7	47	NOV 2018	0.997 86	1 109.731 0	1.240 57	1 112.113 0
1 276.0	48	DEC 2018	0.997 93	1 138.559 0	1.120 71	1 140.925 0
1 184.0	49	JAN 2019	0.997 28	1 164.933 0	1.016 37	1 168.113 0
794.8	50	FEB 2019	1.008 56	1 210.230 0	0.656 73	1 199.964 0
1 255.6	51	MAR 2019	0.985 18	1 210.907 0	1.036 91	1 229.119 0
1 245.6	52	APR 2019	1.010 82	1 278.747 0	0.974 08	1 265.054 0
1 309.3	53	MAY 2019	0.988 39	1 286.465 0	1.017 75	1 301.575 0
1 359.2	54	JUN 2019	0.998 51	1 344.274 0	1.011 10	1 346.282 0
1 321.8	55	JUL 2019	1.011 08	1 397.836 0	0.945 60	1 382.516 0
1 349.2	56	AUG 2019	1.019 12	1 436.366 0	0.939 32	1 409.422 0
1 419.4	57	SEP 2019	0.986 28	1 401.392 0	1.012 85	1 420.890 0
1 473.1	58	OCT 2019	0.995 08	1 432.974 0	1.028 00	1 440.063 0
1 795.5	59	NOV 2019	0.984 98	1 447.318 0	1.240 57	1 469.385 0
1 712.3	60	DEC 2019	1.029 53	1 527.864 0	1.120 71	1 484.046 0

图 10-46 给出了我国邮政业务总量的分解图。

第 3 步：建立预测模型，并进行预测。为了进行预测，需要根据趋势和循环活动成分（STC_1）序列，观察形态的变化。从图 10-46(d) 中可以看出，经季节变动调整后，邮政业务总量呈线性趋势，因此可建立一元线性回归模型进行预测（也可以根据季节性调整序列(SAS_1)建立线性模型,两者预测效果差不多)。具体操作步骤为:选择【分析】→【回归】→【线性】,进入新对话框,将 STC_1 移入【因变量】列表框,将"时间"移入【自变量】列表框,如图 10-47 所示。单击【保存】按钮,在弹出的对话框的【预测值】选项组下勾选【未标准化】复选框,在【残差】选项组下勾选【未标准化】复选框,单击【继续】按钮,如图 10-48 所示。接下来,回到主对话框,单击【确定】按钮。

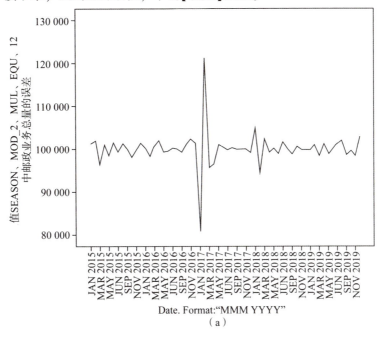

（a）

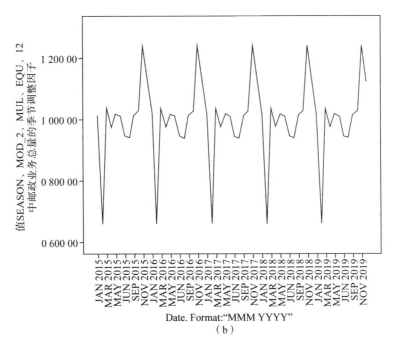

（b）

图 10-46 邮政业务总量的分解图

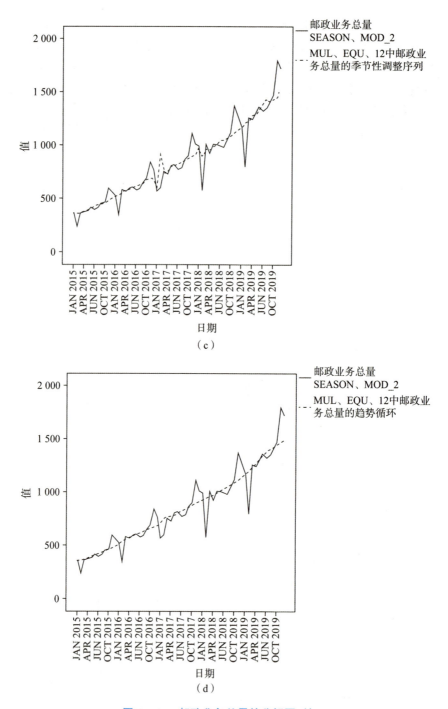

图 10-46　邮政业务总量的分解图(续)

(a)随机误差；(b)季节调整因子；(c)季节性调整序列；(d)趋势和循环波动成分序列

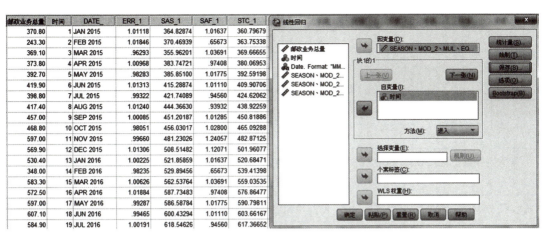

邮政业务总量	时间	DATE_	ERR_1	SAS_1	SAF_1	STC_1
370.80	1	JAN 2015	1.01118	364.82874	1.01637	360.79679
243.30	2	FEB 2015	1.01846	370.46939	.65673	363.75338
369.10	3	MAR 2015	.96293	355.96201	1.03691	369.66655
373.80	4	APR 2015	1.00968	383.74721	.97408	380.06953
392.70	5	MAY 2015	.98283	385.85100	1.01775	392.59198
419.90	6	JUN 2015	1.01313	415.28874	1.01110	409.90706
398.80	7	JUL 2015	.99322	421.74089	.94560	424.62062
417.40	8	AUG 2015	1.01240	444.36630	.93932	438.92259
457.00	9	SEP 2015	1.00085	451.20187	1.01285	450.81886
468.80	10	OCT 2015	.98051	456.03017	1.02800	465.09288
597.00	11	NOV 2015	.99660	481.23026	1.24057	482.87125
569.90	12	DEC 2015	1.01306	508.51482	1.12071	501.96077
530.40	13	JAN 2016	1.00225	521.85859	1.01637	520.68471
348.00	14	FEB 2016	.98235	529.89456	.65673	539.41398
583.30	15	MAR 2016	1.00626	562.53764	1.03691	559.03535
572.50	16	APR 2016	1.01884	587.73483	.97408	576.86477
597.00	17	MAY 2016	.99287	586.58784	1.01775	590.79811
607.10	18	JUN 2016	.99465	600.43294	1.01110	603.66167
584.90	19	JUL 2016	1.00191	618.54626	.94560	617.36652

图 10-47 【线性回归】对话框

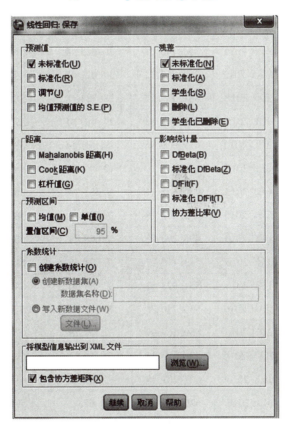

图 10-48 线性回归——保存设置

SPSS 输出的结果如表 10-10 所示，从表中得到一元线性回归的预测方程为 $\hat{y}_t = 268.473 + 18.818t$。根据这一方程，可以得到回归预测值。最后，再将回归预测值乘以相应的季节调整因子（SAF_1），即可得到最终的预测值，结果如表 10-11 所示。图 10-49 给出了观测值和预测值的变化趋势。

表 10-10　一元线性回归方程模型

系数ᵃ

模型		非标准化系数		标准系数	t	Sig.
		B	标准误差	试用版		
1	（常量）	268.473	10.950		24.518	0.000
	时间	18.818	0.312	0.992	60.276	0.000

a 为因变量：SEASON、MOD_2、MUL、EQU、12 中邮政业务总量的趋势循环。

表 10-11　邮政业务总量的分解预测

邮政业务总量	时间	DATE_	回归预测值	回归预测残差	最终预测值	最终预测残差
370.8	1	JAN 2015	287.291 36	73.505 43	291.99	78.81
243.3	2	FEB 2015	306.109 6	57.643 78	201.03	42.27
369.1	3	MAR 2015	324.927 85	44.738 71	336.92	32.18
373.8	4	APR 2015	343.746 09	36.323 44	334.84	38.96
392.7	5	MAY 2015	362.564 33	30.027 65	369	23.7
419.9	6	JUN 2015	381.382 57	28.524 48	385.62	34.28
398.8	7	JUL 2015	400.200 82	24.419 81	378.43	20.37
417.4	8	AUG 2015	419.019 06	19.903 54	393.59	23.81
457	9	SEP 2015	437.837 3	12.981 56	443.46	13.54
468.8	10	OCT 2015	456.655 54	8.437 34	469.44	−0.64
597	11	NOV 2015	475.473 78	7.397 46	589.86	7.14
569.9	12	DEC 2015	494.292 03	7.668 74	553.96	15.94
530.4	13	JAN 2016	513.110 27	7.574 45	521.51	8.89
348	14	FEB 2016	531.928 51	7.485 46	349.34	−1.34
583.3	15	MAR 2016	550.746 75	8.288 59	571.07	12.23
572.5	16	APR 2016	569.564 99	7.299 78	554.8	17.7
597	17	MAY 2016	588.383 24	2.414 87	598.83	−1.83
607.1	18	JUN 2016	607.201 48	−3.539 81	613.94	−6.84
584.9	19	JUL 2016	626.019 72	−8.653 2	591.97	−7.07
595.2	20	AUG 2016	644.837 96	−10.744 66	605.71	−10.51
654.2	21	SEP 2016	663.656 21	−12.565 56	672.18	−17.98
695.5	22	OCT 2016	682.474 45	−13.714 76	701.59	−6.09
847.5	23	NOV 2016	701.292 69	−33.195 77	870	−22.5
781.6	24	DEC 2016	720.110 93	−32.130 5	807.04	−25.44
578.9	25	JAN 2017	738.929 17	−32.840 38	751.02	−172.12
602.6	26	FEB 2017	757.747 42	−1.235 85	497.64	104.96

续表

邮政业务总量	时间	DATE_	回归预测值	回归预测残差	最终预测值	最终预测残差
760	27	MAR 2017	776. 565 66	−9. 745 42	805. 23	−45. 23
733. 9	28	APR 2017	795. 383 9	−13. 872 21	774. 77	−40. 87
805	29	MAY 2017	814. 202 14	−30. 865 32	828. 65	−23. 65
816. 9	30	JUN 2017	833. 020 38	−28. 013 48	842. 27	−25. 37
776. 8	31	JUL 2017	851. 838 63	−27. 965 13	805. 5	−28. 7
791. 8	32	AUG 2017	870. 656 87	−29. 413 72	817. 82	−26. 02
868. 7	33	SEP 2017	889. 475 11	−30. 508 28	900. 91	−32. 21
900. 6	34	OCT 2017	908. 293 35	−31. 887 16	933. 73	−33. 13
1 114. 2	35	NOV 2017	927. 111 6	−28. 235 42	1 150. 15	−35. 95
1 014. 1	36	DEC 2017	945. 929 84	−32. 497 49	1 060. 12	−46. 02
991. 9	37	JAN 2018	964. 748 08	−34. 316 26	980. 54	11. 36
579. 3	38	FEB 2018	983. 566 32	−49. 378 25	645. 94	−66. 64
1 010	39	MAR 2018	1 002. 384 6	−50. 708 53	1 039. 38	−29. 38
931. 8	40	APR 2018	1 021. 202 8	−57. 205 16	994. 73	−62. 93
1 007. 2	41	MAY 2018	1 040. 021 1	−51. 643 94	1 058. 48	−51. 28
1 007. 8	42	JUN 2018	1 058. 839 3	−51. 712 54	1 070. 6	−62. 8
988. 9	43	JUL 2018	1 077. 657 5	−48. 206 59	1 019. 04	−30. 14
983	44	AUG 2018	1 096. 475 8	−49. 354 56	1 029. 94	−46. 94
1 065. 1	45	SEP 2018	1 115. 294	−49. 796 88	1 129. 63	−64. 53
1 123. 7	46	OCT 2018	1 134. 112 3	−46. 670 49	1 165. 87	−42. 17
1 376. 7	47	NOV 2018	1 152. 930 5	−40. 817 72	1 430. 29	−53. 59
1 276	48	DEC 2018	1 171. 748 7	−30. 823 34	1 313. 2	−37. 2
1 184	49	JAN 2019	1 190. 567	−22. 453 9	1 210. 05	−26. 05
794. 8	50	FEB 2019	1 209. 385 2	−9. 420 96	794. 24	0. 56
1 255. 6	51	MAR 2019	1 228. 203 5	0. 915 9	1 273. 53	−17. 93
1 245. 6	52	APR 2019	1 247. 021 7	18. 032 55	1 214. 7	30. 9
1 309. 3	53	MAY 2019	1 265. 84	35. 735 43	1 288. 31	20. 99
1 359. 2	54	JUN 2019	1 284. 658 2	61. 623 47	1 298. 92	60. 28
1 321. 8	55	JUL 2019	1 303. 476 4	79. 039 5	1 232. 57	89. 23
1 349. 2	56	AUG 2019	1 322. 294 7	87. 127 51	1 242. 05	107. 15
1 419. 4	57	SEP 2019	1 341. 112 9	79. 776 81	1 358. 35	61. 05
1 473. 1	58	OCT 2019	1 359. 931 2	80. 132 21	1 398. 01	75. 09

续表

邮政业务总量	时间	DATE_	回归预测值	回归预测残差	最终预测值	最终预测残差
1 795.5	59	NOV 2019	1 378.749 4	90.635 99	1 710.44	85.06
1 712.3	60	DEC 2019	1 397.567 7	86.478 76	1 566.27	146.03
—	61	JAN 2020	1 416.385 9	—	1 439.57	—
—	62	FEB 2020	1 435.204 1	—	942.55	—
—	63	MAR 2020	1 454.022 4	—	1 507.69	—
—	64	APR 2020	1 472.840 6	—	1 434.66	—
—	65	MAY 2020	1 491.658 9	—	1 518.14	—
—	66	JUN 2020	1 510.477 1	—	1 527.25	—
—	67	JUL 2020	1 529.295 3	—	1 446.11	—
—	68	AUG 2020	1 548.113 6	—	1 454.17	—
—	69	SEP 2020	1 566.931 8	—	1 587.07	—
—	70	OCT 2020	1 585.750 1	—	1 630.15	—
—	71	NOV 2020	1 604.568 3	—	1 990.58	—
—	72	DEC 2020	1 623.386 6	—	1 819.35	—

从图 10-49 给出的邮政业务总量的观测值和预测值的变化趋势可以看出，预测效果非常好。

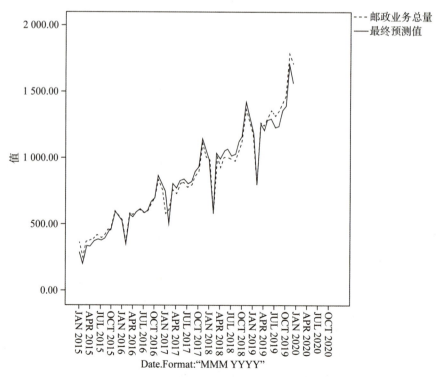

图 10-49　我国邮政业务总量的分解预测

为比较不同预测方法的预测效果，图 10-50 给出了我国邮政业务总量 Winters 指数平滑预测和分解预测的残差图。

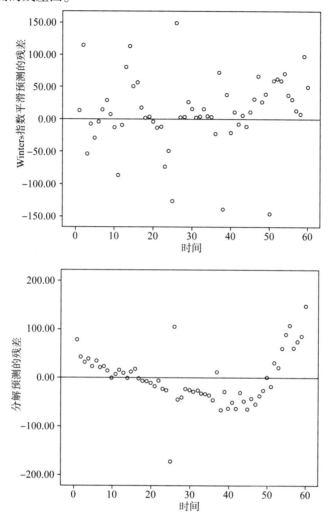

图 10-50　邮政业务总量 Winter 指数平滑预测和分解预测的残差图

练习题

10.1　表 10-12 所示是 2005—2020 年我国地震灾害次数统计数据。

表 10-12　2005—2020 年我国地震灾害次数统计数据　　　　　　　　　　单位：次

年份	地震灾害次数	年份	地震灾害次数
2005	13	2013	14
2006	10	2014	20
2007	3	2015	14
2008	17	2016	16

续表

年份	地震灾害次数	年份	地震灾害次数
2009	8	2017	12
2010	12	2018	11
2011	18	2019	16
2012	12	2020	5

采用指数平滑法预测 2021 年的地震灾害次数，并将观测值和预测值绘图进行比较。

10.2　表 10-13 所示是 2005—2020 年我国居民人均消费水平数据。

表 10-13　2005—2020 年我国居民人均消费水平数据　　　　　　单位：元

年份	人均消费水平	年份	人均消费水平
2005	5 035.4	2013	13 220.4
2006	5 634.4	2014	14 491.4
2007	6 591.9	2015	15 712.4
2008	7 547.7	2016	17 110.7
2009	8 376.6	2017	18 322.1
2010	9 378.3	2018	19 853.1
2011	10 819.6	2019	21 558.9
2012	12 053.7	2020	21 209.9

分别采用一元线性回归模型和 Holt 指数平滑模型预测 2021 年我国居民人均消费水平，并对两种方法的预测效果进行比较。

10.3　表 10-14 所示是 2005—2020 年我国个人所得税数据。

表 10-14　2005—2020 年我国个人所得税数据　　　　　　单位：亿元

年份	个人所得税	年份	个人所得税
2005	2 094.91	2013	6 531.53
2006	2 453.71	2014	7 376.61
2007	3 185.58	2015	8 617.27
2008	3 722.31	2016	10 088.98
2009	3 949.35	2017	11 966.37
2010	4 837.27	2018	13 871.87
2011	6 054.11	2019	10 388.53
2012	5 820.28	2020	11 568.26

分别采用 Holt 指数平滑模型和指数曲线预测 2021 年我国居民个人所得税，并对两种方法的预测效果进行比较。

10.4　表 10-15 所示是 2009—2019 年我国居民平均每天煤炭消费量数据。

表 10-15 2009—2019 年我国居民平均每天煤炭消费量数据 单位：万吨

年份	平均每天煤炭消费量	年份	平均每天煤炭消费量
2009	810.5	2015	1 095.4
2010	956.2	2016	1 062.4
2011	1 065.6	2017	1 072.3
2012	1 124.9	2018	1 088.9
2013	1 162.8	2019	1 101.1
2014	1 127.7	—	—

利用非线性趋势法预测 2020 年我国居民平均每天煤炭消费量。

10.5 表 10-16 所示是 2016—2019 年各季度我国渔业总产值数据。

表 10-16 2016—2019 年各季度我国渔业总产值数据 单位：亿元

时间	渔业总产值	时间	渔业总产值	时间	渔业总产值	时间	渔业总产值
2016 年 1 月	1 731.2	2017 年 1 月	1 850.2	2018 年 1 月	2 156.3	2019 年 1 月	2 203.4
2016 年 2 月	2 229.2	2017 年 2 月	2 438.2	2018 年 2 月	2 465.4	2018 年 2 月	2 609.0
2016 年 3 月	2 615.2	2017 年 3 月	2 815.9	2018 年 3 月	2 935.9	2018 年 3 月	3 072.5
2016 年 4 月	4 317.3	2017 年 4 月	4 472.8	2018 年 4 月	4 573.9	2018 年 4 月	4 687.5

分别使用 Winters 指数平滑模型和分解法预测 2020 年各季度我国渔业总产值，并将观测值和预测值绘图进行比较。

附录　SPSS中的常用概率函数

函数	表达式	返回结果
CDF. CHISQ	CDF. CHISQ(quant, df)	χ^2分布的累积概率。自由度为 df, 分位点小于或等于 quant
CDF. F	CDF. F(quant, df1, df2)	F分布的累积概率。自由度为 df_1 和 df_2, 分位点小于或等于 quant
CDF. NORMAL	CDF. NORMAL(quant, mean, stddev)	正太分布的累积概率。均值为 mean, 标准差为 stddev, 分位点小于或等于 quant
CDF. T	CDF. T(quant, df)	T分布的累积概率。自由度为 df, 分位点小于或等于 quant
CFVAR	CFVAR(numexpr, numexpr, ⋯)	样本离散系数。此函数需要两个或更多的参数
IDF. CHISQ	IDF. CHISQ(prob, df)	χ^2分布的分位点。自由度为 df, 累积概率为 prob
IDF. F	IDF. F(prob, df1, df2)	F分布的分位点。自由度为 df_1 和 df_2, 累积概率为 prob
IDF. NORMAL	IDF. NORMAL(prob, mean, stddev)	正态分布的分位点。均值为 mean, 累积概率为 prob, 标准差为 stddev
IDF. T	IDF. T(prob, df)	t分布的分位点。自由度为 df, 累积概率为 prob

参 考 文 献

[1]贾俊平. 统计学[M]. 7 版. 北京：中国人民大学出版社，2018.

[2]贾俊平. 统计学——基于 SPSS[M]. 3 版. 北京：中国人民大学出版社，2021.

[3]贾俊平. 统计学——基于 R[M]. 3 版. 北京：中国人民大学出版社，2019.

[4]吴喜之. 统计学——从数据到结论[M]. 2 版. 北京：中国统计出版社，2006.

[5][美]特里奥拉. 初级统计学[M]. 8 版. 刘立新，译. 北京：清华大学出版社，2004.

[6][美]肯·布莱克. 商务统计学[M]. 4 版. 李静萍，等译. 北京：中国人民大学出版社，2006.

[7][美]格里菲思. 深入浅出统计学[M]. 李芳，译. 北京：电子工业出版社，2018.

[8]贾俊平. 统计学——SPSS 和 Excel 实现[M]. 8 版. 北京：中国人民大学出版社，2022.

[9][加]杰拉德凯勒. 统计学：在经济和管理中的应用[M]. 10 版. 夏利宇，韩松涛，李君，等译. 北京：中国人民大学出版社，2019.

[10]肖丹桂，郑敏华，毛莹，等. 统计学案例分析[M]. 武汉：武汉大学出版社，2022.

[11][美]威廉·M. 门登霍尔，特里·L. 辛西奇. 统计学[M]. 6 版. 关静，等译. 北京：机械工业出版社，2018.